Linie 1 *Beruf* B1

Deutsch für Berufssprachkurse

Kurs- und Übungsbuch
mit Audios

Nadja Fügert
Regine Grosser
Anne Heyn
Susan Kaufmann
Silvia Miglio

Alles Digitale zu diesem Buch kann auf der Lernplattform **allango** von Ernst Klett Sprachen abgerufen werden. So geht's:

QR-Code scannen oder **www.allango.net** aufrufen

Zur Aktivierung zusätzlicher Komponenten geben Sie bitte folgenden Lizenzschlüssel ein:

EKS-607273-df1e-a08b-f521

Weitere Informationen dazu finden Sie unter: **www.allango.net**

Dieses Symbol bedeutet, dass zu einem Buch-Abschnitt ein digitaler Inhalt verfügbar ist.

Ernst Klett Sprachen

Stuttgart

Autorinnen: Nadja Fügert, Regine Grosser, Anne Heyn, Susan Kaufmann, Silvia Miglio
Beratung: Anja-Maria Manthey, Löwenstedt
Redaktion: Esther Debus-Gregor, München, Eva Neustadt, Stuttgart, Annette Kuppler, Annalisa Scarpa-Diewald
Layoutkonzeption: Britta Petermeyer, Snow, München und Nürnberg
Illustrationen: Hans-Jürgen Feldhaus, Feldhaus Text & Grafik, Münster
Satz: Franzis print & media GmbH, München, Druckhaus Schmid, Jesenwang
Umschlaggestaltung: Ulrike Steffen, Anna Wanner
Titelbild: Getty Images (FG Trade), München

Informationen und zu diesem Titel passende Produkte finden Sie auf:
www.klett-sprachen.de/linie1beruf

1. Auflage 1 3 2 1 | 2026 25 24

Druck und Bindung: Elanders Waiblingen GmbH

ISBN 978-3-12-607273-1

9 783126 072731

MIX
Papier | Fördert gute Waldnutzung
FSC® C016368

Linie 1 Beruf – aktiv und sicher zum Lernerfolg

Linie 1 Beruf B1

→ richtet sich an Lernende, die einen Spezialberufssprachkurs B1 besuchen.
→ orientiert sich am Lernzielkatalog für die berufsbezogene Deutschsprachförderung und am „Gemeinsamen Europäischen Referenzrahmen für Sprachen“ sowie dessen Begleitband.
→ bietet Material für ca. 400 Unterrichtsstunden.
→ macht fit für Beruf und Alltag.
→ trainiert gezielt die Fertigkeiten Hören, Sprechen, Lesen und Schreiben.
→ bereitet zuverlässig auf den *Deutsch-Test für den Beruf B1* vor.

Struktur Kurs- und Übungsbuch

Linie 1 Beruf B1 enthält
→ 8 Kapitel mit Kurs- und Übungsbuchteilen zu übergreifenden beruflich relevanten Themen.
→ 8 BSK-Spezial-Kapitel zum intensiven Training der Kommunikation in verschiedenen konkreten Berufsfeldern.
→ ein ausführliches Testtraining mit Tipps zu allen Teilen der Prüfung.
→ einen vollständigen Modelltest *Deutsch-Test für den Beruf B1*.
→ 4 Haltestellen mit Angeboten zur spielerischen Wiederholung und zur kooperativen Vorbereitung auf die Prüfung im Kurs.
→ nützliche Überblicksseiten: Lernwortschatz, Grammatik, Verblisten usw.
→ Online-Übungen, Kapiteltests, Lösungen, Audios u.v.m. online.

Aufbau der Kurs- und Übungsbuch-Seiten

→ Die **Einstiegsseite** führt in das Kapitelthema ein und präsentiert Lernziele, Wortschatz und erste Aktivitäten.
→ Auf **drei Doppelseiten** werden die sprachlichen Schwerpunkte des Kapitels in handlungsorientierten Sequenzen erarbeitet und gefestigt. Alle vier Fertigkeiten werden ausgewogen geübt.
→ Auf der **Rückschauseite** wird der Lernerfolg mit Mini-Übungen gesichert.
→ Das **Übungsbuchkapitel** schließt direkt an das Kursbuchkapitel an. **Zu jeder Aufgabe** im Kursbuchteil gibt es vertiefende Übungen zu Wortschatz, Redemitteln, Grammatik und Aussprache im Übungsteil. Jeder Übungsteil behandelt schwerpunktmäßig ein Aussprachethema.

Aufbau der BSK-Spezial-Seiten

→ Jede linke Seite in BSK Spezial bietet ein gezieltes Training relevanter Fertigkeiten und Kompetenzen für die Arbeitswelt und trainiert sprachliches Handeln im Beruf mithilfe von realitätsnahen Szenarien.
→ Jede rechte Seite enthält vertiefende Übungen zum Berufswortschatz und berufsbezogene Lese- und Schreibtrainings.
→ Den Abschluss bildet eine Seite mit Vorschlägen für ein Szenario zu den Inhalten des Kapitels.

Didaktische Konzeption

→ Handlungsorientierte Aufgaben bereiten die Lernenden darauf vor, sich in unterschiedlichen Situationen sicher in der deutschsprachigen Arbeitswelt zu bewegen: mündlich und schriftlich, produktiv, rezeptiv und interaktiv.
→ Die Lernsequenzen schließen immer mit einer kommunikativen, auf die Lernenden bezogenen Aktivierung ab.
→ In den UND SIE?-Aufgaben können die Lernenden als sie selbst oder über sich sprechen und das Gelernte anwenden.
→ Viele Lernsequenzen sind als Szenarien angelegt, in denen vielfältige Kommunikationssituationen geübt werden.
→ Binnendifferenzierung erfolgt durch Wahlmöglichkeiten nach Lernstil, Interessen, Lerntempo usw.
→ Die Grammatikerarbeitung orientiert sich an den Prinzipien des entdeckenden Lernens.

Testtraining

Modelltest *Deutsch-Test für den Beruf B1*

Anhang

Symbole

1.1 Hörtext
Redemittel
Partnerarbeit
Gruppenarbeit
oder Binnendifferenzierung
Grammatikanhang
Tipp
Hilfe

Neu am Arbeitsplatz

1

Ich habe die Stelle im Supermarkt! Montag ist mein erster Arbeitstag. Können wir telefonieren? Ich hab ein paar Fragen: …

1 Was passiert am ersten Arbeitstag?

a Welche Fragen hat Nazar Gurski? Sammeln Sie Ideen.

Was nehme ich mit? *Wann muss ich dort sein?* *Wen kann ich fragen?*

1.02 **b Hören Sie die Nachricht. Was fragt Nazar? Kreuzen Sie an.**

1. ☐ Wann muss ich morgens anfangen?
2. ☐ Gibt es mittags eine Pause?
3. ☐ Soll ich Papier und einen Stift mitnehmen?
4. ☐ Soll ich mir Mittagessen mitbringen?
5. ☐ Was ziehe ich am ersten Tag an?

1.02 **c Hören Sie noch einmal. Was ist richtig? Kreuzen Sie an.**

1. Das Einstellungsgespräch ist ☐ heute ☐ nächste Woche.
2. Nazar Gurski bekommt ☐ den Dienstplan ☐ den Fahrplan.
3. Die Arbeitszeit ist ☐ klar ☐ unklar.
4. Nazar Gurski muss ☐ einen Personalbogen ☐ den Personalausweis mitbringen.

d Kennen Sie die Situation? Sprechen Sie im Kurs.

Am ersten Arbeitstag muss man den Personalbogen ausfüllen.

Ich glaube, man muss …

Am ersten Arbeitstag erklären mir die Kollegen …

Sprechen sich vorstellen; Small Talk mit Kollegen und Kolleginnen; Informationen über sich selbst geben; mit Vorgesetzten ein Einstellungsgespräch führen | **Hören** Informationen über den Arbeitsplatz | **Lesen** Willkommensmappe; Personalbogen | **Schreiben** einen Personalbogen ausfüllen

2 Ich möchte mich vorstellen.

1.03–05 **a Hören Sie die Gespräche. Wer ist wer? Ordnen Sie zu.**

(A)

Frau Kern

(B)

Herr Nowak

(C)

Frau Winkler

(D)

Frau Gabler

Azubi .... Buchhalterin ....D.... Marktleiterin .... Verkäuferin ....

1.03–05 **b Hören Sie die Gespräche noch einmal. Kreuzen Sie an: richtig oder falsch?**

	R	F
1. Frau Gabler stellt sich vor.	☐	☐
2. Frau Kern bietet Nazar Gurski das Du an.	☐	☐
3. Frau Kern stellt den Azubi vor.	☐	☐
4. Frau Gabler sagt Sie zu Herrn Nowak.	☐	☐
5. Frau Winkler heißt Greta.	☐	☐

c Lesen Sie die Sätze. Welche Überschrift passt? Ordnen Sie zu.

1. sich vorstellen
2. das Du anbieten
3. andere vorstellen

....

● Ich möchte Ihnen/dir … vorstellen.
○ Freut mich!

▲ Das ist …
△ Es freut mich.

....

● Ich möchte mich vorstellen. Ich heiße …
○ Ich freue mich, Sie/dich kennenzulernen.

▲ Ich bin … / Mein Name ist …
△ Schön, Sie/dich kennenzulernen.

....

● Du kannst ruhig Du sagen. Ich bin …
○ Sehr gern. Ich heiße …

▲ Wir duzen uns alle im Team. Wollen wir Du sagen?
△ Gerne! Ich bin …

d Arbeiten Sie zu dritt. Werfen Sie eine Münze. Bei „Zahl“ sagen Sie Du, bei „Kopf“ Sie. Stellen Sie zuerst sich und dann die anderen vor.

3 Gespräche im Pausenraum

a **Was fragen die Kollegen und Kolleginnen in der Kaffeepause? Sammeln Sie Ideen.**

Wo hast du schon gearbeitet?

1.06 **b** **Hören Sie das Gespräch im Pausenraum. Was sind die Themen? Kreuzen Sie an.**

- ☐ Essen
- ☐ Ausbildung
- ☐ Familie
- ☐ Geld
- ☐ Herkunft
- ☐ Freunde/Freundinnen
- ☐ Arbeitssuche
- ☐ Freizeit

1.06 **c** **Ordnen Sie zu. Hören Sie anschließend zur Kontrolle.**

1. Wo hast du deine Ausbildung gemacht?
2. Wo hast du schon gearbeitet?
3. Wie hast du die Arbeit bei uns gefunden?
4. Was machst du, wenn du nicht arbeitest?

a) Nur bei Maxi-Feinkost. Da war ich drei Jahre.
b) Ich treffe Freunde. Wir kochen oder gehen raus.
c) Hier in Köln in einem Feinkostgeschäft.
d) Ich habe im Internet nach Stellen gesucht.

d **Arbeiten Sie zu zweit. Worüber können Sie im Pausenraum sprechen? Schreiben Sie Fragen.**

Hörst du Musik?

Spielst du Fußball?

Hast du schon mal in einem Supermarkt gearbeitet?

UND SIE?

Sprechen Sie. Fragen und antworten Sie. Wählen Sie.

Arbeit — oder — **Freizeit**

Arbeit:
- Hast du schon mal in einem Supermarkt gearbeitet?
- Ja, zwei Jahre in Afghanistan.

Freizeit:
- Spielst du Fußball?
- Klar, aber ich suche noch einen Verein.

4 Einstellungsgespräch

1.07–09 **a In welcher Reihenfolge sprechen Frau Kern und Nazar Gurski über die Themen? Hören Sie und nummerieren Sie.**

A ☐
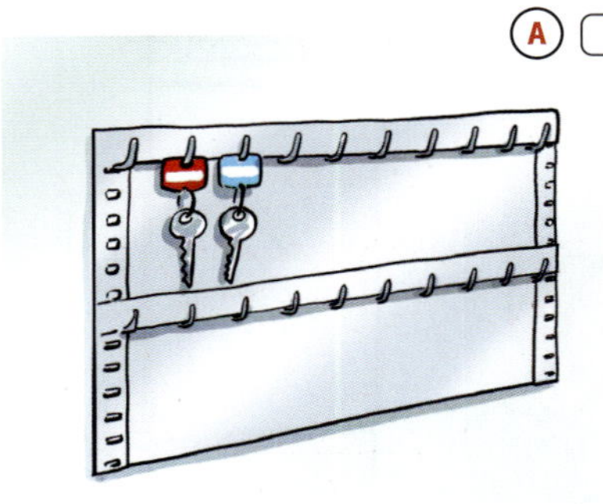
Schlüssel

B 1

Pause

C ☐

Arbeitskleidung

D ☐

Willkommensmappe

E ☐
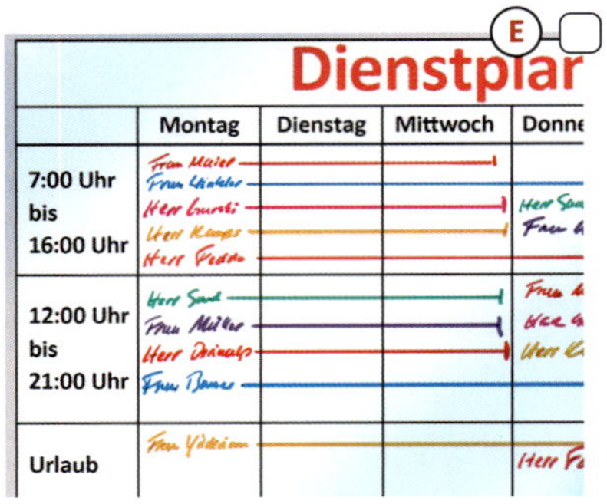

Dienstplan

F ☐

Essen

1.07–09 **b Hören Sie noch einmal. Welche Fragen stellt Nazar Gurski? Kreuzen Sie an.**

1. ☐ Wie sind meine Arbeitszeiten?
2. ☐ Muss ich am Wochenende arbeiten?
3. ☐ Wann sind die Pausen?
4. ☐ Muss ich Arbeitskleidung tragen?
5. ☐ Muss ich die Hemden selber kaufen?
6. ☐ Können wir im Pausenraum Kaffee oder Tee kochen?

1.10 **c Was sagt Frau Kern? Ergänzen Sie die Sätze und hören Sie zur Kontrolle.**

auf der Spülmaschine — in die Spülmaschine — an das Schlüsselbrett — ~~neben der Bürotür~~ — zwischen den Fenstern — im Regal

1. Hier *neben der Bürotür* hängen die Schlüssel.
2. Hängen Sie den Schlüssel immer ....
3. Ihr Schrank ist hier ....
4. Die Hemden liegen hier ....
5. Die schmutzigen Tassen stehen .... !
6. Stellen Sie Ihr schmutziges Geschirr ....

d **„Wo“ oder „Wohin“? Ergänzen Sie die Endungen der Artikel.**

1. Die Schlüssel hängen neben der........ Bürotür.
2. Hängen Sie den Schlüssel an das........ Schlüsselbrett.
3. Ihr Schrank ist hier zwischen d.................. Fenstern.
4. Ich lege Ihnen das Hemd in d.................. Schrank.
5. Die Tassen stehen auf d.................. Spülmaschine!
6. Stellen Sie die Tassen in d.................. Spülmaschine!

G

Wechselpräpositionen
in, an, auf, vor, hinter, über, unter, neben, zwischen

Wo? ● Dativ
hinter der Tür sein

Wohin → Akkusativ
hinter die Tür stellen

e **Üben Sie mit Gegenständen im Kursraum.**

Wo ist die Wasserflasche?

Auf dem Tisch.

Wohin stellst du die Wasserflasche?

Unter den Tisch.

unter der Jacke

neben dem Laptop

auf dem Kopf

hinter den Stuhl

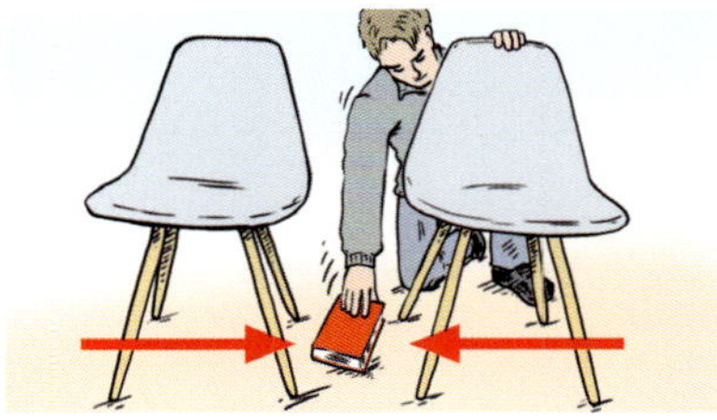

zwischen die Stühle

in das Regal

f **Was können Sie beim Einstellungsgespräch noch fragen und antworten? Machen Sie Notizen. Spielen Sie das Gespräch.**

Essen in den Kühlschrank? →
ja / bitte die Kollegen fragen

WLAN? → ja,
Passwort → Supermarkt

...

wen bei Problemen fragen? →
zu Frau Gabler gehen

...

5 Der Personalbogen

a Lesen Sie den Personalbogen. Ordnen Sie die Überschriften zu.

Krankenversicherung | Bankverbindung | Persönliche Angaben

Personalbogen

Firma SPARPUNKTE Hess	Personalnummer 4720003001
1	
Familienname	Vorname
Straße und Hausnummer	PLZ, Ort
Geburtsdatum, Geburtsort	Staatsangehörigkeit
Geschlecht ☐ männlich ☐ weiblich ☐ divers	Familienstand
2	
Kontonummer (IBAN)	Name der Bank
3	
Krankenkasse	Versichertennummer

Vom Arbeitgeber auszufüllen:

Eintrittsdatum ....·.......·...........	Betriebsstätte Aachener Straße	ausgeübte Tätigkeit Verkäufer

wöchentliche Arbeitszeit .... Stunden	Verteilung der wöchentlichen Arbeitszeit Mo .... Di .... Mi .... Do .... Fr .... Sa	Urlaub .... Tage

b Überlegen Sie zu zweit. Welche Informationen müssen Sie ausfüllen, welche nicht? Wo finden Sie die Informationen? Welche Ausweise helfen?

Meine Versichertennummer steht auf meiner Krankenkassenkarte.

UND SIE?

Füllen Sie den Personalbogen für sich aus.

6 Die Willkommensmappe

a Lesen Sie den Text. Worum geht es? Kreuzen Sie an: richtig oder falsch?

	R	F
1. Der Supermarkt begrüßt neue Angestellte.	☐	☐
2. Der Supermarkt macht Werbung für seine Produkte.	☐	☐

Herzlich willkommen in den Supermärkten SPARPUNKTE

Liebe neue Mitarbeiterin, lieber neuer Mitarbeiter!

Wir begrüßen Sie ganz herzlich bei SPARPUNKTE. Unsere 15 Supermärkte in sieben Städten bieten seit 40 Jahren preiswerte und gesunde Lebensmittel an: Frisches Obst und Gemüse, auch bio, täglich frische Backwaren, Fleisch und Wurst aus der Region.
Wir möchten, dass Sie gut in Ihre neue Arbeit starten können. Dafür haben wir diese Willkommensmappe mit nützlichen Informationen erstellt.

Sie haben vielleicht Fragen wie diese:

- **Ich bin krank. Was muss ich tun?**
- **Ich komme mit dem Auto. Wo kann ich parken?**
- **Bekomme ich einen Zuschuss für meine Monatskarte für Bus und Bahn?**
- **Was mache ich, wenn sich meine persönlichen Daten ändern (z. B. wenn ich umziehe)?**
- **Wo bekomme ich Hilfe bei einem Konflikt?**
- **Ich bin schwanger. Was mache ich?**
- **Ich möchte eine Weiterbildung machen. Wen kann ich fragen?**

Zu diesen und anderen wichtigen Themen finden Sie hier Informationen und die Kontaktpersonen mit Telefonnummer und E-Mail-Adresse.

b Lesen Sie den Text noch einmal genau. Welche Antwort passt? Kreuzen Sie an: (a) oder (b)?

1. Die Supermärkte
   (a) gibt es sieben Mal.
   (b) verkaufen Produkte aus der Umgebung.

2. Für wichtige Themen
   (a) gibt es eine Person mit Kontaktadresse.
   (b) gibt es eine Weiterbildung.

UND SIE?

Schreiben Sie eine Willkommensmappe für Ihren Kurs. Die Stichpunkte helfen.

Lehrwerk: Linie 1 für den Beruf B1

Lehrerin/Lehrer: Name

Öffnungszeiten der Cafeteria

Informationen zum Kursort

Technik: Passwort für WLAN

Herzlich willkommen in unserem Kurs!
Wir haben hier eine Willkommensmappe mit nützlichen Informationen für dich:
Unsere Lehrerin heißt ... . Wir arbeiten mit dem Buch ...

ÜBUNGEN

1 Was passiert am ersten Arbeitstag?

1.11

a Aussprache: Satzakzent. Hören Sie und achten Sie auf die Betonung.

1. Können wir telefonieren? oooooo0o
2. Gibt es eine Mittagspause? oooo0ooo
3. Wann muss ich dort sein? ooo0o
4. Wen kann ich fragen? ooo0o

Machen Sie nicht zu viele Betonungen.
o → Hier sprechen Sie ohne Betonung.
0 → Hier betonen Sie.

b Lesen Sie die Sätze laut. Betonen Sie die markierte Silbe.

c Welches Verb passt? Kreuzen Sie an: (a) oder (b)?

1. Ich habe den Job (a) bekommen (b) mitgebracht.
2. Ich (a) habe (b) möchte ein paar Fragen.
3. Muss man das Mittagessen (a) mitnehmen (b) mitbringen?
4. Kann ich mir einen Tee (a) machen (b) haben?
5. Wenn ja, dann muss ich keine Thermoskanne (a) bekommen (b) mitnehmen.
6. Ich muss den Personalbogen (a) ausfüllen (b) machen.

2 Ich möchte mich vorstellen.

a Wer hat welchen Beruf? Schreiben Sie Sätze.

1. Anton Nowak macht eine Ausbildung zum Verkäufer:
   Er ist Azubi.
2. Frau Bauer leitet den Supermarkt:
   Sie ......
3. Frau Gabler macht die Buchhaltung:
   ......
4. Frau Winkler verkauft Käse:
   ......

Wenn man seinen Beruf nennt, braucht man im Deutschen keinen Artikel.

b Welche Antwort passt? Ordnen Sie zu.

1. Hallo, ich bin die neue Kollegin. Ich heiße Anna Lopez. ... c
2. Das ist mein Kollege Herr Meister. ......
3. Sandra, ich möchte dir Oleg vorstellen. ......
4. Wollen wir Du sagen? Ich bin Mariam. ......

a) Schön, dich kennenzulernen. Arbeitest du auch hier?
b) Sehr gern. Ich heiße Karim.
c) Freut mich. Ich bin Tim. Du kannst ruhig Du sagen.
d) Es freut mich, Herr Meister. Mein Name ist Schuhmacher, Robert Schuhmacher.

1.12 **c Aussprache: Satzakzent – Hören Sie die Sätze und achten Sie auf die Betonung.**

1. Was soll ich morgen anziehen?
2. Was ziehe ich am ersten Tag an?
3. Was muss ich mitnehmen?
4. Was nehme ich mit?
5. Darf ich mich vorstellen?
6. Ich stelle mich Ihnen kurz vor.

Die Betonung ist auf dem trennbaren Wortteil.

d Lesen Sie die Sätze aus 2c laut. Betonen Sie die markierte Silbe.

e Sich vorstellen: Ergänzen Sie das Reflexivpronomen im Akkusativ.

1. Guten Tag. Ich möchte mich gern vorstellen.
2. Könntest du .... bitte vorstellen?
3. Er stellt .... bei den Kollegen vor.
4. Wir stellen .... im Team vor.
5. Bitte stellt .... vor!
6. Möchten Sie .... selbst vorstellen?

f Jemanden vorstellen: Welches Pronomen passt? Kreuzen Sie an: (a) oder (b)?

Man duzt sich:

1. Greta, ich möchte .... gern Nazar vorstellen.
(a) dich
(b) dir

2. Hallo, ich stelle .... heute unseren neuen Mitarbeiter vor.
(a) euch
(b) ihr

Man siezt sich:

3. Herr Gurski, ich möchte .... Frau Mannich vorstellen.
(a) Ihnen
(b) Sie

4. Herr Abadi, Frau Winkler, ich stelle .... Herrn Gurski vor.
(a) dir
(b) Ihnen

g Lesen Sie die Dialoge und ergänzen Sie die Sätze.

~~mein~~ dich Ihnen dir Sie ich

● Guten Tag, mein Name ist Alex Stepanow.
○ Guten Tag, Herr Stepanow.
● Ich möchte .... Frau Meier vorstellen.
△ Guten Tag. Es freut mich, ... kennenzulernen.

● Hallo – .... bin Younes.
○ Hallo, Younes!
● Ich möchte .... Claire vorstellen.
△ Hallo. Freut mich, ... kennenzulernen.

3 Gespräche im Pausenraum

1.13 **a Formulieren Sie Fragen. Hören Sie zur Kontrolle.**

1. wann / wir / essen / ?
   Wann essen wir?
2. wie lange / die Pausen / sein / ?
   ……………………
3. wie lange / Sie / hier / schon / arbeiten / ?
   ……………………
4. woher / du / kommen / ?
   ……………………
5. schon einmal / in einem Supermarkt / gearbeitet / haben / Sie / ?
   ……………………
6. deine / Ausbildung / du / hier / gemacht / haben / ?
   ……………………
7. gern / hier / arbeiten / du / ?
   ……………………

1.13 **b Hören Sie noch einmal. Sprechen Sie die Fragen nach. Achten Sie auf den Satzakzent.**

c Welche Reaktion passt? Verbinden Sie.

1. Hallo, ich arbeite auch hier. Ich heiße Sibel.
2. Wollen wir Du sagen?
3. Wo hast du schon gearbeitet?
4. Was machst du, wenn du nicht arbeitest?
5. Wo hast du deine Ausbildung gemacht?

a) In einer Bäckerei in München.
b) Ich treffe mich mit Freunden.
c) Meine Ausbildung? Hier im Supermarkt.
d) Schön, dich kennenzulernen. Ich bin Mia.
e) Ja, gerne. Ich heiße Andrea.

4 Einstellungsgespräch

a Wo ist ...? Schreiben Sie die Präpositionen.

in an ~~über~~ vor hinter auf unter neben zwischen

1. über

2. ……………………

3. ……………………

4. ……………………

5. ……………………

6. ……………………

7. ……………………

8. ……………………

9. ……………………

b Ergänzen Sie die passenden Präpositionen und Artikel im Dativ.

1. ● Wo hängen die Schlüssel?
   ○ N.......................... .... Tür.
2. ● Wo machen wir unsere Pause?
   ○ I.................. Pausenraum.
3. ● Wo stehen die Kaffeetassen?
   ○ Sie sind leider alle gerade i................. .... Spülmaschine.
4. ● Hast du meinen Schlüssel gesehen?
   ○ Ja, er hängt a................. Schlüsselbrett h.......................... .... Bürotür.
5. ● Liegen die Hemden i................. Schrank?
   ○ Nein, sie liegen i................. Regal n.......................... .... Fenstern.

in + dem = im
an + dem = am

c Wohin ...? Lesen Sie die Sätze und ergänzen Sie die Artikel im Akkusativ.

1. Wohin hängt man die Schlüssel? An......................... Schlüsselbrett.
2. Wohin geht man in der Pause? In .... Pausenraum.
3. Wohin stellt man die schmutzigen Kaffeetassen? In .... Spülmaschine.
4. Wohin legt man die neuen Hemden? In......................... Schrank.

1.14 **d Hören Sie die Dialoge. Was hören Sie? Kreuzen Sie an: ⓐ oder ⓑ?**

1. ⓐ auf dem Tisch
   ⓑ auf den Tisch
2. ⓐ am Schlüsselbrett
   ⓑ ans Schlüsselbrett
3. ⓐ ins Büro
   ⓑ im Büro

ins = in + das
ans = an + das

e Ergänzen Sie die Verben auf den Notizzetteln.

liegen werfen ~~stellen~~ stehen hängen stellen

① *Stellen* Sie nach der Pause das Geschirr in die Spülmaschine.

② Achtung! Die Wasserflaschen .... jetzt unter dem Tisch.

③ Liebe Kollegen, die frischen (neuen) Hemden .... im Regal.

④ Bitte .... Sie den Schlüssel wieder ans Schlüsselbrett!

⑤ Bitte beachten: .... Sie den Abfall in den Papierkorb.

⑥ .... Sie die leeren Flaschen in den Kasten!

f Welche Fragen kann man am ersten Arbeitstag stellen? Schreiben Sie Sätze.

1. Kann ich ...? (Essen → Kühlschrank stellen)
2. Soll ich ...? (Arbeitskleidung → Schrank legen)
3. Wann ...? (haben → Pause)
4. Wie ...? (sein → Arbeitszeiten)
5. Wo ...? (hängen → die Schlüssel)
6. Wohin ...? (stellen → die leeren Flaschen)
7. Muss ...? (Arbeitskleidung → selbst kaufen)

Kann ich mein Essen in den Kühlschrank stellen?

5 Der Personalbogen

a Lesen Sie die Fragen. Welches Wort passt?

Geburtsort | Familienstand | Herkunftsland | ~~Wohnort~~ | Geburtsdatum

1. Wo wohnen Sie? Wohnort
2. Wann sind Sie geboren? ....
3. Wo sind Sie geboren? ....
4. Sind Sie verheiratet? ....
5. Aus welchem Land kommen Sie? ....

1.15 **b Hören Sie die Fragen. Markieren Sie den Satzakzent.**

1. Wo wohnen Sie?
2. Wo sind Sie geboren?
3. Wann sind Sie geboren?
4. Wie ist Ihre Adresse?
5. Sind Sie verheiratet?
6. Aus welchem Land kommen Sie?

1.16 **c Hören Sie das Gespräch. Ergänzen Sie die Informationen.**

Personalbogen	
Firma Sonnenschein	Personalnummer 5757880
Vorname Oleksandr	Familienname Boiko
Straße und Hausnummer Blumenstr. 76	PLZ, Ort 5067 Köln
Telefonnummer 0612344798	Familienstand
Geburtsdatum, Geburtsort	Staatsangehörigkeit

d Auf Fragen schnell reagieren: Üben Sie zu zweit. Würfeln Sie und stellen Sie die passende Frage aus 5b. Antworten Sie möglichst schnell oder bitten Sie um Wiederholung der Frage.

Wann sind Sie geboren?

Am 29.7.1991.

Wie ist Ihre Adresse?

Moment, ich muss kurz überlegen.

Um Wiederholung bitten

Entschuldigung, wie war die Frage?
Können Sie die Frage bitte wiederholen?
Wie bitte?

6 Die Willkommensmappe

a Wo stehen die Informationen im Text? Lesen Sie den Text und ordnen Sie zu.

☐ Herzlich willkommen in unserem Supermarkt. Wir haben ☐ eine große Auswahl an frischen Produkten. Besonders gut ist das Bio-Gemüse aus der Region. Alle (1) Backwaren werden ☐ täglich frisch geliefert. Wir haben eine Willkommensmappe für Sie erstellt. ☐ Hier können Sie lesen, was Sie tun müssen, wenn Sie krank sind. Auch andere wichtige Fragen zu Ihrem Arbeitsplatz werden beantwortet, zum Beispiel: ☐ Wen kann ich bei Problemen fragen? Sie finden hier auch Telefonnummern und E-Mail-Adressen. Lesen Sie bitte alles durch. Wir wünschen Ihnen einen guten Start.

Ihre Marktleitung

1. Brot und Kuchen 2. jeden Tag 3. viele verschiedene 4. Sie finden nützliche Informationen. 5. Kontaktpersonen 6. Wir begrüßen Sie

b Welche Verben passen zu den Nomen? Ergänzen Sie.

ändern ~~lesen~~ bekommen begrüßen anbieten machen

1. die Willkommensmappe lesen
2. die Mitarbeiter ....
3. einen Zuschuss ....
4. die persönlichen Daten ....
5. eine Weiterbildung ....
6. preiswerte Lebensmittel ....

c Die neue Kollegin stellt sich vor. Ergänzen Sie die E-Mail.

arbeite freue ~~heiße~~ komme Jahre seit

Ich bin die Neue!

Hallo, ich bin neu in der Firma und möchte mich kurz vorstellen:

Ich heiße Marta Rodriguez-Diaz und bin 32 .... alt. Ich .... aus Valencia in Spanien und lebe .... drei Jahren in Deutschland. Seit dem 8.8.2023 .... ich hier. Ich mache meine Ausbildung zur Verkäuferin hier in der Firma.

Ich .... mich auf die gemeinsame Arbeit.

d Schreiben Sie ein paar Sätze über sich.

Liebe Kolleginnen und Kollegen, ich heiße ... Ich bin ... Jahre alt. Ich komme aus ... Jetzt ...

Lernwortschatz

1 Was passiert am ersten Arbeitstag?

der Arbeitstag, -e
der Stift, -e
das Mittagessen, –
anziehen
das Einstellungsgespräch, -e
der Dienstplan, ¨-e
die Arbeitszeit (Sg.)
der Personalbogen, ¨
der Personalausweis, -e

2 Ich möchte mich vorstellen.

die Buchhalterin, -nen, der Buchhalter, –
die Marktleiterin, -nen, der Marktleiter, –
sich vorstellen
vorstellen + Akk.
anbieten (*das Du anbieten*)
duzen
das Team, -s

3 Gespräche im Pausenraum

der Pausenraum, ¨-e
die Kaffeepause, -n
die Herkunft (Sg.)
die Arbeitssuche, -n
die Feinkost (Sg.)
das Feinkostgeschäft, -e
die Stelle, -n

4 Einstellungsgespräch

die Arbeitskleidung, -en
die Willkommensmappe, -n
die Spülmaschine, -n
die Bürotür, -en
das Schlüsselbrett, -er
das Regal, -e
die Wasserflasche, -n
der Laptop, -s
das WLAN, -s
das Passwort, -wörter

5 Der Personalbogen

die Krankenversicherung, -en
die Bankverbindung, -en
die persönlichen Angaben (Pl.)
die Personalnummer, -n
die Hausnummer, -n
die PLZ, –
das Geburtsdatum (Sg.)
das Geschlecht, -er
divers
die Staatsangehörigkeit, -en
die Kontonummer, -n
die IBAN, -s
die Krankenkasse, -n
die Versichertennummer, -n
der Arbeitgeber, -
das Eintrittsdatum (Sg.)
die Betriebsstätte, -n
die Tätigkeit, -en
ausüben (*ausgeübte Tätigkeit*)
wöchentlich
die Verteilung, –
die Krankenkassenkarte, -n

6 Die Willkommensmappe

die Werbung, -
preiswert
die Backware, -n
täglich
bio
die Region
nützlich
erstellen
der Zuschuss, ¨-e
die persönlichen Daten (Pl.)
der Konflikt, -e
die Weiterbildung, -en
die Kontaktperson, -en
die Telefonnummer, -n
die Öffnungszeiten (Pl.)
die Cafeteria, -s
der Kursort, -e

Mein Deutsch nach Kapitel 1

Das kann ich:

mich selbst vorstellen

Sprechen Sie.

- ● Ich möchte mich … Ich heiße …
- ○ Ich … mich, Sie …

- ● Hallo, ich bin …
- ○ Freut mich! Ich …

andere vorstellen

Stellen Sie sich gegenseitig vor.

- ● Ich möchte dir … vorstellen.
- ○ Schön, dich … Das ist …

jemandem das Du anbieten

Wollen wir Du sagen?

Welche Reaktion passt? Kreuzen Sie an.

- ☐ Du kannst ruhig Du sagen.
- ☐ Ja, bitte.
- ☐ Gerne! Ich heiße …

mit Kollegen Small Talk machen

Sprechen Sie: Freizeit oder Arbeit

Wo hast du deine Ausbildung gemacht?
Ich habe … Jahre bei … gearbeitet.
Was machst du in deiner Freizeit?
Ich spiele Fußball. / Ich treffe mich mit Freunden. / Ich gehe …

Informationen am ersten Arbeitstag erfragen

Wen frage ich bei Problemen?

Notieren Sie Fragen.

Wo sind …? Kann ich …?
Muss ich …?

den Personalbogen ausfüllen

Schreiben Sie.

Familienname: … Vorname: …
Geburtsdatum: …
Familienstand: …
Versichertennummer: …

Das kenne ich:

G

Die Wechselpräpositionen

unter neben an hinter in vor auf über zwischen

Aktion

Wohin → Präposition + Akkusativ

Sie hängt den Schlüssel an **das** Schlüsselbrett.
Wir stellen den Schrank zwischen **die** Fenster.
Er legt das Buch auf **den** Stuhl.

Position

Wo? → Präposition + Dativ

Der Schlüssel hängt am Schlüsselbrett.
Der Schrank steht zwischen **den** Fenstern.
Das Buch liegt auf **dem** Stuhl.
Der Kollege sitzt vor **dem** Computer.

BSK-Spezial A – Supermarkt

Marktleiterin – Bewerber

1 Ein Vorstellungsgespräch führen

1.17 **a Hören Sie das Gespräch zwischen Herrn Saad und Frau Mannich. Was ist richtig? Kreuzen Sie an: (a) oder (b)?**

1. Das Gespräch findet (a) in einer Schule (b) in einem Supermarkt statt.
2. Herr Saad möchte (a) einen Ausbildungsplatz (b) einen Praktikumsplatz als Verkäufer.

1.17 **b Hören Sie das Gespräch noch einmal und kreuzen Sie an: richtig oder falsch?**

	R	F
1. Herr Saad hat Deutschkenntnisse auf dem Niveau B2.	☒	☐
2. Er hat in Syrien eine Ausbildung als Verkäufer gemacht.	☐	☐
3. Seine Familie hatte ein Geschäft in Damaskus.	☐	☐
4. Herr Saad hat Berufserfahrung im Familienbetrieb SAAD gesammelt.	☐	☐
5. Er möchte später Chef in einem Supermarkt sein.	☐	☐

c Lesen Sie den Lebenslauf von Abadi Saad. Ergänzen Sie die Informationen.

LEBENSLAUF

Persönliche Daten	
Name	Abadi Saad
Geburtsdatum	04.12.2001
Geburtsort	Damaskus, Syrien
E-Mail	abadi.saad@freepost.de
Deutsch-Sprachkurse	
01/2021 – 07/2021	Integrationskurs B1, Sprachenschule Kauder, Bonn
08/2021 – 03/2022	Sprachkurs Deutsch für den Beruf: Niveau ....
Berufstätigkeit	
05/2018 – 06/2020	als .... im Supermarkt SAAD in .... / Syrien
Ausbildung 2018–2020	praktische Erfahrung im ....
Schulbildung 2008–2018	Ephrem-Schule in Damaskus

d Lesen Sie die Fragen und antworten Sie. Spielen Sie dann ein Vorstellungsgespräch. Notieren Sie die Antworten Ihres Partners / Ihrer Partnerin.

Wie heißen Sie?
Woher kommen Sie?
Wann sind Sie geboren?
Wo sind Sie geboren?
Wo haben Sie Deutsch gelernt?

Was sind Sie von Beruf?
Haben Sie eine Ausbildung gemacht? Welche?
Was haben Sie gearbeitet?
Was möchten Sie in Deutschland beruflich machen?
Welchen Schulabschluss haben Sie?

Wortschatz a **Welches Wort passt? Kreuzen Sie an: (a), (b) oder (c)?**

1. Abadi … einen Ausbildungsplatz in einem Supermarkt.
   (a) besucht (b) nimmt (X) sucht
2. Er hat mehrere Deutschkurse besucht und die B2-Prüfung … .
   (a) bestanden (b) gearbeitet (c) gelernt
3. Er hat keine Ausbildung … .
   (a) gearbeitet (b) gemacht (c) besucht
4. Er hat die Schule zehn Jahre lang … .
   (a) bestanden (b) besucht (c) gemacht
5. In fünf Jahren möchte er Marktleiter … .
   (a) haben (b) arbeiten (c) sein

Wortschatz b **Lesen Sie die Elemente aus einem Lebenslauf und ordnen Sie zu.**

1. 02/2004–12/2007 Ausbildung zur Bäckerin — d)
2. Michaela Benn, geboren am 12.09.1997 in Leipzig
3. Realschulabschluss
4. In zwei Jahren möchte ich Bäckermeisterin sein.
5. 01/2007–05/2014 Bäckerin bei McBACK in Leipzig

a) Berufstätigkeit
b) Schulbildung
c) Berufswunsch
d) Berufsausbildung
e) Persönliche Daten

Redemittel **Formulieren Sie Fragen zum Lebenslauf von Abadi Saad wie im Beispiel. Antworten Sie dann selbst.**

1. *Wie heißen Sie?* ………… Ich heiße Abadi Saad.
2. *Wann* ………… Ich bin am 04.12.2001 geboren.
3. ………… Ich bin in Damaskus in Syrien geboren.
4. ………… Ich habe einen Integrationskurs gemacht.
5. ………… Ich bin Verkäufer.
6. ………… Ich habe keine Ausbildung gemacht.
7. ………… Ich habe zehn Jahre die Schule besucht.
8. ………… Ich möchte hier eine Ausbildung machen.
9. ………… Ich möchte Marktleiter in einem Supermarkt sein.

Strategie **Ein wichtiges Gespräch vorbereiten**
Ein wichtiges Gespräch? Kein Problem! Bereiten Sie sich vor. Formulieren und üben Sie das Gespräch in drei Schritten.

1. Welche Fragen kommen im Gespräch vielleicht vor? Notieren Sie sie. → 2. Beantworten Sie die Fragen. → 3. Lernen Sie die Antworten auswendig.

die Ausbildung, -en
Jemand lernt zwei oder drei Jahre einen Beruf.
→ der Ausbildungsplatz

die Berufserfahrung, -en
Eine Person hat in einem Beruf schon gearbeitet und ihn praktisch kennengelernt.

die Berufstätigkeit
die Arbeit

der Berufswunsch, ¨-e
was jemand beruflich sein möchte

der Familienbetrieb, -e
das Geschäft oder die Firma von einer Familie

die Kenntnis, -se
was jemand kennt = das Wissen
→ kennen
→ Deutschkenntnisse

der Praktikumsplatz, ¨-e
die Stelle für jemanden, der ein Praktikum macht

die Schulbildung (Sg.)
Zeit in der Schule

der Schulabschluss, ¨-e
Man bekommt ihn, wenn man mit der Schule fertig ist.
→ abschließen

das Vorstellungsgespräch, -e

↑ Er sucht eine Arbeit. ↑ Sie sucht jemanden für eine Arbeit.

Vorgesetzte — Angestellter

2 Auf Anweisungen reagieren

a **Sehen Sie die Fotos an. Was macht ein Verkäufer / eine Verkäuferin? Ordnen Sie die Ausdrücke zu.**

~~Ware kontrollieren~~ Kunden beraten Ware in den Verkaufsraum bringen
Ware einräumen Ware aus dem Lager holen Geld kassieren

A 1

Ware kontrollieren

B

C

D

E

F

1.18–22 **b** **Hören Sie fünf Dialoge zwischen der Marktleiterin Frau Mannich und Herrn Nimetz. In welcher Reihenfolge soll Herr Nimetz was machen? Nummerieren Sie die Fotos. Ein Foto bleibt übrig.**

1.18–22 **c** **Hören Sie noch einmal. Kreuzen Sie an: richtig oder falsch?**

	R	F
1. Die erste Aufgabe von Herrn Nimetz ist heute die Kontrolle von Obst und Gemüse.	X	
2. Herr Nimetz soll dann Obst und Gemüse ins Lager bringen.		
3. Frau Mannich, die Marktleiterin, holt den Reis.		
4. Heute ist im Supermarkt eine Sonderaktion.		
5. Herr Nimetz weiß viel über Weine.		
6. Die Preisliste ist im Büro.		
7. Herr Nimetz muss vormittags kassieren und nachmittags Kunden beraten.		

d **Was sollen Sie heute tun? Ihr Partner / Ihre Partnerin gibt Ihnen Anweisungen. Reagieren Sie.**

frische Ware holen Geld zählen Herrn Saad helfen Obst und Gemüse kontrollieren
Kunden beraten ins Lager gehen kassieren

Pizza einräumen
die Preisliste lesen
Reis holen
Ware ins Regal stellen

Anweisungen geben	**auf Anweisungen reagieren**
Helfen/Holen/Stellen Sie bitte …	Ja, gut, mach ich gleich.
Nehmen Sie …	Jetzt sofort?
Sie müssen … kontrollieren.	Geht in Ordnung. / Ja, alles klar.
	Kann ich das später machen?
	Das habe ich schon gemacht.

Räumen Sie bitte die Pizza ein.

Ja, gut, mache ich gleich.

Tätigkeiten eines Verkäufers / einer Verkäuferin benennen | ein Gespräch zwischen Marktleiterin und Verkäufer verstehen | Anweisungen geben | auf Anweisungen reagieren

Wortschatz a **Ergänzen Sie das passende Verb.**

holen kontrollieren kassieren ~~beraten~~ bringen einräumen

1. Eine Verkäuferin *berät* Kunden und gibt Tipps zu einem Produkt.
2. Sie .... die Ware aus dem Lager.
3. Sie .... die Ware in die Regale ....
4. Sie .... die Ware.
5. Sie .... die Ware aus dem Lager in den Verkaufsraum.
6. An der Kasse .... sie das Geld.

Wortschatz b **Welches Verb passt nicht? Kreuzen Sie an: ⓐ, ⓑ oder ⓒ?**

1. den Kunden	☒ auspacken	ⓑ beraten	ⓒ informieren
2. die Ware	ⓐ einräumen	ⓑ kontrollieren	ⓒ helfen
3. das Geld	ⓐ kassieren	ⓑ beraten	ⓒ zahlen
4. die Preisliste	ⓐ lesen	ⓑ kassieren	ⓒ holen
5. Obst	ⓐ verkaufen	ⓑ kontrollieren	ⓒ beraten

Wortbildung **Schreiben Sie das Nomen zum Verb und das Verb zum Nomen.**

1. produzieren → *das Produkt*
2. .... → die Kontrolle
3. kassieren → ....
4. .... → die Zahl
5. .... → die Beratung
6. lagern → ....

Strukturen **Schreiben Sie die Aufforderung wie im Beispiel.**

1. die frische Ware einräumen *Räumen Sie bitte die frische Ware ein!*
2. das Informationsblatt lesen ....
3. mit Herrn Saad ins Lager gehen ....
4. das Obst kontrollieren ....
5. den Reis holen ....

Strategie **Schwierige Wörter in einem Text verstehen**
Teilen Sie die grünen Wörter wie im Beispiel.

Preisliste: der Preis + die Liste
Informationsmaterial: die Information + ...

Holen Sie die Preisliste und das Informationsblatt für die Sonderaktion und bringen Sie alles in den Verkaufsraum.

1. Markieren Sie das schwierige Wort.
2. Teilen Sie das schwierige Wort in alle Bestandteile und schreiben Sie die Teile auf.
3. Welche Teile kennen Sie?
4. Kombinieren Sie!
5. Lesen Sie das Wort laut vor.
6. Lesen Sie den Satz mit dem schwierigen Wort laut.

beraten
Informationen und Tipps geben

einräumen
Ware in Regale legen oder stellen

kassieren
an der Kasse Geld nehmen

das Lager, –
→ lagern

die Preisliste, -n

die Sonderaktion, -en
besondere Produkte an einem Tag, zum Beispiel im Supermarkt

der Spezialist, -en / die Spezialistin, -nen
der Profi, -s

der Verkaufsraum, ¨-e
Hier verkauft man die Waren.

die Ware, -n
das Produkt

Marktleiterin → Auszubildender

3 Nachfragen

1.23–26 **a Hören Sie die Dialoge zwischen Frau Bauer und Azubi Abadi Saad und ordnen Sie die Fotos zu.**

A ☐

Ware annehmen und kontrollieren

B ☐

Ware nachbestellen

C 1
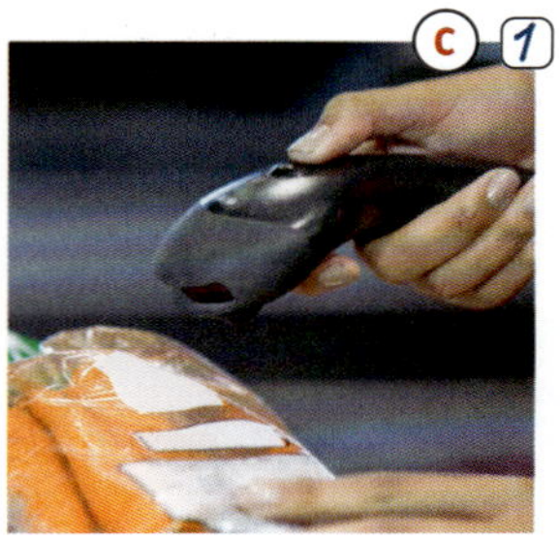
Barcodes einscannen

D ☐

Ware auspreisen

1.23–26 **b Hören Sie noch einmal. Kreuzen Sie an: richtig oder falsch?**

	R	F
1. Abadi Saad soll im Verkaufsraum Ware einscannen.	X	☐
2. Er muss am Computer Ware nachbestellen.	☐	☐
3. Er soll die Ware annehmen und kontrollieren.	☐	☐
4. Er soll im Lager mit dem Lieferanten sprechen.	☐	☐
5. Er soll Preisschilder auf die Waren kleben.	☐	☐
6. Er muss heute verkaufen.	☐	☐

c Schreiben Sie zu den Bereichen A–H Anweisungen auf Kärtchen.
Person A zieht ein Kärtchen und gibt die Anweisung. Person B reagiert. Die Redemittel auf Seite 26, Aufgabe 2d, und hier unten helfen.

- A: im Supermarkt
- B: im Restaurant
- C: im Hotel
- D: im Bus
- E: beim Bäcker
- F: beim Friseur
- G: in der Produktion
- H: in Ihrem Beruf

Bringen Sie die Kartoffeln in den Verkaufsraum.

Das habe ich nicht verstanden: Wohin soll ich …

nachfragen	**Verständnis sichern**	**Anweisungen verstehen**
Entschuldigung, können Sie das wiederholen? Können Sie das erklären? Wie macht man das? Das habe ich nicht verstanden: Wo/Was/Wie …?	Habe ich das richtig verstanden? Ich soll also … Das heißt, ich muss zuerst … Muss ich … / Soll ich …?	Aha! So macht man das. Jetzt habe ich verstanden, danke. Jetzt ist alles klar, danke.

Wortschatz a **Buchstabenrätsel – Schreiben Sie die Wörter richtig. Die Wörter rechts helfen.**

1. rBadeco *Barcode*
2. ssPrchildei ……
3. scheinalten ……
4. scaeinnnen ……
5. reisenpaus ……
6. berüpenrüf ……

Wortschatz b **Welches Verb passt? Kreuzen Sie an: ⓐ, ⓑ oder ⓒ?**

1. die Ware	ⓐ einschalten	☒ ⓑ auspreisen	ⓒ wiederholen
2. die Warenmenge	ⓐ kontrollieren	ⓑ verstehen	ⓒ nachfragen
3. Kunden	ⓐ einscannen	ⓑ auspreisen	ⓒ beraten
4. einen Scanner	ⓐ einschalten	ⓑ auspreisen	ⓒ kassieren

Strukturen **Bilden Sie Sätze wie im Beispiel.**

1. Soll ich die Ware einscannen? *Ja, scannen Sie die Ware bitte ein.*
2. Soll ich die Anweisung wiederholen? ……
3. Soll ich die Warenmenge kontrollieren? ……
4. Soll ich die Produkte auspreisen? ……
5. Soll ich das Produkt nachbestellen? ……
6. Soll ich den Scanner einschalten? ……

Redemittel **Anweisungen verstehen – Schreiben Sie Dialoge wie im Beispiel. Lernen Sie sie auswendig.**

1. Birnen in die Obstabteilung bringen
2. Warenmenge überprüfen
3. Scanner nehmen
4. Ware einscannen
5. Ware nachbestellen
6. Ware auspreisen

● Bringen Sie bitte die Birnen in die Obstabteilung.
○ Wie bitte? Können Sie das bitte wiederholen?
● Bitte bringen Sie die Birnen in die Obstabteilung.
○ Ah, ich soll die Birnen in die Gemüseabteilung bringen? Alles klar, mache ich gleich.

Strategie **Nachfragen, Verständnis sichern und Anweisungen verstehen**
Schreiben und spielen Sie einen Dialog aus Ihrem Beruf.

Man hat Ihnen eine Anweisung gegeben. Sie haben sie nicht verstanden.
- Fragen Sie nach.
- Wiederholen Sie die Frage.
- Hören Sie die Antwort.
- Sagen Sie, dass Sie verstanden haben.
- Bedanken Sie sich.

Fragen Sie nach, wenn Sie eine Anweisung nicht verstanden haben. ☺

auspreisen
Preise auf die Waren kleben

der Barcode, -s

einschalten

der Lieferant, -en
die Lieferantin, -nen
Er/Sie verkauft Ware an Firmen/Geschäfte und bringt sie Ihnen.
→ liefern
→ die Lieferung, -en

nachbestellen
mehr Ware bestellen
→ bestellen
→ die Bestellung, -en

das Preisschild, -er

der Scanner, –
→ einscannen

überprüfen
kontrollieren

die Warenmenge (Sg.)
z. B. Kilogramm, Liter, Stück …

4 Einen Lieferschein verstehen

a Lesen Sie den Lieferschein. Markieren Sie die richtige Lösung in den Sätzen 1–5.

Filial-Lieferschein — *Hamburgers Lebensmittel*

Warenbestellung — bestellt am: 11.07.20...

Filiale: 34117 Kassel Münchner Straße 9 — geliefert am: 13.07.20...

Artikel-Nr.	Artikel	Warengruppe	bestellt	geliefert	Rückgaben
4538277200	Fürsten-Quell-Mineralwasser	Getränke	14 Kästen	14 K	
0837477728	Fürsten-Quell-Stilles Wasser	Getränke	10 Kästen	10 K	
8473649373	Tiefkühl: Mischgemüse Erbsen und Möhren	Tiefkühl	4 Paletten à 12 x 500 Gramm	4 Pa	
7474383747	SuperMcBack Pizza/Salami	Tiefkühl	5 Packungen à 750 Gramm	5 Pk	3
7474383345	SuperMcBack Pizza/Thunfisch	Tiefkühl	5 Packungen à 750 Gramm	5 Pk	3
7474389875	SuperMcBackPizza/Mozzarella	Tiefkühl	5 Packungen à 750 Gramm	5 Pk	
1293764377	Hallo Fruchtgummi	Süßwaren	8 Packungen à 12 x 125 Gramm Tüte	8 Pk	
1213837473	PRINZ Schokolade	Süßwaren	1 Schachtel à 40 Tafeln Nuss	1 S	
gerechnet:	Kontrolle: Pia Bauer		Ware angenommen ______ Unterschrift Empfänger/in		gesamt: ____ €

1. Die Lieferung geht an ein Lebensmittelgeschäft in München/Kassel/Hamburg.
2. Das Lebensmittelgeschäft hat Ware aus drei/vier/fünf Warengruppen bestellt.
3. Das Lebensmittelgeschäft hat drei/fünf/sechs Produkte zurückgegeben.
4. Der Lieferant hat die Ware am 11.07./13.07./07.11. geliefert.
5. Hamburgers Lebensmittel hat zwei/drei/fünf Packungen Salami-Pizza bestellt.

b Frau Bauer bietet dem Lieferanten Hilfe an und bittet ihn um Hilfe. Ordnen Sie die Dialoge den Bildern zu.

A ☐

B ☐

C ☐

1. ● Können Sie mir bitte mit den Getränkekästen helfen?
   ○ Ja, klar.
   ● Seien Sie nett und bringen Sie die Kästen ins Lager.

2. ● Kann ich Ihnen helfen?
   ○ Ja, mit den Paletten, bitte.

3. ● Brauchen Sie Hilfe? Soll ich Ihnen den Karton abnehmen?
   ○ Ja, danke. Können Sie den Karton bitte ins Regal stellen?
   ● Kann ich sonst noch etwas tun?

c Hilfe anbieten und um Hilfe bitten – Sprechen Sie wie im Beispiel.

1. Paletten – ins Lager bringen
2. Süßwaren – ins Lager bringen
3. Tiefkühlware – holen
4. Lieferschein – überprüfen
5. Getränke – ins Regal stellen
6. … (Ihre Idee)

Kann ich Ihnen mit den Obstpaletten helfen?

Ja, danke. Können Sie die Paletten ins Lager bringen?

Wortschatz **Lesen Sie den Lieferschein auf Seite 30 noch einmal. Ordnen Sie die Produkte den Warengruppen zu. Schreiben Sie eine Verpackung dazu.**

Mineralwasser Tüte Kasten ~~Packung~~ Fruchtgummi ~~Pizza~~

Schokolade Tafel Wein Flasche Gemüse Packung

Getränke	Tiefkühl	Süßwaren
....	Pizza → Packung	....
....	....	....

Wortbildung **Schreiben Sie wie im Beispiel.**

1. die Warenbestellung → Waren bestellen
2. .... → Waren liefern
3. die Warenkontrolle → ....
4. .... → Waren zurückgeben

Redemittel **Lesen Sie die Sätze, ordnen Sie den Dialog und schreiben Sie.**

o Kann ich Ihnen helfen?

• ....

....

....

....

....

....

....

....

Seien Sie so nett und holen Sie dann auch den Lieferschein. Ich muss ihn unterschreiben.

Ja, bringen Sie bitte die Getränkekästen in den Verkaufsraum.

Gerne.

Kann ich sonst noch etwas tun?

Kann ich Ihnen helfen?

Strategie **Ganz genau lesen**

Vergleichen Sie Ihre Bestellung mit dem Lieferschein und finden Sie den Fehler.

Sie haben 14 kg frische Kirschen,
15 kg Kirschen als Tiefkühlware,
35 Stück frische Ananas
und 40 Dosen Ananas
in Dosen à 325 ml bestellt.

- Überlegen Sie zuerst: Was möchten Sie beim Lesen überprüfen?
- Lesen Sie Zeile für Zeile.
- Lesen Sie langsam und ganz genau.
- Sie müssen jede Einzelheit verstehen.

Lieferschein	
Art. Nr. 1284928743	28 Packungen Kirschen à 500 g
Art. Nr. 95873747595	35 Stück Ananas
Art. Nr. 93865837927	40 Dosen Ananas à 325 ml
Art. Nr. 152437620087	5 Packungen Kirschen (Tiefkühl) à 1000 g

die Filiale, -n
ein Geschäft von einem Supermarkt

der Fruchtgummi, -s

das Lebensmittelgeschäft, -e
In diesem Geschäft kann man Lebensmittel kaufen.

der Lieferschein, -e
eine Liste zur Lieferung

die Palette, - n

die Rückgabe, -n
→ zurückgeben

die Süßwaren (Pl.)
Lebensmittel mit viel Zucker, z. B. Schokolade, Bonbons, Kuchen, Gebäck …

die Tiefkühlware (Sg.)

die Warengruppe, -n
z. B. Backwaren, Frischwaren …

5 Szenario – Supermarkt

		Rolle A	Rolle B	Rolle C
		Sie sind Herr* Zingst. Sie leiten den Supermarkt.	Sie sind Herr* Poderowsky. Sie sind Azubi im Supermarkt.	Sie sind Frau* Allgaier. Sie sind Angestellte im Supermarkt.
Schritt 1	Vorstellungsgespräch im Supermarkt *Hamburgers Lebensmittel*	Fragen Sie Herrn Poderowsky nach seinem Lebenslauf.	Erzählen Sie Herrn Zingst von Ihrer Schule und Ausbildung.	
Schritt 2	Der Marktleiter sagt einer Verkäuferin, was sie an dem Tag tun soll.	Frau Allgaier soll heute Ware aus dem Lager holen, einräumen, kassieren und für die Käse-Sonderaktion Kunden beraten.		Hören Sie zu: Was sollen Sie heute im Markt alles tun? Reagieren Sie auf die Anweisungen.
Schritt 3	Im Büro vom Supermarkt gibt der Marktleiter dem Azubi Anweisungen.	Geben Sie dem Azubi Anweisungen. Er soll Ware auspreisen, einscannen und nachbestellen. Wiederholen Sie die Anweisung, wenn der Azubi sie nicht verstanden hat.	Reagieren Sie auf die Anweisungen des Marktleiters. Haben Sie etwas nicht verstanden? Fragen Sie nach.	
Schritt 4	Der Lieferant hat 20 Kästen Mineralwasser, 4 Paletten à 15 Packungen zu 500 Gramm Birnen, 56 Ananas, 3 Schachteln à 35 Tafeln Schokolade gebracht.	Wohin soll der Azubi die Ware bringen? Geben Sie Anweisungen.	Reagieren Sie auf die Anweisungen. Bitten Sie um Hilfe für Mineralwasser und Birnen.	Bieten Sie dem Azubi Hilfe an. Reagieren Sie auf seine Bitte um Hilfe.
Schritt 5	Gespräch im Team am Abend im Büro über die Tätigkeiten vom Tag	Fragen Sie Ihre Mitarbeiter, was sie an dem Tag gemacht haben.	Erzählen Sie, **was** Sie am Tag **wo** und **mit wem** gemacht haben.	

* Hinweis: Frau oder Herr? Sie können die Rollen jederzeit ändern.

Arbeitsverhältnisse 2

HAAR UND MEHR – IHR BARBIER

Wir schneiden Haare und machen Ihre Bärte schön!

UNSER TEAM | PREISE | KONTAKT

JOSHUA
Barbier, Inhaber

DUNJA
Friseurin, Barbierin

MIKE
Barbier

MANUEL
Azubi

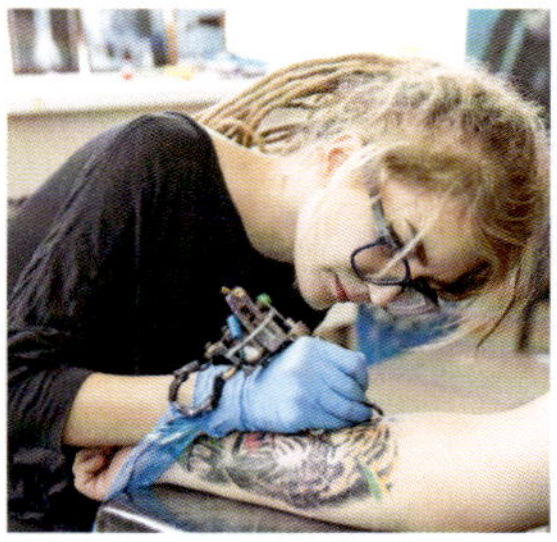

JOANNA
Tattoo Artist

ILHAN
Friseur, Kosmetiker

SILKE
Friseurin (beurlaubt)

Reinigungskraft

1 Wer macht was?

a Was passt zu wem? Sehen Sie die Webseite an und ergänzen Sie die Namen.

1. *Manuel* .... macht eine Ausbildung und lernt den Beruf.
2. .... gehört das Geschäft. Er ist der Chef.
3. ...., ... und .... schneiden Bärte.
4. .... zeichnet tolle Motive auf die Haut.
5. .... arbeitet gerade nicht.

b Körperpflege: Wo gehen Sie hin? Wo möchten Sie vielleicht arbeiten? Sprechen Sie.

die Körperpflege: *der Barbier*, *das Kosmetikstudio*, *der Friseur*, …, *das Solarium*, *das Nagelstudio*

Ich gehe ins Nagelstudio.

Ich möchte einen Job im Solarium.

Sprechen über Dienstleistungen zur Körperpflege sprechen; über Arbeitsverhältnisse sprechen; berufliche Erfahrungen und die berufliche Entwicklung beschreiben; etwas begründen; sagen, was man machen lässt oder selbst macht; sagen, was jemand machen soll | **Hören** telefonische Mitteilungen | **Lesen** Aussagen zu Arbeitsverhältnissen; Aushang im Schaufenster; schriftliche Bitten | **Schreiben** Nachrichten und Bitten an Kollegen und Kolleginnen verfassen

2 So arbeite ich.

a Lesen Sie die Aussagen. Wer arbeitet wann? Ordnen Sie zu.

Jeden Tag ..A.. nur samstags .... halbtags .... 5 Tage in der Woche ....

(A) Ich bin Joshua da Silva und Friseurmeister. Vor 12 Jahren habe ich meinen Barbershop eröffnet. Ich will mein eigener Chef sein. Ich arbeite an allen Tagen in der Woche! Ich bin sehr oft im Laden, weil ich die Verantwortung habe.

(B) Mein Name ist Dunja Klein. Ich arbeite in Teilzeit, nur vormittags. Ich vertrete unsere Kollegin Silke. Sie bekommt ein Kind. Mein Vertrag geht über zwei Jahre. Dann muss ich einen neuen Job suchen, weil sie zurückkommt. Aber vielleicht kann ich bleiben.

(C) Ich heiße Mike Kögel. Ich arbeite in Vollzeit, 40 Stunden in der Woche, von Dienstag bis Samstag den ganzen Tag. Montags muss ich nicht arbeiten, weil wir Ruhetag haben. Ich bin fest angestellt, schon seit 12 Jahren.

(D) Hallo, ich bin Ilhan Kaya. Ich habe eine Ausbildung als Friseur, arbeite hier aber nur samstags als Aushilfe. Von Montag bis Freitag arbeite ich in einem Fitnesscenter. Ich helfe im Barbershop aus, weil ich Geld für eine neue Küche brauche.

b Lesen Sie die Aussagen noch einmal. Kreuzen Sie an: richtig oder falsch?

	R	F
1. Joshua ist selbstständig, weil er sein eigener Chef sein will.	☐	☐
2. Dunja arbeitet nur vormittags, weil sie schwanger ist.	☐	☐
3. Mike arbeitet montags nicht, weil da Ruhetag ist.	☐	☐
4. Ilhan hilft im Laden aus, weil er Geld für eine neue Küche braucht.	☐	☐

c Ergänzen Sie die Tabelle mit den Sätzen aus 2b. (G)

FOKUS Nebensatz mit *weil*

Hauptsatz	Nebensatz
Joshua ist selbstständig,	weil er sein eigener Chef sein (will).
Mike arbeitet montags nicht,	weil da .... ( ).
Ilhan hilft im Laden aus,	weil er Geld für .... ( ).

d Verbinden Sie und schreiben Sie die Sätze mit *weil*.

1. Joshua ist immer da. Er ist der Chef vom Barbershop.
2. Dunjas Kollegin Silke ist nicht da. Sie bekommt ein Kind.
3. Manuel will Barbier werden. Er findet den Beruf sehr interessant.
4. Ilhan arbeitet nur samstags im Barbershop. Er hat noch eine andere Arbeit.

UND SIE?

Kettenspiel:
***Warum*-Fragen und**
***Weil*-Antworten.**

Warum lernst du Deutsch?

Weil ich einen guten Job haben will.

Warum willst du einen guten Job haben?

Weil ich …

3 Berufliche Entwicklung: Joshuas Weg

1.27 **a Was hat Joshua wann gemacht? Hören Sie und bringen Sie die Bilder in die richtige Reihenfolge.**

A ☐

B ☐

C ☐

D ☐

E ☐

F 1

1.27 **b Hören Sie noch einmal. Kreuzen Sie an: richtig oder falsch?**

	R	F
1. Joshua ist in Deutschland aufgewachsen.	☐	☐
2. Er hat seinem Vater im Barbershop geholfen.	☐	☐
3. Er ist nach der Schule nach Deutschland gekommen.	☐	☐
4. Er war verliebt und ist in Deutschland geblieben.	☐	☐
5. Er hat die B2-Prüfung bestanden.	☐	☐
6. Er hat eine Ausbildung als Verkäufer gemacht.	☐	☐
7. Er war mit seiner Stelle sehr zufrieden.	☐	☐
8. Er hat sein eigenes Geschäft aufgemacht.	☐	☐

c Lesen Sie 3b und markieren Sie alle Perfekt-Formen. Schreiben Sie die Formen in die Tabelle.

Perfekt mit *haben*	Perfekt mit *sein*
	ist aufgewachsen

d Ihre berufliche Entwicklung – Ergänzen Sie mindestens vier Sätze.

1. Ich bin in ... aufgewachsen.
2. Ich habe von ... bis ... die Schule besucht.
3. Nach der Schule habe ich ... gelernt.
4. Ich habe als ... gearbeitet. Danach habe ich ..., weil ...
5. Ich bin ... nach Deutschland gekommen.
6. Nach dem Kurs möchte ich als ... arbeiten oder eine Ausbildung als ... machen.

Ich bin in Afghanistan aufgewachsen.

UND SIE?

Machen Sie einen Zeitstrahl. Stellen Sie Ihre berufliche Entwicklung vor: Was haben Sie gemacht und warum? Was haben Sie dabei gelernt?

Ich komme aus Thailand. Ich habe nur fünf Jahre die Schule besucht, weil ich im Geschäft von meinen Eltern geholfen habe.

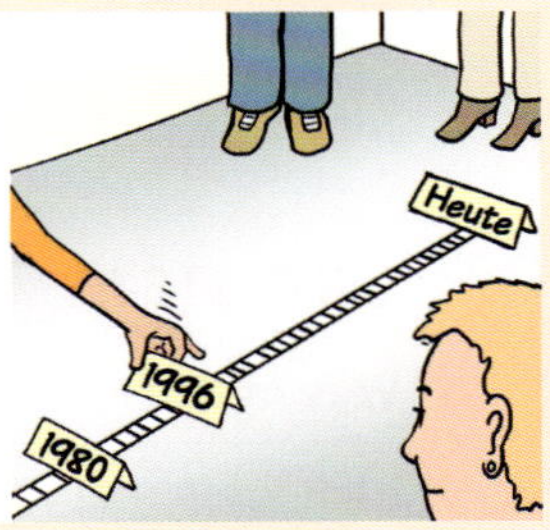

4 Wunsch und Angebot

a **Sehen Sie die Bilder an und ordnen Sie die Ausdrücke zu.**

1. Augenbrauen zupfen 2. Kopf massieren 3. Haare schneiden ~~4. Bart rasieren~~ 5. Ohrhaare entfernen 6. Haare färben

A 4
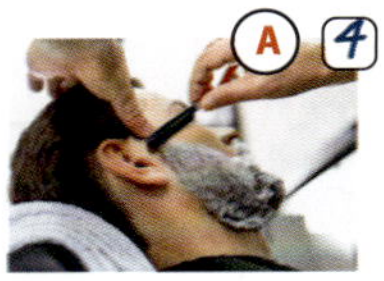
B
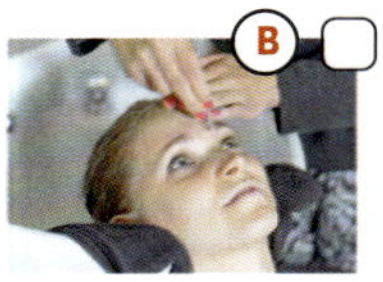
C

D
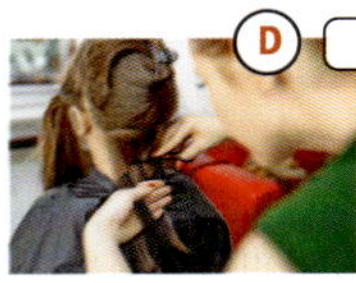
E
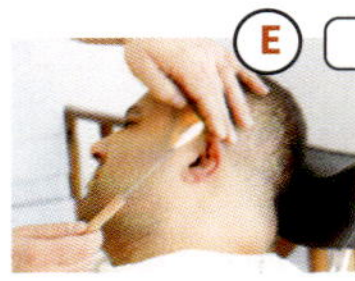
F

b **Sehen Sie die Fotos an. Wer hat welchen Wunsch? Ordnen Sie zu.**

Ich suche ein Geschenk für meinen Freund. Er hat Stress.

Alexa

Die anderen Jungs haben kurze Haare.

Elias

Blau ist nicht mehr cool.

Tian

Jetzt muss alles weg.

Roberto

Ich habe gleich wieder einen Termin.

Selim

1. Alexa .... möchte einen Wellness-Gutschein.
2. .... möchte eine neue Haarfarbe haben.
3. .... hat wenig Zeit und braucht sofort einen Haarschnitt.
4. .... will kurze Haare haben, wie die anderen Kinder.
5. .... möchte sich den Kopf rasieren lassen.

> lassen =
> nicht selbst machen

c **Lesen Sie die Angebote vom Barbershop. Welches Angebot passt zu welcher Person in 4b? Notieren Sie den Buchstaben zum Namen.**

HAAR UND MEHR – IHR BARBIER
Dienstleistungen und Preise

Alle Angebote auch als Gutschein!

A	Waschen / Schneiden / Stylen	**24 €**	**F**	Zupfen Augenbrauen (Pinzette)	**6 €**
B	Schneiden: schnell und trocken	**19 €**	**G**	Entfernen von Ohrenhaar oder Nasenhaar	**4 €**
C	Kinderhaarschnitt bis 13 Jahre	**14 €**	**H**	Kopfrasur	**20 €**
D	Rasieren: kurze Bärte **14 €** / lange Bärte	**17 €**	**I**	Wellness (Kopfmassage / Gesichtsmassage)	**28 €**
E	Färben	**28 €**			

Neu: Freitags sind Frauen und Männer willkommen!

Alexa ...I...... Elias .... Tian .... Roberto .... Selim ....

UND SIE?

Was machen Sie selbst? Was lassen Sie machen?

Ich lasse meine Haare färben.

Ich färbe meine Haare selbst.

5 Beschwerde oder Bestellung?

a Lesen Sie die Sätze. Beschwerde oder Bestellung? Kreuzen Sie an und vergleichen Sie im Kurs.

	Beschwerde	Bestellung
1. Ich habe ein Problem.	☐	☐
2. Wir möchten Ihr Shampoo kaufen.	☐	☐
3. Wir brauchen mal wieder Haargel von Ihnen.	☐	☐
4. Bei Ihrer Lieferung fehlt noch etwas.	☐	☐
5. Vielleicht ist da etwas schiefgelaufen.	☐	☐
6. Was kostet Ihr Produkt?	☐	☐
7. Leider haben wir festgestellt, dass …	☐	☐

1.28–29 **b Hören Sie die Mitteilungen. Was ist der Grund für den Anruf? Kreuzen Sie an.**

Mitteilung 1
(a) Beschwerde (b) Bestellung

Mitteilung 2
(a) Beschwerde (b) Bestellung

1.28 **c Hören Sie Mitteilung 1 noch einmal. Was ist richtig? Kreuzen Sie an.**

1. Anruf von ☐ Paul Jarowski ☐ Paul Jacobi.
2. Die Firma heißt ☐ Computer Funk ☐ Computer Fink.
3. Die Telefonnummer ist ☐ 0247 3526875 ☐ 0274 3562675.

d Lesen Sie die Notizen von Manuel. Welche Informationen sind für den Chef wichtig, welche nicht? Streichen Sie die unwichtigen Informationen.

- hat drei Flaschen Rasierwasser gekauft
- in einer Packung war Parfüm, kein Rasierwasser
- benutzt kein Parfüm
- will eine neue Flasche Rasierwasser
- wohnt nicht hier
- schnell zurückrufen

1.29 **e Hören Sie nun Mitteilung 2 noch einmal. Ergänzen Sie die Informationen.**

Telefonnotiz

Name Frau / Herr ....

Firma ....

Kontakt Telefon ....

f Welche Informationen in Mitteilung 2 sind wichtig? Kreuzen Sie drei Informationen an. Sprechen Sie im Kurs.

☐ war letzte Woche bei uns
☐ hat spezielle Rasiercreme gekauft
☐ will jetzt auch für Freunde kaufen
☐ braucht 8 Packungen Rasiercreme
☐ holt Packungen morgen um 17 Uhr
☐ als Geschenk verpacken
☐ will dann neuen Termin machen

g Spielen Sie. Eine Person beschwert sich. Die anderen Personen notieren die wichtigen Informationen. Sprechen Sie: Was sind die drei wichtigsten Informationen?

Ich habe ein Problem: …

6 Was soll er oder sie machen?

a Lesen Sie die Nachricht und die drei Fragen. Welche Antwort passt am besten, ⓐ, ⓑ oder ⓒ? Kreuzen Sie an.

1. Was ist die Situation?
- ⓐ Herr Mahani kann nächste Woche kommen.
- ⓑ Herr Mahani möchte am Samstag den Bart schneiden lassen.
- ⓒ Herr Mahani hat am Samstag keine Zeit.

2. Wer soll etwas machen?
- ⓐ Ilhan
- ⓑ Joshua
- ⓒ Herr Mahani

3. Was soll er machen?
- ⓐ Er soll am Samstag kommen.
- ⓑ Er soll einen neuen Termin vereinbaren.
- ⓒ Er soll Joshua anrufen.

b Lesen Sie b noch einmal und ergänzen Sie die Tabelle.

Ⓖ

FOKUS **Satzklammer mit Modalverben**

	Modalverb: Position 2		Infinitiv: Ende
Herr Mahani	kann	am Samstag nicht	kommen.
Herr Mahani	möchte	am Samstag den Bart schneiden	.
Ilhan	soll	....	.

c Schreiben Sie die Sätze mit den richtigen Verbformen.

1. Ilhan / anrufen / den Kunden / sollen / .
2. möchten / Joshua / sprechen / mit Ilhan / .
3. Herr Mahani / kommen / diese Woche / nicht / können / .
4. Dunja / heute / frei nehmen / wollen / .
5. arbeiten / können / heute / nicht / Manuel / .

Ilhan soll den Kunden anrufen.

d Ordnen Sie die Sätze zu.

Ⓐ

Ⓑ

Ⓒ

Ⓓ

1. ....*C*.... Manuel soll dem Kunden einen Gutschein geben.
2. .... Joshua soll seine Frau anrufen.
3. .... Die Kundin soll ihren Kopf drehen.
4. .... Ilhan soll das Regal aufräumen.

e Kettenspiel – Geben Sie Bitten weiter.

Kannst du bitte das Fenster öffnen, Emine?

Ich soll das Fenster öffnen. Okay, ich öffne das Fenster. Ayhan, kannst du mir deinen Stift geben?

7 Kannst du bitte …?

a Lesen Sie die Nachrichten. Was ist die Situation? Ordnen Sie zu.

(A)

Hallo Manuel,

ich muss dringend Shampoo bestellen. Kannst du mir sagen, wie viele Flaschen noch da sind?
Ich mache diese Woche die Buchhaltung und bin nicht immer im Geschäft.

Gruß Joshua

13:44 ✓

(B)

Hallo Joshua,

das Telefon ist kaputt! Ich bin alleine im Shop und weiß nicht, was ich tun soll. Kannst du mir helfen? Bitte melde dich so schnell wie möglich.

LG
Dunja

15:03 ✓

(C)

Liebe Dunja,

du bist schon sechs Monate bei uns und wir wollen eine Party machen. Hast du nächsten Freitag nach Feierabend Zeit? Wir haben schon alles vorbereitet, du musst nichts machen. Joshua ist auch dabei. Also bis Freitag!
☺ Dein Team

16:15 ✓

1. Das Telefon funktioniert nicht. ..B..
2. Die Kollegen und Kolleginnen machen am Freitag eine Party. ....
3. Joshua möchte Produkte bestellen. ....

b Lesen Sie die Nachrichten noch einmal. Kreuzen Sie an: richtig oder falsch?

	R	F
1. Manuel soll Shampoo kaufen.	☐	☐
2. Manuel soll die Flaschen zählen.	☐	☐
3. Joshua soll Dunja helfen.	☐	☐
4. Dunja soll Joshua anrufen.	☐	☐
5. Dunja soll eine Party vorbereiten.	☐	☐
6. Dunja soll zur Party kommen.	☐	☐

c Lesen Sie die Karten. Schreiben Sie die Nachrichten wie im Beispiel auf Zettel.

1. Rita schreibt Beatrice
   Situation: morgen kein Auto
   Bitte: Rita abholen?

2. Carlo schreibt Hans
   Situation: muss schnell nach Hause, Kind krank
   Bitte: Laden putzen

3. Hiwa schreibt Frau Alou
   Situation: kommt heute 30 Minuten später
   Bitte: dem Chef Bescheid sagen

4. Anne schreibt Robert
   Situation: Spülmaschine kaputt
   Bitte: Techniker anrufen

5. Herr Klemm schreibt Frau Monetti
   Situation: Kunde wartet auf seine Bestellung
   Bitte: Paket noch heute zur Post bringen

6. Frau Krause schreibt Herrn Niemann
   Situation: vor dem Haus eine Baustelle
   Bitte: mit dem Bus kommen

Hallo Beatrice,
ich habe morgen kein Auto. Kannst du mich abholen?
LG Rita

UND SIE?

Schreiben Sie selbst Nachrichten auf Zettel.

Hallo Ayhan, kannst du bitte mal das Fenster aufmachen? Ich finde es so warm hier.

Liebe Olga,
kannst du mir sagen, wie spät es ist?

ÜBUNGEN

1 Wer macht was?

1.30 **a Aussprache: Wortakzent – Hören Sie. Die betonte Silbe ist markiert.**

Haare • Bärte • Preise • Frauen • Männer
schneiden • machen • lernen • zeichnen

> das Haar – die Haar e Oo
>
> der Bart – die Bärt e Oo
>
> Die Grammatikendung ist meistens unbetont.

1.30 **b Aussprache: Hören Sie noch einmal und sprechen Sie nach.**

c Was passt nicht? Streichen Sie durch.

1. das Haar – die Haut – der Bart – ~~der Beruf~~
2. der Barbier – die Kosmetikerin – der Chef – die Friseurin
3. die Frauen – die Preise – die Kunden – die Männer
4. das Kosmetikstudio – das Solarium – das Team – das Nagelstudio

2 So arbeite ich.

1.31 **a Aussprache: Wortakzent – Hören Sie und achten Sie auf die markierte Silbe.**

aushelfen • anfangen • mitbringen • vorstellen

Am Anfang ist es immer schwierig. • Ich arbeite als Aushilfe. •
Bald mache ich eine Ausbildung. •
Meine Kollegin will bald zurückkommen.

> aus helfen Ooo
>
> Der Wortakzent liegt auf dem trennbaren Teil.

1.32 **b Aussprache: Wortakzent – Hören Sie und sprechen Sie nach.**

vertreten • eröffnen • bekommen • entfernen • gehören

Heute ist die Eröffnung. • Ich habe hier die Verantwortung. • Ich vertrete meinen Kollegen. •
Mein Vertrag geht über zwei Jahre.

> Die untrennbaren Vorsilben ver-, er-, be-, ent-, ge- sind unbetont.

c Schreiben Sie die Wörter.

an aus dig fe fest ge halb hil

selbst stän stellt tags ~~voll~~ ~~zeit~~

1. Mike arbeitet 40 Stunden von Dienstag bis Samstag. Er arbeitet in Vollzeit.
2. Joshua ist sein eigener Chef. Er ist _ _ _ _ _ _ _ _ _ _ _ _ _.
3. Dunja arbeitet nur am Vormittag. Sie arbeitet _ _ _ _ _ _ _ _.
4. Ilhan hilft samstags in einem Fitnesscenter. Er arbeitet im Barbershop als A _ _ _ _ _ _ _.
5. Mike ist schon seit 12 Jahren in der Firma. Er ist fest _ _ _ _ _ _ _ _ _ _.

d **Ergänzen Sie die Wörter auf den Karten.**

Vertretung Festanstellung Aushilfe ~~Halbtagsjob~~

halbtags arbeiten einen Halbtagsjob ... haben	in einem Laden aushelfen als ... arbeiten
fest angestellt sein eine ... haben	eine Kollegin vertreten als ... arbeiten

Lernen Sie so:
vertreten – die Vertretung
der Nachmittag – nachmittags

e ***Weil*-Sätze: Markieren Sie links das Verb wie im Beispiel. Schreiben Sie die Sätze mit *weil*.**

1. Ich bin nachmittags bei den Kindern. — Ich arbeite nur vormittags,
   weil ich nachmittags bei den Kindern (bin).
2. Er muss nachts arbeiten. — Julien ist sehr müde,
   ... ( ).
3. Er ist selbstständig. — Yilmaz ist glücklich,
   ... ( ).
4. Er braucht das Geld für sein Studium. — Karim hilft in einem Supermarkt aus,
   ... ( ).
5. Sie möchte gern in Vollzeit arbeiten. — Svetlana sucht eine neue Stelle,
   ... ( ).

f **Schreiben Sie Sätze mit *weil*.**

1. Warum lernst du Deutsch? — Weil ich Deutsch sprechen will.
   (Deutsch sprechen wollen)
2. Warum arbeitest du so viel? — ...
   (Geld nach Hause schicken müssen)
3. Warum kommst du so spät? — ...
   (im Stau gestanden haben)
4. Warum möchtest du diese Stelle? — ...
   (mehr Geld verdienen können)
5. Warum arbeitest du nicht in Vollzeit? — ...
   (kleine Kinder haben)
6. Warum studierst du nicht? — ...
   (erst noch Deutsch lernen müssen)

3 Berufliche Entwicklung: Joshuas Weg

a Welches Verb passt? Kreuzen Sie an.

eine Prüfung	◯ bestehen	◯ verdienen
ein Geschäft	◯ anfangen	◯ eröffnen
eine Schule	◯ besuchen	◯ lernen
eine Ausbildung	◯ arbeiten	◯ machen
ein Kind	◯ bekommen	◯ nehmen

b Ergänzen Sie *haben* oder *sein* in der richtigen Form.

● Wo .... du aufgewachsen?

○ Ich .... in Brasilien geboren, aber mit 6 Jahren .... ich nach Deutschland gekommen. Wir .... in Köln gewohnt.

● .... du dort die Schule besucht?

○ Ja, bis zur 9. Klasse. Dann .... ich eine Ausbildung angefangen.

● Wo .... du deine Ausbildung gemacht?

○ Ich .... zuerst bei meinem Vater im Geschäft ausgeholfen. Dann .... ich eine Stelle bei einem Barbier gefunden und als Friseurin gearbeitet.

c Schreiben Sie die Partizip-Formen zu den Verben in die Tabelle.

~~aufwachsen~~ aushelfen bestehen bleiben eröffnen wohnen finden arbeiten

ge...(e)t	ge...en	...t/...en	...ge...en
....	....	....	aufgewachsen
....	....	....	....

d Schreiben Sie Sätze in der Ich-Form im Perfekt.

1. in einer kleinen Stadt / aufwachsen	Ich bin in einer kleinen Stadt aufgewachsen.
2. vor zwei Jahren / nach Deutschland / kommen	.... ich nach Deutschland ....
3. zuerst / die Schule / besuchen	Zuerst ....
4. dann / die A2-Prüfung / bestehen	.... die A2-Prüfung ....
5. später / eine Ausbildung / machen	Später ....
6. danach / als Bäcker / arbeiten	....

e Was haben Sie wann gemacht? Notieren Sie für Sie wichtige Jahreszahlen und schreiben Sie Sätze.

1999: Ich bin am ... geboren. 2010: Ich ...

4 Wunsch und Angebot

a **Welche Körperteile finden Sie? Notieren Sie sie mit Artikel und Plural.**

augenbrauehaarekopfgesichthautnagelbartnasemundohr

die Augenbraue, -n ....

....

b **Was kostet ...? Ordnen Sie zu.**

- Ich möchte meinen Bart rasieren lassen. Was kostet das bei Ihnen? (A) ☐
- Was kostet einmal Haare schneiden bei Kindern? (B) [1]
- Kann ich mein Gesicht massieren lassen? Was kostet das? (C) ☐
- Ich möchte gern meine Haare färben lassen. Was kostet das? (D) ☐
- Meine Tochter möchte ihre Augenbrauen zupfen lassen. Was kostet das? (E) ☐

1. Ein Kinderhaarschnitt kostet 23 Euro.
2. Eine Gesichtsmassage kostet 28 Euro.
3. Haarefärben kostet 28 Euro.
4. Augenbrauenzupfen kostet 6 Euro.
5. Eine Bartrasur kostet 17 Euro.

c **Ergänzen Sie die fehlenden Formen von *lassen*.**

1. ich lasse ....
2. du lässt ....
3. er / es / sie l..........
4. wir l..........
5. ihr l..........
6. Sie / sie l..........

> Ich (lasse) meine Haare (schneiden).
>
> *lassen* hat wie die Modalverben einen Infinitiv am Satzende.

d **Schreiben Sie Sätze mit *lassen*.**

1. Färbst du deine Haare selbst?

   Nein, ich lasse meine Haare färben. ....

2. Reparierst du dein Fahrrad selbst?

   ....

3. Putzt dein Mann die Fenster selbst?

   Nein, er ....

4. Renoviert Maria ihre Wohnung selbst?

   Nein, sie ....

5. Wäscht Antonia ihr Auto selbst?

   ....

5 Beschwerde oder Bestellung?

1.33 **a Welcher Satz passt wo? Ergänzen Sie und hören Sie zur Kontrolle.**

Da ist etwas schiefgegangen. Das brauche ich nicht. ~~Ich habe ein Problem.~~ Bitte rufen Sie mich zurück.

Guten Tag, hier ist Clara Mayer. (1) *Ich habe ein Problem.*

Ich habe gestern bei Ihnen Shampoo gekauft. (2) ....

In der Packung ist Haargel, kein Shampoo! (3) ....

Kann ich das Produkt zurückgeben? (4) ....

Sie erreichen mich unter der Telefonnummer 0-247-35-26-875.

Vielen Dank und auf Wiederhören.

1.34–35 **b Hören Sie die Nachrichten. Was passt: (a) oder (b)?**

Nachricht 1

1. Herr Kaufmann möchte
   (a) einen Termin ausmachen. (b) einen Termin absagen.
2. Herr Kaufmann
   (a) möchte noch einmal anrufen. (b) bittet um einen Rückruf.

Nachricht 2

1. Frau Bruni möchte
   (a) etwas bestellen. (b) sich beschweren.
2. Frau Bruni
   (a) ruft am Nachmittag noch mal an. (b) möchte die Produkte am Nachmittag umtauschen.

1.36 **c Hören Sie die Nachricht. Welche Notiz passt am besten? Kreuzen Sie an.**

(1) ☐

- Kunde da Silva
- Waschen klappt gut
- jetzt: Handtücher noch schmutzig
- Handtücher bitte noch einmal waschen
- braucht sie morgen
- hat keine Handtücher mehr
- Telefonnummer: 0195-769348

(2) ☐

- Haar und Mehr
- Handtücher noch schmutzig
- Rückruf bis morgen: 0195-769348

(3) ☐

- Wichtig: Beschwerde von Herrn da Silva von „Haar und mehr"!
- Handtücher bitte noch einmal bis morgen waschen
- bittet um Rückruf: Telefonnummer: 0195-769348

6 Was soll er oder sie machen?

a Was soll/kann/möchte die Person machen? Markieren Sie das passende Modalverb.

1. Ilhan, hol bitte neue Rasiercreme aus dem Keller!
2. Frau Müller hat angerufen. Sie kann heute nicht kommen. Morgen hat sie Zeit.
3. Herr Moa hat seinen Termin am Samstag abgesagt.
4. Dunja, wir haben ein Problem. Ruf bitte den Chef an.

a) Ilhan soll/kann neue Rasiercreme holen.
b) Frau Müller soll/möchte morgen kommen.
c) Herr Moa soll/kann am Samstag nicht kommen.
d) Dunja soll/möchte den Chef anrufen.

b Lesen Sie den Dialog. Ergänzen Sie die Modalverben in der richtigen Form.

● Friseursalon Haarlänge. Guten Morgen. Wie *kann* (können) ich helfen?
○ Hallo, hier ist Tanja. Ich .... (möchten) meine Haare färben lassen. Habt ihr diese Woche noch einen Termin frei?
● Ja, wann .... (wollen) du kommen? Vormittags oder nachmittags?
○ Ich .... (können) am besten nachmittags.
● .... (möchten) du am Freitag um 15 Uhr kommen? Da ist Leila frei.
○ Ja, da .... (wollen) ich sowieso früher Feierabend machen. Danke schön. Bis Freitag.

7 Kannst du bitte ...?

a Lesen Sie die Fragen. Welche Frage passt zu welcher Nachricht?

A Kannst du morgen früher anfangen?
B Kannst du Limo mitbringen?
C Kannst du heute aushelfen?
D Können Sie heute um 15 Uhr kommen?

1. Hi Ilhan, Maria ist krank. Ich bin allein im Laden. Ich weiß, dass du heute frei hast, aber … *C*
2. Hey Maya, du kommst doch auch zu Lans Party? Wir brauchen noch Getränke. ....
3. Hallo Murat, eine Kundin will morgen schon um 9 Uhr kommen. ....
4. Guten Tag Frau Meier, eine Kundin hat abgesagt und ich habe jetzt doch Zeit für Sie. ....

b Wie kann man es auch sagen? Schreiben Sie höfliche Bitten.

1. Öffne das Fenster. 2. Hol das Shampoo aus dem Keller. 3. Bring der Kundin die Jacke.
4. Geben Sie mir einen Gutschein.

Kannst du bitte das Fenster öffnen? Könntest du ...

Lernwortschatz

1 Wer macht was?

das Arbeitsverhältnis-, -se
der Barbier, -e / die Barbierin, -nen
der Bart, ¨-e
der Inhaber, - / die Inhaberin, -nen
der Tattoo Artist, -s
der Kosmetiker, – / die Kosmetikerin, -nen
beurlaubt
die Reinigungskraft, ¨-e
zeichnen
das Motiv, -e
die Haut, ¨-e
die Körperpflege (Sg.)
das Kosmetikstudio, -s
das Nagelstudio, -s
das Solarium, die Solarien

2 So arbeite ich.

halbtags
samstags
der Friseurmeister, – / die Friseurmeisterin, -nen
der Barbershop, -s
eröffnen
eigen, eigene
die Verantwortung (Sg.)
die Teilzeit (Sg.)
vormittags
vertreten
zurückkommen
die Vollzeit (Sg.)
montags
der Ruhetag (Sg.)
fest angestellt
die Aushilfe, -n
das Fitnesscenter, –
aushelfen
selbstständig

3 Berufliche Entwicklung: Joshuas Weg

beruflich
die Entwicklung, -en
aufwachsen
verliebt
bestehen (*eine Prüfung bestehen*)

4 Wunsch und Angebot

die Augenbraue, -n
zupfen
massieren
rasieren
die Ohrhaare (Pl.)
entfernen
färben
der Stress (Sg.)
die Jungs (Pl.)
cool
die Wellness (Sg.)
der Gutschein, -e
die Haarfarbe, -n
der Haarschnitt, -e
lassen
die Dienstleistung, -en
stylen
der Kinderhaarschnitt, -e
die Pinzette, -n
die Rasur, -en
die Kopfmassage, -n
die Gesichtsmassage, -n

5 Beschwerde oder Bestellung?

die Beschwerde, -n
die Bestellung, -en
das Shampoo, -s
das Haargel, -e
die Lieferung, -en
schieflaufen
feststellen
das Rasierwasser, -
die Packung, -en
das Parfüm, -s
zurückrufen
speziell
die Rasiercreme, -s
verpacken

6 Was soll er oder sie machen?

vereinbaren (*einen Termin vereinbaren*)
frei nehmen
drehen
aufräumen

7 Kannst du bitte ...?

die Buchhaltung (Sg.)
der Shop, -s
sich melden
der Feierabend (Sg.)
funktionieren
vorbereiten
zählen
der Techniker, – / die Technikerin, -nen
warten auf + Akk.
die Baustelle, -n

Mein Deutsch nach Kapitel 2

Das kann ich:

über Arbeitsverhältnisse sprechen

Aushilfe Teilzeit Vertretung

selbstständig

Ergänzen Sie die Lücken.

nur nachmittags / in .... arbeiten
sein eigener Chef / .... sein
nur ab und zu / als .... arbeiten
für eine schwangere Kollegin / als .... arbeiten

über die berufliche Entwicklung sprechen

Sprechen Sie über Ihre berufliche Entwicklung.

- Hast du einen Beruf gelernt?
- Ja, ich habe Automechaniker gelernt.
- Warum? Magst du Autos so gerne?
- Mein Onkel hatte eine Werkstatt.

sagen, was ich machen lasse und was ich selbst mache

Was machen Sie selbst? Was lassen Sie machen? Nennen Sie je drei Dinge.

Ich koche selbst, aber ich lasse mein Auto reparieren.

sagen, was jemand machen soll

Kannst du bitte Rudi helfen, Lisa?

Lisa soll Rudi helfen.

Was sollen die Leute machen?

Kannst du mal kommen, Abi?
Bitte rufen Sie den Kunden an, Frau Schmidt.
Können Sie bitte lauter sprechen, Herr Kranz?

Kollegen und Kolleginnen schriftlich um etwas bitten

Schreiben Sie Ihrem Partner / Ihrer Partnerin eine Nachricht mit einer Bitte.

Das kenne ich:

G

Nebensatz mit *weil*

Hauptsatz	Nebensatz Konnektor		Verb: Ende
Joshua ist selbstständig,	weil	er sein eigener Chef	sein will.
Dunja arbeitet nur vormittags,	weil	sie schwanger	ist.

Perfekt mit *haben*

hat im Barbershop gearbeitet
hat seinem Vater geholfen
hat die Prüfung bestanden
hat eine Ausbildung gemacht

Perfekt mit *sein*

ist in Afghanistan aufgewachsen
ist nach Deutschland gekommen
ist in Deutschland geblieben

Satzklammer mit Modalverben

	Modalverb: Position 2		Infinitiv: Ende
Herr Mahani	kann	am Samstag nicht	kommen.
Joshua	möchte	mit dem Kunden	sprechen.

BSK-Spezial B – Friseurgewerbe

Kundinnen → Angestellte

1 Termine vereinbaren, verschieben, absagen

a Im Friseursalon – Lesen Sie die Sprechblase und die Gesprächsnotizen. Was ist das Thema? Ordnen Sie zu.

1. einen Termin vereinbaren 2. einen Termin verschieben 3. einen Termin absagen

Herr Anton hat um 9:15 Uhr angerufen. Der Termin am Mittwoch um 17 Uhr geht nicht. Er möchte am Freitag kommen. Ist das möglich? Er bittet um Rückruf unter 086 3979666. (A) ☐

(B) ☐

Anrufer/in: *Angelika Meyer*
Wann: *12:15 Uhr*
Wunsch: *möchte nächste Woche Termin*
Rückruf: ☒ ja ☐ nein
Telefonnummer: *0177634687*

(C) ☐

Anrufer/in: *Frau Lusche*
Wann: *18 Uhr*
Wunsch: *hat Termin morgen 16 Uhr / kann nicht kommen*
Rückruf: ☐ ja ☒ nein
Telefonnummer: ....

b Lesen Sie die Sätze. Kreuzen Sie an: richtig oder falsch?

	R	F
1. Frau Lusche kann morgen nicht kommen. Sie möchte einen anderen Termin.	☐	☐
2. Frau Meyer möchte einen Termin vereinbaren.	☐	☐
3. Herr Anton möchte am Mittwoch um fünf Uhr nachmittags kommen.	☐	☐

1.37–39 **c Hören Sie drei Nachrichten auf dem Anrufbeantworter und notieren Sie die Informationen.**

1. Anrufer/in: *Frau Sander*
Wann: *Montag, 18 Uhr*
Wunsch: *möchte Termin morgen 16 Uhr absagen*
Rückruf: ☐ ja ☒ nein
Tel. Nr.: ——

2. Anrufer/in: ....
Wann: ....
Wunsch: ....
Rückruf: ☐ ja ☐ nein
Tel. Nr.: ....

3. Anrufer/in: ....
Wann: ....
Wunsch: ....
Rückruf: ☐ ja ☐ nein
Tel. Nr.: ....

d Geben Sie die Information aus den Notizen in 1a und 1c weiter. Sprechen Sie.

Frau Meyer hat angerufen. Sie will …

e Rollenspiele – Am Telefon einen Termin vereinbaren, verschieben und absagen. Sprechen Sie. Ihr Partner / Ihre Partnerin macht sich Notizen.

Sie möchten morgen um 12 Uhr einen Termin bei Ihrer Friseurin.

Sie haben am 12.12. um 14:30 Uhr einen Termin beim Friseur. Leider haben Sie keine Zeit. Neuer Termin: 13.12. um 9 Uhr.

Sie haben heute um 16 Uhr einen Termin bei Ihrer Friseurin. Leider sind Sie krank. Sie können nicht kommen.

Und in Ihrem Beruf? Vereinbaren Sie einen Termin, sagen Sie ihn ab oder verschieben Sie ihn.

Wortschatz **Welches Verb passt nicht zum Nomen? Kreuzen Sie an: ⓐ, ⓑ, ⓒ oder ⓓ?**

1. einen Termin ⓐ vereinbaren ⓑ zurückrufen ⓒ verschieben ⓓ absagen
2. eine Anruferin ⓐ zurückrufen ⓑ anrufen ⓒ telefonieren ⓓ hören
3. eine Information ⓐ bekommen ⓑ weitergeben ⓒ verschieben ⓓ hören

Wortbildung **Schreiben Sie das Verb oder Nomen.**

1. der Rückruf → zurückrufen
2. der Anruf, der Anrufer → ……
3. …… → einen Termin wünschen
4. …… → telefonieren

Strukturen **Eine Nachricht weitergeben – Schreiben Sie Sätze wie im Beispiel.**

1. Herr Bauer // seinen Termin heute um 17 Uhr / auf morgen Vormittag / verschieben möchten / .
2. Frau Meyer // für den 04.06. um 12 Uhr / einen Termin / vereinbaren möchten / .
3. Karl // seinen Termin / von Montag auf Samstag / verschieben können / ?
4. Monika // am Dienstag den 02.02. / einen Termin / haben möchten / .
5. Gerd // einen Termin einen Tag später / bekommen können / ?

1. Herr Bauer hat angerufen. Er möchte seinen Termin heute um 17 Uhr auf morgen Vormittag verschieben.

Redemittel **Ordnen Sie die Redemittel zu und lernen Sie sie auswendig.**

~~Es tut mir leid, ich kann leider nicht kommen.~~

Ich möchte meinen Termin am … um … absagen.

Können wir den Termin auf den Dienstag verschieben?

Am … um … kann ich leider nicht. Geht es morgen um …?

Ich möchte einen Termin für übermorgen um … vereinbaren.

Geht das?

Passt Ihnen der … um … ?

Termin vereinbaren	Termin verschieben	Termin absagen
		Es tut mir leid, ich kann leider nicht kommen.

Strategie **Abkürzungen verstehen und benutzen**

a **Suchen Sie in der Sprechblase in Aufgabe 1a die Wörter für die Abkürzungen und notieren Sie sie.**

1. Hr. Herr
2. ang. ……
3. Mi ……
4. Fr ……
5. verschieb. ……
6. mögl. ……
7. Rückr. ……
8. u. ……

b **Schreiben Sie mit den Abkürzungen eine kurze Telefonnotiz zu der Sprechblase in 1a.**

einen Termin absagen
Man kann zu einem Termin nicht kommen und man sagt das.

einen Termin vereinbaren
einen Termin ausmachen

einen Termin verschieben
Man kann zu einem Termin nicht kommen und man macht für später einen neuen Termin aus.
→ verschieben auf

der Rückruf
Jemand hat angerufen und man war nicht da. Später telefoniert man mit der Person.

zurückrufen
Jemanden anrufen, wenn er/sie schon angerufen hat.

Friseurin Kundin

2 Ein Kundengespräch eröffnen

1.40 **a Hören Sie das Gespräch im Friseursalon und verbinden Sie dann Fragen und Antworten.**

1. Waren Sie schon einmal bei uns?
2. Was sollen wir machen?
3. Nur färben oder auch schneiden?
4. Ich möchte gerne eine Kundenkarte anlegen. Wie heißen Sie?
5. In der Kundenkarte stehen Ihre Haarfarbe und die Infos zu den Pflegemitteln.

a) Meine Haare werden grau, das stört mich.
b) Eine Kundenkarte? Bekomme ich dann Werbemails?
c) Alles. Waschen, färben, schneiden und kämmen.
d) Ach so, ich heiße Meyer, Angelika Meyer.
e) Nein, ich bin das erste Mal hier.

1.40 **b Hören Sie das Gespräch noch einmal. Notieren Sie die Antworten.**

1. Kommt die Kundin Frau Meyer ohne Termin in den Friseursalon?
2. Mag die Kundin ihre grauen Haare?
3. Welche Haarfarbe möchte Frau Meyer?
4. Was steht in der Kundenkarte?

1.41 **c Hören Sie das Gespräch Teil 2 und ergänzen Sie die Angaben in der Kundenkarte.**

A	B	C	D	E	F	G	H	I	J	K	L	M	N	O	P	Q	R	S	T	U	V	W	X	Y	Z

Name:		*Friseurmeisterin Nicole Huber*
Vorname:		
Besonderheiten: *graue Haare*		
Datum:	**Behandlung:**	**Pflegeprodukte:**
	färben: ☐ ja ☐ nein	Haarkur ☐ ja ☐ nein
	Haarfarbe:	
	Haarschnitt:	Haarspray ☐ ja ☐ nein

d Rollenspiel – Sie sind Friseurin und legen eine Kundenkarte an. Führen Sie ein Kundengespräch und notieren Sie die Angaben in der Kundenkarte.

Name:	
Vorname:	
Besonderheiten:	
Datum:	*Behandlung:*
	färben: ☐ *ja*
	Haarfarbe: …………
	Haarschnitt: *schneiden*

(A) Iris Mayakowski: waschen, keine Kur, schneiden, aber nur ein paar Zentimeter, Haare blond färben, aber kein Haarspray

(B) Anton Görges: waschen, Haarkur, kurz schneiden, viel Haarspray

(C) Ihre Idee

Was wollen wir machen?

Bitte heute nur schneiden.

e Und in Ihrem Beruf? Braucht man da Kundenkarten? Spielen Sie ein Kundengespräch und legen Sie eine Kundenkarte an.

Wortschatz a **Die Farbtabelle – Welche Haarfarbe ist das? Ordnen Sie zu.**

- [1] a) grau
- [ ] b) braun
- [ ] c) blond
- [ ] d) schwarz
- [ ] e) rot
- [ ] f) weiß

hell mittel dunkel

Die Wörter „hell", „mittel" und „dunkel" kann man mit allen Farben außer mit schwarz und weiß kombinieren.

Wortschatz b **Ordnen Sie zu.**

färben informieren pflegen/behandeln ~~schneiden~~ waschen

1. die Haare mit der Schere *schneiden*
2. die Haare mit Wasser ....
3. die Haare mit einer Haarkur und einer Spülung ....
4. die Haare mit Farbe ....
5. die Kunden über das Pflegeprodukt ....

Wortbildung **Schreiben Sie wie im Beispiel.**

1. der Haarschnitt *die Haare schneiden*
2. die Haarfarbe ....
3. die Haarwäsche ....
4. die Haarpflege ....
5. die Haarbehandlung ....

Redemittel **Fragen und Antworten – Ordnen Sie zu.**

1. Möchten Sie eine Haarkur? (→ c)
2. Wie viel soll ich schneiden?
3. Was sollen wir machen?
4. Dann nehmen Sie bitte hier Platz, ich möchte Ihnen die Haare waschen.
5. Ich möchte gerne eine Kundenkarte für Sie anlegen. Wie heißen Sie?
6. Ist die Temperatur angenehm?

a) Waschen und schneiden bitte.
b) Nur ein paar Zentimeter.
c) Nein, nur eine Spülung.
d) Meine Name ist Inge Werner.
e) Ja, das Wasser ist okay.
f) Hier?

Strategie **Ein Gespräch für den Beruf auswendig lernen**

Manche Sätze brauchen Sie sehr oft. Schreiben Sie die Sätze und lernen Sie sie auswendig.

Und so geht es besonders gut:

- Schreiben Sie mit den Sätzen, die Sie oft brauchen, einen Dialog.
- Lesen Sie den Dialog mit Ihrem Partner / Ihrer Partnerin mehrmals: Flüstern Sie, singen Sie, brummen Sie, sprechen Sie laut, leise, mit hoher oder tiefer Stimme.

Was machen wir heute Frau Wernicke? Nehmen Sie bitte Platz.

behandeln
hier: Haare mit einer Kur pflegen

die Behandlung, -en
hier: die Haarkur

die Besonderheit, -en
hier: eine extra Information

färben
Farbe in die Haare machen: blond, rot …

die Haarfarbe, -n
die Farbe von Haaren

die Haarkur, -en
ein Produkt für die Behandlung/Pflege von Haaren

der Haarschnitt, -e
kurze Haare, lange Haare usw.

das Haarspray, -s

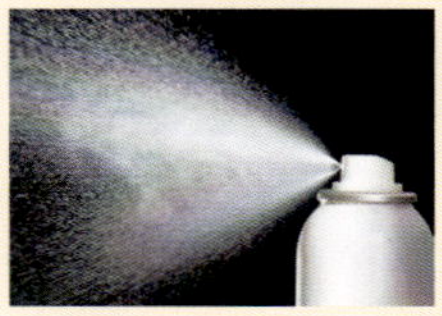

kämmen

die Kundenkarte, -n
eine Karte mit Informationen über einen Kunden / eine Kundin
→ eine Kundenkarte anlegen

Platz nehmen
sich setzen

das Pflegeprodukt, -e
eine Haarkur, eine Spülung
→ pflegen

die Spülung, -en
ein Pflegeprodukt für die Haare

die Werbemail, -s
Werbebrief über das Internet

3 Kundenwünsche erfragen

a **Sehen Sie die Fotos an. Welche Behandlungen beim Friseur kennen Sie?**

A 5
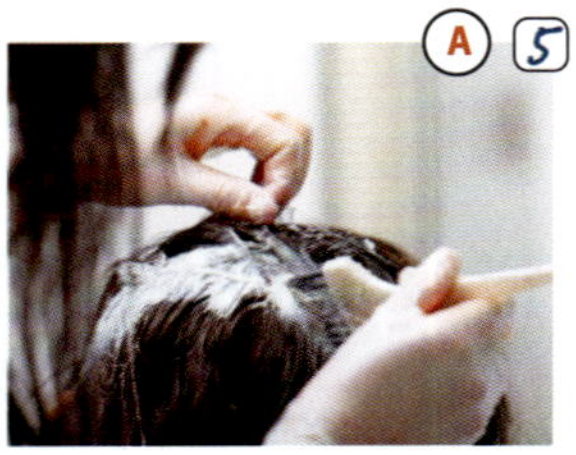
B
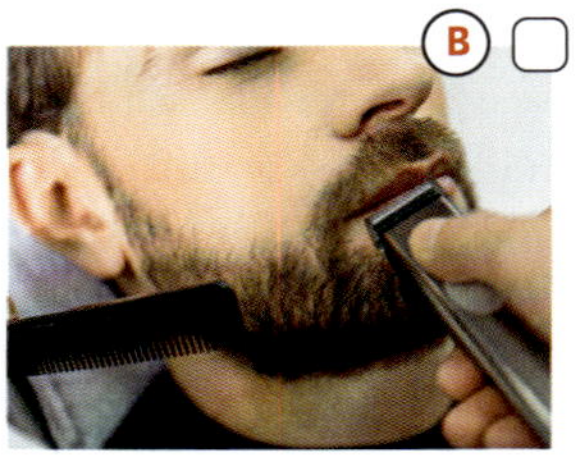
C

D

E

F

G
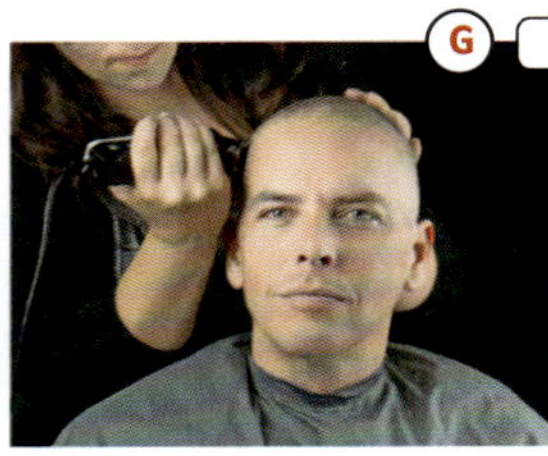
H
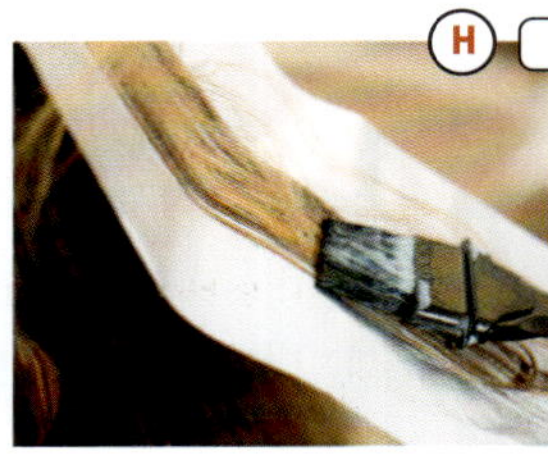

b **Ordnen Sie die Behandlungen den Fotos zu.**

1. Strähnchen färben
2. die Haare in Form föhnen
3. Shampoo und Pflegeprodukt ausspülen
4. den Bart stutzen
5. ~~Haaransatz färben~~
6. die Spitzen schneiden
7. die Haare kämmen und glätten
8. den Kopf rasieren

c **Sehen Sie die Fotos an und lesen Sie die Dialoge. Welches Foto passt?**

A

B
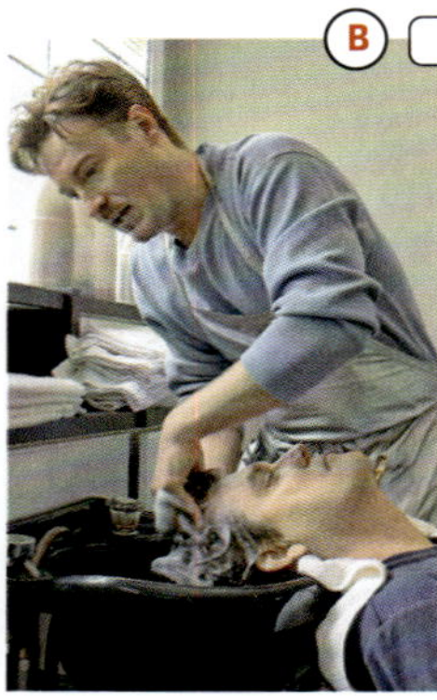
C

1. ● Wie lang?
   ○ Kinnlang bitte und den Scheitel links.
2. ● Ich möchte meine Haare färben.
   ○ Komplett färben?
   ● Ja, ich möchte braune Haare.
3. ● Was wollen wir machen?
   ○ Bitte waschen, schneiden, föhnen.

d **Rollenspiel – Lesen Sie die Kundenwünsche. Spielen Sie Dialoge.**

waschen und föhnen	waschen, schneiden, aber nicht föhnen	Bart stutzen und Kopf rasieren	Strähnchen färben	Ihre Idee 

Was wollen wir machen? / Was kann ich für Sie tun?
Haben Sie noch einen Wunsch?
Möchten Sie …? / Wünschen Sie …?

Darf ich …?
Nur …? / Auch …?
Welche …? / Wo …? / Wie viel …?

e **Rollenspiel – Spielen Sie Dialoge mit Kundenwünschen im Supermarkt, Schuhgeschäft usw.**

ein Kilo Bananen	Kleid in Größe 38	Schuhe Größe 40	das Motorrad reparieren	Ihre Idee 

Wortschatz Welches Verb passt? Ordnen Sie zu.

blond färben rasieren föhnen ausspülen ~~stutzen~~ kämmen schneiden

1. den Bart *stutzen*
2. das Kinn ....
3. Shampoo ....
4. braune Haare ....
5. Haare kurz ....
6. den Scheitel rechts ....
7. Haare in Form ....

Redemittel Was sagt die Friseurin zur Kundin? Schreiben Sie Sätze.

1. die Haare färben *Ich färbe Ihnen jetzt die Haare.*
2. die Haare waschen ....
3. das Shampoo ausspülen ....
4. die Spitzen schneiden ....
5. die Haare in Form föhnen ....

Strukturen Lesen Sie die Antworten und schreiben Sie die Fragen.

1. ● *Was kann ich für Sie tun?* ○ Färben bitte.
2. ● .... ○ Nur den Haaransatz.
3. ● .... ○ Der ist rechts.
4. ● .... ○ Nur ein paar Zentimeter.
5. ● .... ○ Nein, kein Haarspray bitte.

Strategie Wortfelder mit einem Wortigel lernen

a Ordnen Sie Wörter zu „Friseur" in den Wortigel ein.

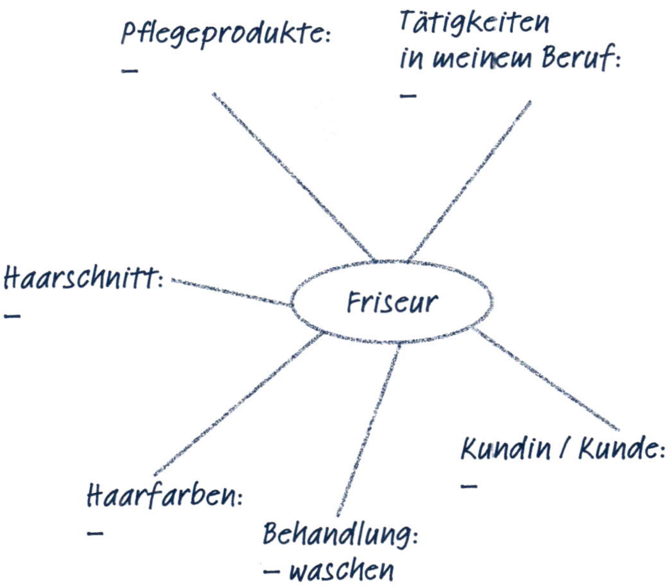

- Lernen Sie Wörter im Wortfeld.
- Bilden Sie Sätze mit Wörtern aus dem Wortfeld, z. B.: „Wollen Sie die Haare kurz oder lang?"

b Machen Sie einen Wortigel mit Wörtern aus Ihrem Beruf.

ausspülen
wegwaschen

den Bart stutzen
den Bart schneiden

in Form föhnen
mit dem Föhn den Haaren eine Form geben

glätten
die Haare glatt machen

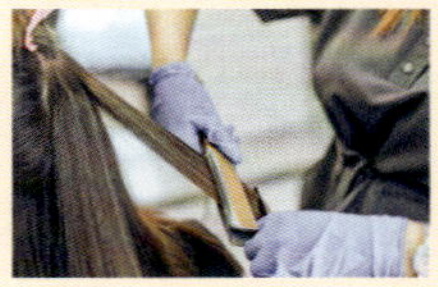

der Haaransatz (Sg.)
Hier beginnen auf dem Kopf die Haare.

das Kinn, -e
→ kinnlang

komplett
alles, ganz

(sich) rasieren

der Scheitel, –

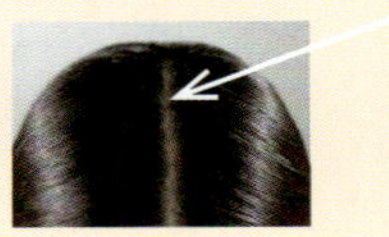

das Shampoo, -s
Mit diesem Produkt wäscht man die Haare.

die Spitze, -n
das spitze Ende von etwas, z. B. von Haaren

das Strähnchen, –

Friseurin Kundin

4 Kunden sagen, was man gerade macht

a Wie heißen die Arbeitswerkzeuge im Friseursalon? Ordnen Sie zu.

das Rasiermesser | der Rasierpinsel | der Lockenwickler | die Rundbürste | der Föhn | der Farbpinsel | die Farbschale | das Glätteisen | die Bürste | der Kamm | die Schere

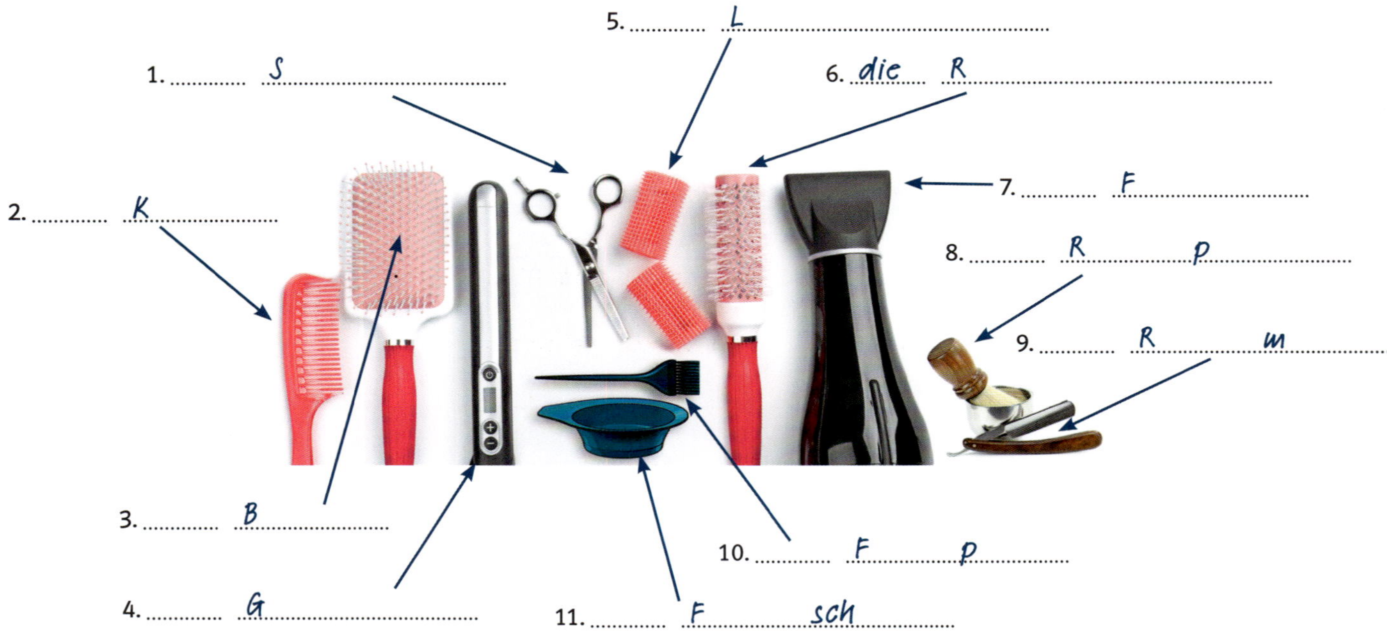

b Lesen Sie. Was macht die Friseurin mit welchem Werkzeug? Ordnen Sie zu.

1. Ich mische die Farbe
2. Ich trage die Farbe
3. Ich schneide Ihre Haare
4. Ich trockne Ihre Haare
5. Ich wickle Ihre Haare
6. Ich föhne Ihre Haare
7. Ich kämme und bürste Ihre Haare
8. Ich glätte Ihre Haare
9. Ich rasiere Ihren Nacken

a) mit dem Farbpinsel auf Ihre Haare auf.
b) mit dem Föhn.
c) mit der Rundbürste in Form.
d) mit dem Rasiermesser.
e) mit dem Kamm und der Bürste.
f) mit der Schere.
g) auf Lockenwickler.
h) mit dem Glätteisen.
i) in der Farbschale.

1.42 **c Hören Sie und kontrollieren Sie Ihre Lösung.**

d Pantomime – Führen Sie Tätigkeiten von Friseuren als Pantomime vor. Die anderen schreiben wie im Beispiel.

Die Friseurin schneidet die Haare mit einer Schere.

Machen Sie ein Wettspiel mit Gruppen. Eine Person pro Gruppe macht die Pantomime. Die anderen raten.

e Und in Ihrem Beruf? Erklären Sie Ihrem Partner / Ihrer Partnerin zwei Tätigkeiten mit einer Pantomime.

Wortschatz **Ergänzen Sie die passenden Verben. Die Wörter rechts und auf Seite 53 helfen.**

1. Die Kundin möchte blonde Haare: Die Friseurin mischt .... die Farbe in der Farbschale und t............ die Farbe a............ .
2. Die Friseurin w............ die Haare mit Shampoo.
3. Dann k............ sie die Haare mit einem Kamm und s............ die Haarspitzen mit der Schere.
4. Die Friseurin trocknet die Haare: Sie f............ sie.
5. Die Kundin möchte keine Locken. Die Friseurin g............ die Haare mit dem Glätteisen.
6. Am Ende b............ die Friseurin die Haare mit einer Bürste.

Wortbildung **Zusammengesetzte Nomen – Schreiben Sie sieben Wörter.**

~~die Locken~~ der Rasierer die Farbe ~~der Wickler~~ der Pinsel die Schale die Farbe glätten rund rasieren der Pinsel das Eisen die Bürste das Messer

1. der Lockenwickler
2. ....
3. ....
4. ....
5. ....
6. ....
7. ....

Redemittel **Arbeitsschritte begleitend benennen – Ordnen Sie die Fragen den Sätzen 1–5 zu.**

~~Ist die Temperatur angenehm?~~ Ist die Länge so richtig? Ist das Wasser zu heiß? Möchten Sie einen Kaffee und eine Zeitschrift? Ist das Wasser jetzt angenehm?

1. Ich föhne jetzt Ihre Haare. Ist die Temperatur angenehm?
2. Ich wasche Ihre Haare. ....
3. Zu kalt? Oh, das tut mir leid. ....
4. Ich schneide Ihre Haare. ....
5. Die Farbe bleibt 30 Minuten auf dem Haar. ....

Strategie **Kunden im Beruf etwas erklären**
Sprechen Sie und machen Sie die passende Geste dazu.

Im Beruf müssen Sie Ihren Kunden manchmal erklären:
- Was tun Sie?
- Wie tun Sie es?
- Mit welchem Werkzeug tun Sie es?

Am besten geht das im Stehen und mit einer Geste! Wissen Sie ein Wort nicht? Verwenden Sie ein anderes Wort und machen Sie eine Geste dazu.

angenehm
hier: Die Temperatur ist nicht zu heiß und nicht zu kalt.

auftragen
→ die Farbe auftragen

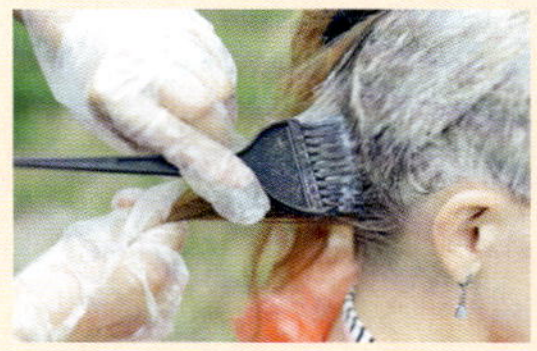

bürsten

die Locke, -n

mischen

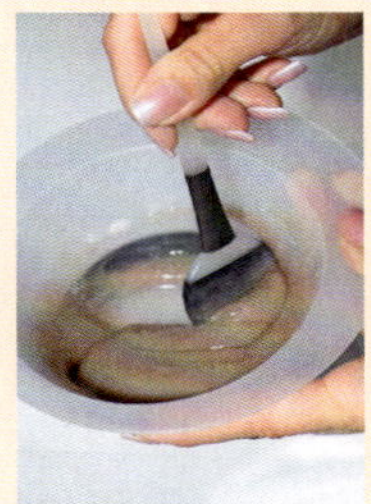

das Werkzeug, -e
ein Gerät für die Arbeit, eine Arbeitshilfe, hier z. B. ein Farbpinsel, eine Schere usw.

wickeln

5 Szenario – Friseurgewerbe

		Rolle A	Rolle B	Rolle C
		Sie sind Frau* Yildirim. Sie sind Friseurin.	Sie sind ein Kunde.	Sie sind eine Kundin.
Schritt 1	Anrufe im Friseurgeschäft: Kunden und Kundinnen rufen an.	Antworten Sie auf die Anrufe. Am Montag und am Mittwoch haben Sie vormittags noch Termine frei.	Sie sind Herr Tobias. Sie möchten am Montagnachmittag einen Termin zum Haareschneiden.	Sie sind Frau Schatz. Sie haben am Dienstag um 9 Uhr einen Termin. Sie möchten ihn auf Mittwoch verschieben.
Schritt 2	Ein Gespräch im Friseurgeschäft: Eine neue Kundin kommt ohne Termin in den Laden.	Begrüßen Sie die neue Kundin. Was möchte sie? Fragen Sie. Schreiben Sie eine Kundenkarte.		Sie sind Frau Lais. Antworten Sie auf die Fragen. Sie möchten die Haare braun färben und eine Haarkur, aber kein Haarspray.
Schritt 3	Ein Gespräch im Friseurgeschäft: Ein Kunde hat Wünsche.	Fragen Sie Ihren Kunden nach den Wünschen: Schneiden? Färben? Pflege?	Sie sind Herr Dostal. Reagieren Sie auf die Fragen. Sie möchten die Spitzen kürzen und den Bart stutzen.	
Schritt 4	Ein Gespräch im Friseurgeschäft: Die Friseurin erklärt der Kundin, was sie macht, und fragt, ob alles okay ist.	Ihre Kundin möchte Haare waschen, kinnlang schneiden, föhnen. Erklären Sie ihr, was Sie machen. Fragen Sie, ob es okay ist.		Reagieren Sie auf die Fragen: Das Wasser ist ein bisschen zu kalt. Der Föhn ist zu heiß.
Schritt 5	Ein Gespräch im Friseurgeschäft: Die Friseurin, ein junger Kunde und eine junge Kundin sprechen im Salon.	Beantworten Sie die Fragen.	Sie sind jung und möchten nach der Schule eine Ausbildung als Friseur / Friseurin machen. Fragen Sie die Friseurin: Zeiten? Aufgaben? Dauer? Geld? Abschluss? usw.	

* Hinweis: Frau oder Herr? Sie können die Rollen jederzeit ändern.

HALTESTELLE

1 Spielen und wiederholen

1. Stellen Sie Ihre Spielfiguren auf das Feld „Start“.
2. Spielen Sie mit einer 1-Euro-Münze: Werfen Sie die Münze. Wenn die Zahl oben liegt , gehen Sie zwei Felder weiter. Wenn sie nicht oben liegt , gehen Sie nur ein Feld weiter.
3. Lösen Sie die Aufgabe oder beantworten Sie die Frage.
4. Wer zuerst das Ziel erreicht, hat gewonnen.

1 START

2 Begrüßen Sie Ihren Kollegen / Ihre Kollegin.

3 Stellen Sie sich vor.

4 Bieten Sie das Du an.

5 Wo sind Sie aufgewachsen?

6 Warum lernen Sie Deutsch?

7 Von wann bis wann haben Sie die Schule besucht?

8 Wo haben Sie schon gearbeitet?

9 Wann sind Sie nach Deutschland gekommen?

10 Was können Sie gut?

11 Fragen Sie nach der Pausenregelung.

12 Was machen Sie in der Freizeit?

13 Fragen Sie nach Arbeitszeiten am Wochenende.

14 Was machen Sie selbst? Was lassen Sie machen?

15 Was müssen Sie in den Personalbogen eintragen?

16 Verabschieden Sie sich von Ihrem Kollegen oder Ihrer Kollegin.

17 Was steht in einer Willkommensmappe?

18 ZIEL

2 Zusammen zur Prüfung – über Prüfungen sprechen

a Lesen Sie zusammen die Wörter. Welche kennen Sie schon? Bei welchen müssen Sie nachfragen oder nachschlagen? Kreuzen Sie an: 👍 oder 🤔?

	👍	🤔
eine Prüfung machen / haben	☐	☐
der Prüfer / die Prüferin	☐	☐
auswendig lernen	☐	☐
nicht schlafen können	☐	☐
der Albtraum	☐	☐
die Prüfungsangst	☐	☐
der Druck	☐	☐
mündlich	☐	☐
schriftlich	☐	☐
die Vorbereitung	☐	☐
der Ausweis	☐	☐
das Prüfungsergebnis	☐	☐
die Wiederholung	☐	☐
der Notizzettel	☐	☐
durchfallen	☐	☐
der Modelltest	☐	☐
bestehen	☐	☐
das Zertifikat	☐	☐
die Kontrolle	☐	☐
abschreiben	☐	☐
der Antwortbogen	☐	☐
das Hilfsmittel	☐	☐

b Fragen Sie die anderen im Kurs. Wenn niemand das Wort weiß, schlagen Sie im Wörterbuch oder in Ihrer App nach.

Was bedeutet *durchfallen*? Kennt jemand das Wort?

c Was sind Ihre Erfahrungen? Was ist Ihre Meinung? Lesen Sie die Fragen. Kreuzen Sie an: Welche Fragen können und wollen Sie beantworten? Beantworten Sie die Fragen für sich. Ergänzen Sie eigene Fragen.

Ihre Erfahrungen mit Prüfungen

- ☐ Wie war Ihre letzte Prüfung?
- ☐ Waren Sie vor der Prüfung nervös?
- ☐ Was war leicht? Was war schwierig?
- ☐ Haben Sie sich vorbereitet?
- ☐ Hat jemand Sie unterstützt?
- ☐ Haben Sie mit anderen zusammen gelernt?
- ☐ Kennen Sie Prüfungen aus der Schulzeit?

...

Ihre Meinung zu Prüfungen

- ▢ Finden Sie Prüfungen gut oder schlecht?
- ▢ Lernt man mehr oder besser, wenn es am Ende eine Prüfung gibt?
- ▢ Ist es gut, dass man eine Prüfung wiederholen kann, wenn man sie nicht bestanden hat? Wenn ja, wie oft?
- ▢ Wollen Sie Ihren Test später noch mal sehen?
- ▢ Bei der Prüfung bittet ein Nachbar leise um Hilfe. Was soll man machen?
- ▢ Soll man sich zusammen mit anderen auf eine Prüfung vorbereiten?
- ▢ Finden Sie es gut, wenn man in der Prüfung ein Wörterbuch oder eine App benutzen kann? Warum (nicht)?

...

d **Sagen Sie Ihrem Partner / Ihrer Partnerin, welche Fragen Sie beantworten wollen. Sprechen Sie über diese Fragen.**

> In der letzten Prüfung war ich total nervös.

> Ich finde eine Prüfung am Ende gut, weil ...

e **Sammeln Sie Tipps und machen Sie ein Lernplakat. Wählen Sie:**

Prüfungsvorbereitung **oder** **zusammen lernen.**

3 Wortschatztraining

a Berufswortschatz – Würfelspiel

Würfeln Sie zweimal. 1. Zahl: nach rechts (→) 2. Zahl: nach unten (↓)
Bilden Sie Sätze mit dem Wort.

Beispiel:   = selbstständig

> Mein Freund ist selbstständig. Er hat sein eigenes Geschäft.

	1	2	3	4	5	6
1	Pause	Kollege	duzen	Geld	nützlich	liefern
2	Ausbildung	wöchentlich	halbtags	aufräumen	Essen	Konflikt
3	telefonieren	selbstständig	anziehen	Freizeit	Gutschein	aushelfen
4	Verantwortung	Dienstplan	bestellen	Stelle	Vollzeit	Chefin
5	Arbeitgeber	Familie	Geschäft	Stress	vorstellen	siezen
6	Vertretung	verpacken	täglich	Herkunft	arbeiten	lassen

b Hier geht es um Arbeit. – Finden Sie 8 zusammengesetzte Wörter. Kennen Sie noch mehr Wörter mit *Arbeit*? Sprechen Sie.

~~Arbeits~~ Mit Arbeits tag arbeiter

Arbeits geber kleidung suche nehmer

Arbeits Arbeit ~~platz~~ Arbeits zeit Arbeit

Arbeitsplatz ....

....

....

....

....

> Arbeitsagentur. Das Wort kennt ihr auch, oder?

Rechte und Pflichten

3

die Pause

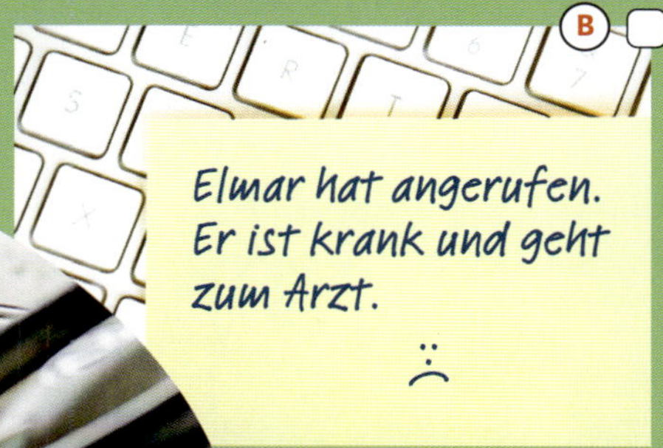

die Krankmeldung

die Arbeitszeit

e Aufgabe

die Arbeitskleidung

1 Themen bei der Arbeit

a Sehen Sie die Fotos an. In welchem Berufsfeld arbeiten die Personen?

☐ Gastronomie ☐ Bau ☐ Logistik ☐ Elektro ☐ Gesundheit ☐ IT/Computer

1.43 **b Hören Sie das Gespräch. Über welche Themen (A bis E) sprechen Mia und Sergei? Kreuzen Sie oben an.**

1.43 **c Hören Sie noch einmal. Kreuzen Sie an: richtig oder falsch?**

	R	F
1. Mia und Sergei sind Kollegen.	☐	☐
2. Sie sprechen über ihren Nachbarn.	☐	☐
3. Sergei will Mia die Firma zeigen.	☐	☐
4. Die Firma hat acht Mitarbeiter und Mitarbeiterinnen.	☐	☐
5. Mia versteht den Arbeitsvertrag nicht gut.	☐	☐
6. Sergei und Mia wollen zusammen einen Kaffee trinken.	☐	☐

d Kennen Sie die Situation von Mia? Sie hat etwas nicht verstanden und fragt ihren Kollegen.

Ja, ich muss oft meine Nachbarin fragen.

Ich habe mal eine Kollegin gefragt und da …

Sprechen gemeinsam etwas planen; etwas vorschlagen; seine Meinung dazu äußern, ob oder wie etwas gemacht werden soll; sich in Pausen mit anderen über alltägliche und berufliche Dinge unterhalten | **Hören** Vorschriften, Verbote, Regelungen | **Lesen** Informationen in einem Arbeitsvertrag; Vorschriften zum Arbeitsschutz | **Schreiben** sich krankmelden

2 Mias Arbeitsvertrag

a Was steht in einem Arbeitsvertrag? Ordnen Sie die Sätze den Bildern zu.

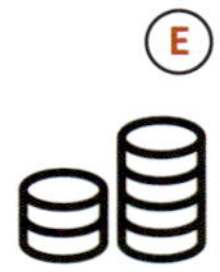

1. Beginn: Wann ist der erste Arbeitstag? ....B....
2. Arbeitszeit: Wann muss man arbeiten? ....
3. Probezeit: Wie lange arbeitet man auf Probe? ....
4. Tätigkeit: Was soll man tun? ....
5. Kündigung: Wie kann man aufhören? ....
6. Verdienst: Was verdient man? ....

b Lesen Sie den Arbeitsvertrag von Mia. Welche Antwort passt am besten, (a) oder (b)?

ARBEITSVERTRAG

Zwischen ....Spedition Große GmbH.... (Arbeitgeber) und ....Frau Mia Atume.... (Arbeitnehmer/in) wird folgender Arbeitsvertrag geschlossen:

§ 1 Tätigkeit
Die Arbeitnehmerin wird als ....Lageristin.... eingestellt.

§ 2 Beginn
Das Arbeitsverhältnis beginnt am ....01.06.20.....

§ 3 Probezeit
Die Probezeit dauert sechs Monate. In der Probezeit können beide – der Arbeitgeber und die Arbeitnehmerin – das Arbeitsverhältnis mit einer Frist von zwei Wochen kündigen.

§ 4 Arbeitszeit
Die wöchentliche Arbeitszeit ist 40 Stunden. Beginn und Ende der täglichen Arbeitszeit richten sich nach der betrieblichen Einteilung.

§ 5 Kündigung
Nach Ablauf der Probezeit beträgt die Kündigungsfrist vier Wochen zum Ende eines Kalendermonats.

§ 6 Verdienst

1. Mia Atume ist
   (a) die Arbeitgeberin.
   (b) die Arbeitnehmerin.

2. Es gibt eine Probezeit
   (a) von sechs Monaten.
   (b) von zwei Wochen.

3. Mias Arbeitszeit ist jede Woche
   (a) gleich.
   (b) anders.

4. Sie kann
   (a) immer am Monatsende kündigen.
   (b) vier Wochen vor Monatsende kündigen.

UND SIE?

Haben Sie schon einmal einen Vertrag unterschrieben?

Ich habe einen Handyvertrag unterschrieben.

Und ich einen Mietvertrag.

3 Mias Fragen

1.44 **a Hören Sie Dialog 1. Ist die Aussage richtig oder falsch?**

Mia und Sergei haben Feierabend. Richtig Falsch

1.44 **b Hören Sie noch einmal. Welche Antwort passt am besten, ⓐ oder ⓑ?**

Mia
ⓐ arbeitet nur sieben Stunden am Tag.
ⓑ kann zwischen 6 und 7 Uhr anfangen.

1.45 **c Hören Sie Dialog 2. Ist die Aussage richtig oder falsch? Welche Antwort passt am besten, ⓐ oder ⓑ?**

Mia und Sergei wollen zusammen Urlaub machen. Richtig Falsch

Mia darf in der Probezeit
ⓐ Urlaub nehmen.
ⓑ keinen Urlaub nehmen.

d Lesen Sie die Aussagen. Was ist eine Pflicht, was ist erlaubt und was ist verboten? Kreuzen Sie an.

	Das ist eine Pflicht / ein Muss. *müssen*	Das ist erlaubt. *dürfen*	Das ist verboten. *nicht dürfen*
1. Sie darf vor 7 Uhr anfangen.		X	
2. Sie muss 8 Stunden am Tag arbeiten.			
3. Sie darf nicht länger als 6 Stunden ohne Pause arbeiten.			
4. Alle müssen einen Urlaubsantrag schreiben.			
5. Der Arbeitgeber darf ihr in der Probezeit ohne Grund kündigen.			
6. Die Angestellten dürfen nicht auf dem Firmengelände parken.			

e Ergänzen Sie das passende Verb.

darf dürfen ~~muss~~ müssen darf

1. Mia ...*muss*... immer pünktlich sein.
2. Man .... nicht mehr als zehn Stunden am Tag arbeiten.
3. Die Mitarbeiter .... ihren Ausweis zeigen.
4. Der Chef .... auf dem Firmenparkplatz parken.
5. Alle Mitarbeiter .... in der Kantine essen.

G

ich muss	ich darf
er/es/sie muss	er/es/sie darf
sie müssen	sie dürfen

alle Formen auf Seite 242

UND SIE?

Welche Erfahrungen haben Sie mit Arbeitszeiten/Pausen? Sprechen Sie wie im Beispiel.

Ich finde eine halbe Stunde Mittagspause zu kurz.

Ich arbeite nachts an einer Tankstelle.

Meine Frau muss schon um vier Uhr morgens anfangen.

4 Schutzkleidung

a Sehen Sie die Fotos an. Was ist Freizeitkleidung, Arbeitskleidung, Schutzkleidung? Ordnen Sie zu.

die Schutzkleidung

die Arbeitskleidung

die Freizeitkleidung

1. Alle Mitarbeiter und Mitarbeiterinnen einer Firma tragen diese Kleidung.
2. Diese Kleidung schützt Menschen vor Verletzungen und Gefahren für die Gesundheit.
3. Das tragen alle in ihrem normalen Leben, wenn sie nicht arbeiten.

b Lesen Sie den Text. Welche Kleidung muss man in der Spedition tragen? Kreuzen Sie an.

Schutzkleidung

In unserer Spedition können Sie Ihre normale bequeme Kleidung tragen. Achten Sie allgemein auf ein gepflegtes Aussehen.
Im Transport und im Lager müssen Sie aber Schutzkleidung tragen!
Wir stellen Ihnen die Schutzkleidung zur Verfügung. Sie müssen sie nicht kaufen.

- **Warnkleidung:** Wir geben Ihnen zwei Warnwesten und zwei Warnjacken. Bitte nicht vergessen: Eine Warnweste muss immer im LKW sein!
- **Schutzhelm:** Im Lager haben wir Helmpflicht. Schutzhelme schützen gegen Verletzungen am Kopf, z. B. wenn ein Karton aus einem Regal herunterfällt.
- **Handschuhe:** Tragen Sie die Schutzhandschuhe, wenn Sie Paletten oder Gegenstände mit scharfen Kanten tragen.

Achten Sie auf Ihre Kleidung. Diese ist Eigentum der Firma. Geben Sie die Kleidung in die Reinigung.

A die Schutzbrille

B die Warnweste

C die Arbeitshose

D der Helm

E die Handschuhe

F der Kittel

c Lesen Sie noch einmal. Wo stehen die Informationen im Text? Markieren Sie in 4b und vergleichen Sie im Kurs.

Lassen Sie die Kleidung reinigen.
Sie bekommen die Schutzkleidung von uns.
Sehen Sie immer gepflegt aus.
Die Kleidung gehört der Firma.
Sie müssen im Lager einen Helm tragen.

d Lesen Sie den Text noch einmal. Was ist richtig, (a) oder (b)? Kreuzen Sie an.

1. Schutzkleidung
   (a) bekommt man vom Arbeitgeber.
   (b) muss man überall in der Firma tragen.
2. Man muss einen Helm tragen, wenn man
   (a) am Kopf verletzt ist.
   (b) im Lager arbeitet.
3. Wenn man Paletten trägt,
   (a) kann man Handschuhe tragen.
   (b) muss man Handschuhe tragen.
4. Man muss die Kleidung
   (a) reinigen lassen.
   (b) selbst waschen.

e In welchen Berufen gibt es Schutzkleidung? Sprechen Sie.

Polizisten müssen Schutzkleidung tragen.

5 Wenn Sie krank sind, ...

1.46-47 **a Hören Sie die zwei Gespräche. Ordnen Sie die Begriffe zu.**

A Krankmeldung B Schutzkleidung C Arbeitsunfall D Bescheinigung

Dialog 1: A......, ... Dialog 2: ...., ...

1.46-47 **b Hören Sie die Gespräche noch einmal. Sind die Aussagen richtig oder falsch? Welche Antwort passt am besten, (a) oder (b)?**

Dialog 1
Mia und Ibrahim sprechen über einen Kollegen.

Richtig Falsch

Der Kollege
(a) war letzte Woche beim Chef.
(b) war letzte Woche nicht in der Firma.

Dialog 2
Der Chef ist nicht zufrieden mit Renata.

Richtig Falsch

Renata
(a) hat eine schlimme Verletzung.
(b) trägt die Schutzhandschuhe immer.

c Ergänzen Sie die Sätze.

Ärger Bescheinigung krank Schutzkleidung

1. Wenn man .... ist, muss man sofort den Arbeitgeber informieren.
2. Wenn man den Arbeitgeber nicht informiert, bekommt man ....
3. Wenn man länger als zwei Tage krank ist, braucht man eine .... vom Arzt.
4. Wenn man .... trägt, ist der Chef zufrieden.

d Lesen Sie die Aussagen in 5c. Ergänzen Sie die Tabelle.

G

FOKUS Nebensatz mit *wenn*

Nebensatz	Hauptsatz
Wenn man krank (ist),	(muss) man sofort den Arbeitgeber informieren.
Wenn man Schutzkleidung ( ),	( ) der Chef zufrieden.

e Verbinden Sie die Sätze mit *wenn*.

1. Die Schutzkleidung ist kaputt. Man hat keinen Arbeitsschutz.
2. Jana ist krank. Sie informiert ihre Chefin.
3. Mia hat Fragen zum Arbeitsvertrag. Sie fragt ihren Kollegen Sergei.
4. Es ist kalt. Olga trägt eine dicke Warnjacke.
5. Antonia arbeitet im Lager. Sie trägt immer einen Schutzhelm.

Wenn die Schutzkleidung kaputt ist, hat man keinen Arbeitsschutz.

f Sie sind krank. Informieren Sie Ihre Firma. Wählen Sie.

telefonieren ⟷ oder ⟷ **schreiben**

Hallo, Frau Kurz, ich ...

Hallo Frau Kurz,
ich kann heute leider nicht kommen, weil ...

6 Wir planen einen Besuch im Krankenhaus.

1.48 **a Mia spricht mit ihren Kollegen. Hören Sie das Gespräch. Was ist richtig? Kreuzen Sie an.**

Renata ist
- ☐ im Urlaub.
- ☐ im Krankenhaus.
- ☐ krank zu Hause.

1.48 **b Hören Sie noch einmal. Sprechen Sie im Kurs und beantworten Sie die Fragen.**

1. Was wollen Mia und Sergei tun?
2. Wen wollen sie fragen?
3. Wer schlägt Blumen als Geschenk vor?
4. Was schenken die Kollegen und Kolleginnen?
5. Wann wollen sie die Kollegin besuchen?
6. Wie kommen sie dorthin?

1.48 **c Welche Antwort passt? Ordnen Sie zu. Hören Sie noch einmal zur Kontrolle.**

1. Hast du gehört? Renata ist im Krankenhaus. — d
2. Wollen wir sie im Krankenhaus besuchen?
3. Ich schlage vor, dass wir alle Kollegen fragen.
4. Wollen wir ihr einen Blumenstrauß schenken?
5. Und ich kaufe Pralinen und eine Karte.
6. Haben wir etwas vergessen?

a) Alle? Das ist keine gute Idee.
b) Sie mag keine Blumen. Lieber eine Zeitschrift.
c) Nein, jetzt haben wir alles besprochen.
d) Nein, was ist passiert?
e) Super, sie liebt Schokolade.
f) Oh ja, ein Besuch ist eine gute Idee.

d Arbeiten Sie zu viert. Sie wollen ein Geschenk für eine Freundin kaufen. Wählen Sie eine Rolle und nutzen Sie die passenden Redemittel.

Person A macht einen Vorschlag.
Person B stimmt zu und sagt, warum.
Person C lehnt den Vorschlag ab und sagt, warum.
Person D macht einen anderen Vorschlag.

einen Vorschlag machen
Ich habe eine Idee.
Ich schlage vor, dass …
Was meint Ihr? Sollen wir …?

einem Vorschlag zustimmen
Das finde ich gut, weil …
Das ist eine gute Idee. Wir …
Einverstanden. So machen wir das.

einen Vorschlag ablehnen
Das finde ich nicht so gut. Ich …
Das ist keine gute Idee. Lieber …
Diese Idee gefällt mir nicht, weil …

einen anderen Vorschlag machen
Ich habe eine andere Idee: …
Ich habe einen anderen Vorschlag: …
Ich möchte lieber …

UND SIE?

Ein Kollege / Eine Kollegin ist neu in der Firma. Planen Sie gemeinsam eine kleine Feier zum Kennenlernen.

Wo, wann feiern? | Geschenk | Überraschung | Wen einladen?

Hast du gehört? Wir machen eine Feier für …

7 Wie findest du ...?

1.49–51 **a Hören Sie die Gespräche. Worüber sprechen die Kollegen und Kolleginnen? Kreuzen Sie das passende Thema an.**

Dialog 1
☐ die neue Kollegin ☐ das Essen in der Kantine ☐ die Arbeitszeit

Dialog 2
☐ das Wochenende ☐ die Arbeitskleidung ☐ die Familie

Dialog 3
☐ der Urlaub ☐ der Nebenjob ☐ die Krankmeldung

1.49 **b Hören Sie Dialog 1 noch einmal. Ergänzen Sie das Dialoggerüst.**

Person 1
Wie findest du das Essen ....?

Person 2
Ich finde das .... Ich bekomme immer eine ....

Person 1
Die brauchst du auch.
Du .... so dünn.

Person 2
Und du? Was .... gerne?

Person 1
Ich .... immer .... und ....

1.50–51 **c Hören Sie Dialog 2 und 3 noch einmal und machen Sie Dialoggerüste.**

Frage: → Antwort:
Reaktion: → Frage:
Antwort: → ...

UND SIE?

Sprechen Sie mit Ihrem Partner / Ihrer Partnerin. Ziehen Sie ein Kärtchen. Stellen Sie Fragen und antworten Sie wie im Dialoggerüst oben. Ziehen Sie noch ein Kärtchen usw.

Vollzeit arbeiten | Arbeitsweg | Arbeitskleidung | neu bei der Abeit
letztes Wochenende | Krankmeldung | Urlaub | ...

ÜBUNGEN

1 Themen bei der Arbeit

a Lesen Sie die Aussagen. Welches Wort passt? Ordnen Sie zu.

die Arbeitskollegin · die Arbeitskleidung · ~~die Krankmeldung~~ · der Arbeitsvertrag · die Arbeitszeit

1. Selma hat sich gemeldet. Sie ist heute krank. — *die Krankmeldung*
2. Ich arbeite drei Tage die Woche, von 7 bis 15 Uhr. — ....
3. Stell dir vor, Tina arbeitet in der gleichen Firma wie ich! — ....
4. Hier darfst du deine bunte Jacke nicht tragen. Wir tragen die Jacke und die Hose von der Firma. — ....
5. Ich habe einen neuen Job gefunden. Morgen unterschreibe ich endlich! — ....

1.52

b Aussprache: zusammengesetzte Wörter. Hören Sie: Wo liegt der Wortakzent?

1. der Vertrag → der **Ar**beitsvertrag
2. der Tag → der **Ar**beitstag
3. die Pause → die **Kaf**feepause
4. die Meldung → die **Krank**meldung
5. das Essen → das **Mit**tagessen
6. das Datum → das Ge**burts**datum

> Bei zusammengesetzten Wörtern ist die Betonung meistens auf dem ersten Wort.
>
> der **Ar**beits|vertrag

1.52

c Hören Sie noch einmal und sprechen Sie nach.

d Welche Wörter können Sie mit *Arbeit* bilden? Schreiben Sie wie im Beispiel.

Arbeit + s +

der Platz · *die Zeit* · *der Weg* · *das Zimmer* · *das Ende* · *der Kollege*

die Arbeit + der Platz = der Arbeitsplatz

e Lesen Sie die zusammengesetzten Wörter in 1d laut vor.

f Welche Wörter mit *Arbeit* kennen Sie noch? Schreiben Sie und vergleichen Sie im Kurs.

der Arbeitstag, ...

2 Mias Arbeitsvertrag

a Welches Wort passt nicht? Streichen Sie durch.

Hallo Renate,
ich habe einen neuen Job! Ich arbeite nun in einer (1) Spedition / ~~Baustelle~~ mit einem großen Lager. Heute habe ich meinen (2) Arbeitsvertrag / Arbeitgeber unterschrieben. Und ich arbeite jetzt wieder in (3) Verdienst / Vollzeit. Meine (4) Arbeitsverhältnis / Arbeitszeit ist 40 Stunden. Die ersten sechs Monate habe ich noch (5) Tätigkeit / Probezeit.
Und wie geht es dir?
Liebe Grüße
Elli

b Wie heißt das Nomen? Ordnen Sie zu.

1. tätig sein
2. kündigen
3. verdienen
4. unterschreiben
5. beginnen
6. dauern
7. einteilen
8. ablaufen

a) die Kündigung
b) die Dauer
c) der Ablauf
d) die Tätigkeit
e) der Verdienst
f) der Beginn
g) die Einteilung
h) die Unterschrift

Schreiben Sie Kärtchen zum Lernen:

kündigen – die Kündigung

1.53 **c Aussprache: zusammengesetzte Wörter. Hören Sie und markieren Sie den Wortakzent.**

die **Fest**anstellung • das Arbeitsverhältnis • die Probezeit • die Arbeitnehmerin • die Kündigungsfrist • der Kalendermonat • das Monatsende

Viele Wörter sind lang. Wenn wir sie richtig betonen, können andere sie schneller verstehen.

d Sprechen Sie die Wörter in 2c laut aus.

3 Mias Fragen

a Welches Wort passt? Ergänzen Sie.

~~Feierabend~~ kündigen Probezeit Urlaubsantrag wöchentliche

● Gehst du schon nach Hause?
○ Ja, ich habe (1) *Feierabend* ....
● Arbeitest du denn nicht 40 Stunden in der Woche?
○ Ja, die (2) .... Arbeitszeit ist immer gleich. Aber freitags können wir schon früh kommen und früher gehen. Du arbeitest noch nicht so lange hier, oder?
● Nein, erst vier Monate. Ich bin noch in der (3) ....
○ Gefällt dir die Arbeit hier?
● Ja, schon. Aber wenn nicht, kann ich ja immer zum Monatsende (4) ....
Was meinst du, kann ich denn im Mai Urlaub machen?
○ Ja, du musst aber einen (5) .... schreiben.

b Was darf man hier, was darf man nicht? Schreiben Sie Sätze.

1. im Büro – in der Kantine – essen

Im Büro darf man nicht essen, aber in der Kantine darf man essen.

2. im Kino – auf der Straße – telefonieren

....

3. im Museum – im Garten – fotografieren

....

4. im Lager – im Hof – rauchen

....

c Was darf man (nicht), was muss man (nicht)? Streichen Sie durch.

1. Am Wochenende müssen/~~dürfen~~ viele Leute arbeiten.
2. In der Werkstatt könnt ihr eine Party machen, aber ihr dürft/müsst die Nachbarn nicht stören.
3. Man darf/muss nicht länger als 48 Stunden pro Woche arbeiten.
4. Ich habe Feierabend. Ich darf/muss die Mail heute nicht mehr schreiben.
5. Wenn du früher gehen möchtest, darfst/musst du die Chefin fragen.

4 Schutzkleidung

a Ergänzen Sie die Sätze. Einige Wörter passen nicht.

Schutzkleidung — Arbeitskleidung — Freizeitkleidung — Schutzbrille — ~~Warnweste~~ — Arbeitshose — Handschuhe — Schutzhelm — Helmpflicht

1. Im LKW muss immer eine *Warnweste*.................. sein. So kann man Sie besser sehen, wenn Sie aussteigen und auf der Straße sind.
2. Im Lager müssen Sie immer einen .... tragen. Dann ist Ihr Kopf geschützt, wenn etwas herunterfällt.
3. Man muss .... anziehen, wenn man Gegenstände mit scharfen Kanten trägt.
4. Zuhause und im Alltag kann man .... tragen. Das ist bequem.
5. Wenn man eine .... trägt, sind die Augen geschützt und man kann sie nicht verletzen.

b Was muss man bei der Arbeit machen? Schreiben Sie Sätze.

Tragen Sie im Lager einen Helm!

Haben Sie immer eine Warnweste im LKW!

Lassen Sie die Arbeitskleidung reinigen!

Tragen Sie beim Transport Schutzkleidung!

Kommen Sie morgens pünktlich!

Man muss im Lager einen Helm tragen. Man muss immer …

c Wer trägt welche Schutzkleidung? Ordnen Sie zu. Manchmal gibt es mehrere Möglichkeiten.

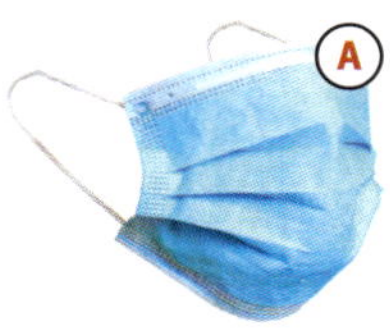
A

B

C

D

E

F

1. der Mechaniker / die Mechanikerin *C,*..........................
2. der Schreiner / die Schreinerin ....
3. der Zahnarzt / die Zahnärztin ....
4. der Koch / die Köchin ....
5. der Polizist / die Polizistin ....
6. der Friseur / die Friseurin ....

5 Wenn Sie krank sind, ...

a Welche Verben passen zu den Nomen? Verbinden Sie.

1. eine Bescheinigung — c)
2. den Arbeitgeber
3. vor Verletzungen
4. einen Arbeitsunfall
5. einen Schutzhelm

a) tragen
b) schützen
c) brauchen
d) informieren
e) melden

b Was muss man hier tun? Schreiben Sie Sätze mit *wenn*.

Wichtige Hinweise:

1. Tragen Sie Schutzkleidung, *wenn Sie arbeiten* .
   (arbeiten / Sie)
2. Schicken Sie eine Krankmeldung, ...
   (krank / Sie / sind)
3. Geben Sie einen Urlaubsantrag ab, ...
   (planen / einen Urlaub / Sie)
4. Denken Sie an Ihren Ausweis, ...
   (das Firmengelände / Sie / betreten)
5. Informieren Sie die Kollegen, ...
   (Pause / Sie / machen)

c Fragen über Fragen: Was mache ich, wenn ...? Schreiben Sie Sätze.

1. Sie haben eine Frage zum Urlaubsantrag.
   Was mache ich, wenn ich eine Frage zum Urlaubsantrag habe?
2. Sie kommen zu spät.
   ....
3. Sie möchten die Firma kurz verlassen.
   ....
4. Sie dürfen am Arbeitsplatz nicht rauchen.
   ....
5. Ihr Kind ist krank.
   ....

d Eine Krankmeldung für Ihren Kurs: Ordnen Sie die Sätze und schreiben Sie die E-Mail.

- [ ] Mia Asumpto
- [ ] Wenn es morgen noch nicht besser ist, gehe ich zum Arzt.
- [ ] Viele Grüße
- [ ] ich kann leider nicht in den Kurs kommen, weil ich krank bin.
- [1] Liebe Frau Meyer,
- [ ] Dann bekommen Sie die Bescheinigung so schnell wie möglich.

Liebe Frau Meyer,

6 Wir planen einen Besuch im Krankenhaus.

a Ihre Kollegin hat einen Vorschlag. Was sagen Sie? Ergänzen Sie den Dialog.

Einverstanden. ~~Das ist eine gute Idee.~~ Das finde ich nicht so gut. Ich habe eine andere Idee.

● Max ist im Krankenhaus. Vielleicht besuche ich ihn.
○ *Das ist eine gute Idee.* .... Soll ich mitkommen?
● Gern. Am besten gehen wir gleich heute hin.
○ .... Max ist sicher noch müde.
● Dann besuchen wir ihn morgen. Wollen wir Pralinen mitbringen?
○ .... Er liest so gern. Wir kaufen ihm ein Buch.
● Dann treffen wir uns morgen nach der Arbeit, okay?
○ .... So machen wir das.

b Eine Nachricht von Ihrem Kollegen. Schreiben Sie eine Antwort. Machen Sie Vorschläge (wo treffen, was kochen ...).

Hallo, wollen wir die neue Kollegin zum Essen einladen?

Das finde ich nicht so gut. Ich habe eine andere Idee ...
Das ist eine super Idee. Ich schlage vor, ...

7 Wie findest du ...?

a Sammeln Sie Wörter zum Thema Arbeitskleidung, Urlaub und Arbeitszeit.

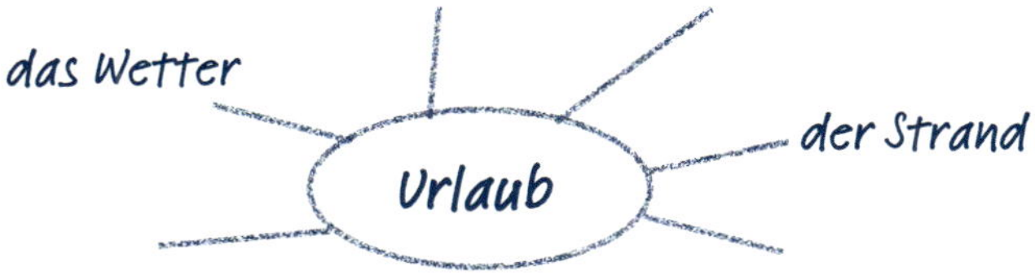

1.54 **b Ordnen Sie den Dialog. Hören Sie zur Kontrolle.**

● *b*
○ Ich war zwei Wochen in den Bergen.
● ☐
○ Ja, danke. Und du? Was hast du gemacht?
● ☐
○ Ach, wie toll. War das Wetter gut?
● ☐

a) Ja, es war sehr warm und wir sind im Meer geschwommen.
b) Wo warst du im Urlaub?
c) Ich war mit meiner Familie am Strand.
d) War es schön?

Lernwortschatz

1 Themen bei der Arbeit

das Recht, -e
die Pflicht, -en
die Krankmeldung, -en
die Gastronomie (Sg.)
der Bau (Sg.)
die Logistik (Sg.)
Elektro (*Elektrobranche*)
IT/Computer (*IT/Computerbranche*)
der Arbeitsvertrag, ¨-e

2 Mias Arbeitsvertrag

der Beginn (Sg.)
die Probezeit (Sg.)
die Kündigung (Sg.)
der Verdienst (Sg.)
die Spedition, -en
der Arbeitnehmer, – / die Arbeitnehmerin, -nen
folgend
schließen (*einen Vertrag schließen*)
der Lagerist, -en / die Lageristin, -nen
einstellen
die Frist, -en
während
kündigen
sich richten nach + D
betrieblich
die Einteilung (Sg.)
der Ablauf (Sg.)

3 Mias Fragen

der Urlaubsantrag, ¨-e
der Grund, ¨-e
das Firmengelände (Sg.)
die Kantine, -n
der Firmenparkplatz, ¨-e
der Ausweis, -e
die Tankstelle, -n

4 Schutzkleidung

die Schutzkleidung (Sg.)
die Freizeitkleidung (Sg.)
schützen vor + D
die Verletzung, -en
die Gefahr, -en
bequem
achten auf + A
gepflegt
das Aussehen (Sg.)
das Lager, –
der Transport (Sg.)
die Verfügung (*jemandem etwas zur Verfügung stellen*)
die Warnkleidung (Sg.)
die Warnweste, -n
die Warnjacke, -n
der Kittel, -
der Helm, -e
der Schutzhelm, -e
die Helmpflicht (Sg.)
der Karton, -s
herunterfallen
der Handschuh, -e
der Schutzhandschuh, -e
die Palette, -n
die Kante, -n
das Eigentum (Sg.)
die Reinigung (Sg.)
reinigen

5 Wenn Sie krank sind

der Arbeitsunfall, ¨-e
die Bescheinigung, -en
informieren
der Arbeitsschutz (Sg.)

6 Wir planen einen Besuch im Krankenhaus

der Blumenstrauß, ¨-e
die Praline, -n
der Vorschlag, ¨-e
zustimmen
einverstanden
ablehnen

7 Wie findest du ...?

der Nebenjob, -s
der Arbeitsweg, -e

Mein Deutsch nach Kapitel 3

Das kann ich:

einen Arbeitsvertrag verstehen

Unter welcher Überschrift finden Sie folgende Informationen?

Wann ist der erste Arbeitstag? Beginn

Wie lange arbeitet man auf Probe? ....

Wie kann man aufhören? ....

Wie viel verdient man? ....

Vorschriften, Verbote, Regelungen verstehen

Ergänzen Sie.

man muss — man darf — man darf nicht

Das ist verboten: man darf nicht

Das ist erlaubt: ....

Das ist eine Pflicht: ....

Vorschriften zum Arbeitsschutz verstehen

Welche Schutzkleidung kennen Sie? Nennen Sie Beispiele.

die Warnweste

....

....

mich krankmelden

Erklären Sie Ihrem Partner / Ihrer Partnerin, was man macht, wenn man krank ist.

gemeinsam etwas planen, Vorschläge machen und auf Vorschläge reagieren

Planen Sie eine Abschlussparty.

- Ich schlage vor, dass ...
- Das ist keine gute Idee. Ich würde lieber ...
- Gute Idee! ...

mich in Pausen mit anderen über alltägliche und berufliche Dinge unterhalten

Unterhalten Sie sich über eines der folgenden Themen:

Arbeitsweg
Mittagspause
Schutzkleidung

Das kenne ich:

Modalverb *müssen*

Ich muss 8 Stunden am Tag arbeiten.
Er/Sie muss immer pünktlich sein.
Sie müssen einen Urlaubsantrag schreiben.

Modalverb *dürfen*

Ich darf vor 7 Uhr anfangen.
Er/Sie darf in der Probezeit Urlaub nehmen.
Man darf nicht länger als 6 Stunden ohne Pause arbeiten.
Sie dürfen nicht auf dem Firmengelände parken.

Nebensatz mit *wenn*

Nebensatz	Hauptsatz
Wenn man krank ist,	muss man sofort den Arbeitgeber informieren.
Wenn man Schutzkleidung trägt,	ist der Chef zufrieden.

BSK-Spezial C – Personenverkehr

Busfahrer/in → Fahrgäste

1 Auskunft zu Fahrscheinen und Haltestellen geben

a Sehen Sie die Fotos an. Was passiert? Sprechen Sie.

Der Busfahrer hilft dem Mann.

Ja, er will mit dem Rollstuhl einsteigen.

Ⓐ ☐

Ⓑ ☐

Ⓒ ☐

1.55–57 **b Hören Sie die Dialoge. Welches Foto passt zu welchem Dialog?**

c Lesen Sie die Dialoge und 1–6. Kreuzen Sie an: richtig oder falsch?

Dialog 1

- ● Fahren Sie zum Marktplatz?
- ○ Nein, leider nicht. Nehmen Sie den Bus Nummer 5 in Richtung Holzhausen.
- ● Wo finde ich denn den Bus?
- ○ Sehen Sie die Haltestelle da neben der Bank? Da fährt der Fünfer. Er kommt in drei Minuten.
- ● Vielen Dank!

Dialog 2

- ● Wir möchten zur Gartenstraße. Können Sie uns helfen?
- ○ Natürlich. Steigen Sie bitte hinten ein. Ich komme nach hinten. … So, jetzt geht's. Ich helfe Ihnen.
- ▲ Danke schön.
- ○ Gute Fahrt.

Dialog 3

- ● Danke, dass Sie gewartet haben!
- ○ Gern geschehen.
- ● Ich möchte zum Stadtpark.
- ○ Dann hätte ich gerne 2,60 Euro.
- ● Können Sie einen 50-Euro-Schein wechseln?
- ○ Ja. Hier: zweimal 20 Euro und 7,40 klein zurück.
- ● Danke.

	R	F
1. Der Bus Nummer 5 fährt zum Marktplatz.	☒	☐
2. Die Haltestelle ist neben der Bank.	☐	☐
3. Mit einem Rollstuhl kann man hinten einsteigen.	☐	☐
4. Ein Fahrgast hilft mit dem Rollstuhl.	☐	☐
5. Der Mann kauft seine Fahrkarte am Fahrkartenautomat.	☐	☐
6. Die Busfahrerin kann auch große Scheine wechseln.	☐	☐

d Rollenspiel – Sie sind Busfahrer/Busfahrerin und Fahrgast. Spielen Sie Dialoge.

Ⓐ
Fahrgast:
Sie wollen zum Bahnhof. Welcher Bus? Wo? Wann?

Busfahrer/in:
Bus Nummer 12, Haltestelle auf der anderen Straßenseite, in 15 Minuten

Ⓑ
Fahrgast:
Sie möchten zur Hauptpost. Preis? kein Kleingeld

Busfahrer/in:
1,90 Euro, kein Wechselgeld, bitte am Automaten Fahrkarte ziehen

Ⓒ
Fahrgast:
Sie wollen mit dem Kinderwagen einsteigen. Wo? Kann der Busfahrer helfen?

Busfahrer/in:
in der Mitte einsteigen, ein anderer Fahrgast soll helfen

Ⓓ
Ihre Idee

Fahrgast: …

Busfahrer/in: …

Gespräche zwischen Busfahrer/in und Fahrgästen verstehen | Auskunft zu Fahrscheinen und Haltestellen geben | einen Auszug aus einer Dienstanweisung verstehen

Wortschatz **Ergänzen Sie. Die Wörter rechts helfen.**

1. An der Haltestelle wartet ein Fahrgast ....
2. Er braucht eine F...
3. Der Fahrgast hat kein K.......................................
4. Er fragt den B...:
5. „Kann ich mit einem 100-Euro-S.. bezahlen?"
6. Der Busfahrer sagt: „Nein, 100 Euro kann ich leider nicht w.."

Redemittel **Was antwortet der Busfahrer? Üben Sie die Fragen und Antworten mit einem Partner / einer Partnerin.**

1. Fahren Sie zum Rathausplatz?
2. Wann kommt der Bus nach Neustadt?
3. Muss ich hier aussteigen?
4. Was kostet eine Fahrkarte ins Zentrum?
5. Können Sie mir helfen?
6. Wo kann ich einsteigen?
7. Können Sie einen 100-Euro-Schein wechseln?

a) Der Bus kommt in 10 Minuten.
b) Nein, leider nicht. Das ist die andere Richtung.
c) Natürlich. Einen Augenblick, bitte.
d) 2,90 Euro.
e) Leider nicht. Haben Sie es nicht kleiner?
f) Nein, erst an der nächsten Haltestelle.
g) Steigen Sie bitte hinten ein.

Strategie **Erst einmal lesen, was man versteht**

a **Lesen Sie den Text und markieren Sie, was Sie verstehen. Ist der Text dann klar genug?**

Aus der Dienstanweisung für Busfahrer/innen:

Verhalten als Busfahrer/in

Ein Busfahrer oder eine Busfahrerin muss zu den Fahrgästen immer ruhig und freundlich sein. Er/Sie muss die Fahrgäste höflich bedienen.
Besondere Unterstützung und Information brauchen Kinder, Eltern mit Kleinkindern, Schwangere, Mobilitätsbehinderte, Blinde und ältere Menschen.

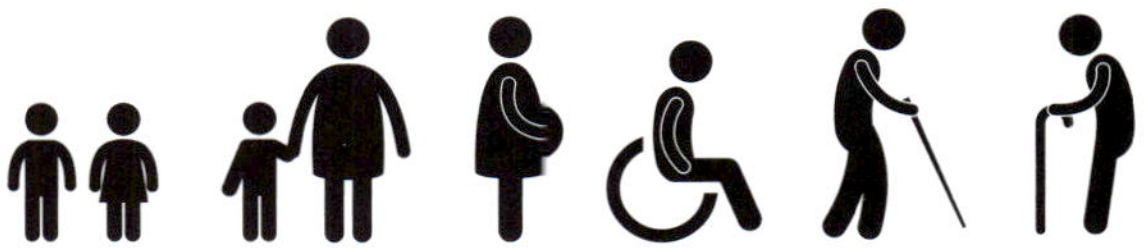

b **Noch nicht klar genug? Dann lesen Sie noch einmal und suchen Sie unbekannte Wörter im Wörterbuch. Notieren Sie in 1–5 die Übersetzung und einen Beispielsatz.**

1. das Verhalten ....
2. die Unterstützung ....
3. die Schwangere ....
4. der/die Mobilitätsbehinderte ....
5. der/die Blinde ....

der Busfahrer, – / die Busfahrerin, -nen

die Dienstanweisung, -en
Das müssen die Mitarbeiter/innen beachten.

der Fahrgast, ¨-e
der Gast in einem Bus, Taxi, Zug

die Fahrkarte, -n

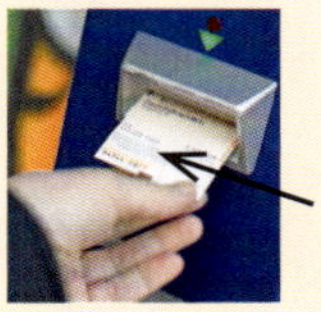

der Fahrkarten-automat, -en

herausgeben
Geld zurückgeben

das Kleingeld (Sg.)

der Rollstuhl, ¨-e

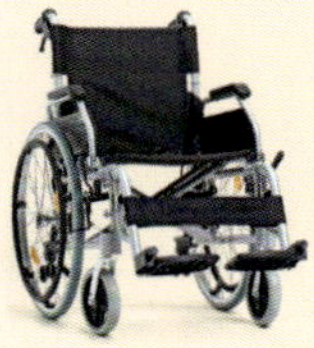

der (Geld-)Schein, -e

wechseln
hier: für einen Schein Kleingeld geben
→ das Wechselgeld (Sg.)

2 Auskunft zu Fahrplan und Tarifen geben

a Sehen Sie sich den Fahrplan für die Buslinie 18 und die Tarife an. Beantworten Sie die Fragen 1–6.

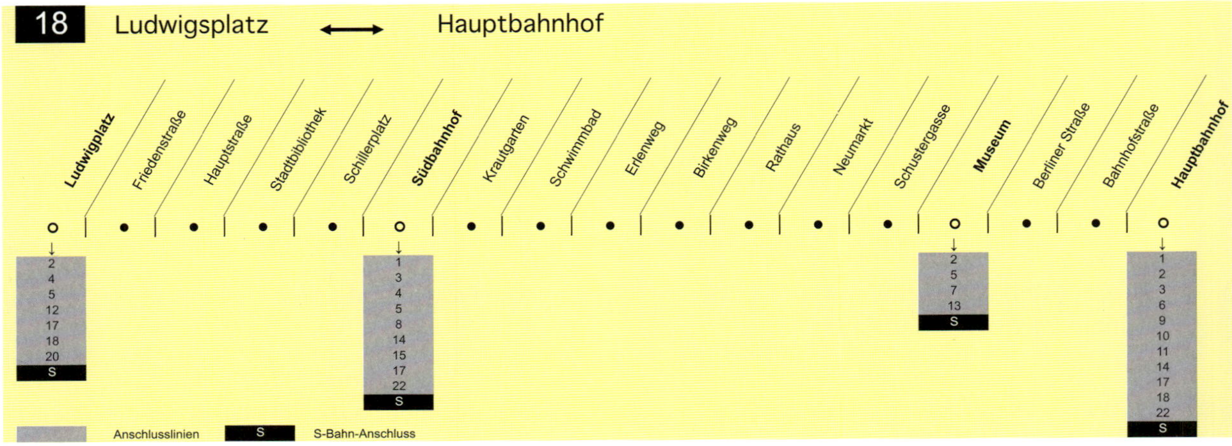

Tarife:	Fahrkarte Kurzstrecke	Einzelkarte	Tageskarte	Fahrradmitnahme
	(Einstieg + 3 Haltestellen) *Erwachsene:* 1,90 € *Kinder* (6–14 Jahre): 1,20 €	(2 Stunden) *Erwachsene:* 3,10 € *Kinder* (6–14 Jahre): 1,80 €	(So viele Fahrten an einem Tag wie man möchte.) *Erwachsene:* 7,90 € *Kinder* (6–14 Jahre): 4,90 €	(Wichtig: Fahrgäste mit Kinderwagen oder Rollstuhl haben Vorrang.) Kostenlos

1. Wo kann man in die Linie 13 umsteigen? — Am Museum.
2. Wie lange kann man eine Einzelkarte benutzen?
3. Wie viele Fahrten kann man mit der Tageskarte machen?
4. Was kostet die Einzelkarte für einen Erwachsenen und ein Kind von 3 Jahren?
5. Wie viele Haltestellen kann man mit der Fahrkarte Kurzstrecke fahren?
6. Ein Junge will sein Fahrrad mitnehmen. Was kostet das?

b Schreiben Sie weitere Fragen zum Fahrplan auf. Tauschen und beantworten Sie die Fragen.

Wo kann man in die S-Bahn umsteigen?

1.58–60 **c Hören Sie die drei Dialoge. Ordnen Sie dann die Fragen 1–6 den Antworten a–f zu.**

Fahrgast
1. Fahren Sie zum Südbahnhof? — d
2. Wie viele Haltestellen sind es?
3. Bitte zweimal Schwimmbad für Kinder.
4. Bekomme ich eine Ermäßigung?
5. Können wir die Fahrräder im Bus mitnehmen?
6. Gibt es auch Tageskarten?

Busfahrer
a) Für Kinder? Wie alt bist du denn?
b) Ja, Räder sind erlaubt.
c) Ja, eine Tageskarte kostet 7,90 Euro.
d) Ja. Das ist der richtige Bus.
e) Eine Ermäßigung gibt es nur bis 14 Jahre.
f) Drei. Sie brauchen eine Fahrkarte Kurzstrecke.

d Rollenspiel – Spielen Sie die Dialoge zwischen Busfahrer/in und Fahrgast. Benutzen Sie den Fahrplan oben.

A: Sie möchten vom Erlenweg zur Stadtbibliothek und zurückfahren. Ist das eine Kurzstrecke?

B: Sie steigen mit Ihrem Kind (5 Jahre alt) am Ludwigsplatz ein und fahren zur Schustergasse. Was kostet das?

C: Ihr Freund und Sie machen einen Fahrradausflug. Können Sie Ihre Fahrräder mitnehmen? Was kostet das?

D: Ihre Idee

Wortschatz **Ergänzen Sie. Die Wörter rechts helfen.**

1. Auf dem Fahrplan stehen auch die T*arife*.
2. Sie wollen heute öfter mit dem Bus fahren? Dann nehmen Sie doch eine T..
3. Mit der Fahrkarte K.. können Sie nur drei Haltestellen fahren.
4. In unserer Stadt ist die F.. erlaubt und man muss kein Ticket für das Fahrrad kaufen.
5. Für Kinder von 6 bis 14 Jahren gibt es eine E...

Redemittel **Schreiben Sie die Sätze.**

1. eine Einzelfahrt / 3,10 Euro / kostet / .
   Eine Einzelfahrt kostet 3,10 Euro.
2. fahren / nicht / wir / zum Stadion /.
   ....
3. eine Ermäßigung / gibt / für Kinder / es / .
   ....
4. kostenlos / die Fahrradmitnahme / ist / .
   ....
5. bitte / Sie / steigen / ein / hinten / .
   ....
6. ist / die Tageskarte / gültig / einen Tag / .
   ....

Strategie **Nach fehlenden Informationen fragen**
Wechselspiel – Wählen Sie Fahrplan A oder B. Fragen Sie Ihren Partner / Ihre Partnerin nach den fehlenden Informationen und ergänzen Sie die Felder in Ihrem Fahrplan.

Ich nehme den Bus um 5 Uhr 55 am Hauptbahnhof. Können Sie mir bitte sagen: Wann ist er am Museum?

Nach Informationen fragen

formell
Entschuldigen Sie, ich habe eine Frage: Wann …?
Können Sie mir bitte sagen: Wann …?
Darf ich Sie etwas fragen? …

informell
Entschuldige, wann …?
Hey, wann fährt denn …?
Du, sag mal: Wann fährt …?

A FAHRPLAN			
Hauptbahnhof	5:55	6:10	6:25
Bahnhofstraße	5:58	6:13	
Museum		6:20	6:35
Schustergasse	6:11	6:26	6:41
Erlenweg	6:15		6:45
Schwimmbad	6:22	6:37	6:52

B FAHRPLAN			
Hauptbahnhof	5:55	6:10	6:25
Bahnhofstraße	5:58	6:13	6:28
Museum	6:05		6:35
Schustergasse	6:11	6:26	6:41
Erlenweg	6:15	6:30	
Schwimmbad		6:37	6:52

die Ermäßigung, -en
hier: Kinder zahlen weniger.

die Einzelkarte, -n
eine Fahrkarte für eine Fahrt

die Kurzstrecke, -n
Man darf nur wenige Stationen fahren.

die Tageskarte
eine Fahrkarte für den ganzen Tag

die Fahrradmitnahme
(Sg.)
Man kann das Fahrrad mitnehmen.

der Tarif, -e
der Preis

Vorrang haben
zuerst kommen, wichtiger sein

das Ziel, -e
hier: Da fährt der Bus hin.

Busfahrerin → Vorgesetzter → Fahrgäste

3 Eine Durchsage verstehen und weitergeben

1.61 **a Anruf von der Leitstelle – Hören Sie und kreuzen Sie an: ⓐ, ⓑ oder ⓒ?**

1. Warum ist die Strecke gesperrt?
   ⓐ eine Baustelle
   ⓑ ein Unfall
   ⓒ ein Straßenfest
2. Was sollen die Fahrgäste tun?
   ⓐ sofort aussteigen
   ⓑ mit der Straßenbahn fahren
   ⓒ im Bus sitzen bleiben
3. Was sollen Frau Kühn und Herr Gregori tun?
   ⓐ anhalten
   ⓑ die Fahrgäste informieren
   ⓒ die Polizei rufen

1.62 **b Die Durchsage von der Busfahrerin, Frau Kühn – Lesen Sie und ergänzen Sie die Lücken 1–6. Hören Sie dann zur Kontrolle.**

Liebe Fahrgäste,
bitte mal alle herhören. Hier spricht Ihre (1) ⓑ. Zwischen den Haltestellen Berliner Straße und Bahnhofstraße ist ein (2) ▢ passiert. Deshalb ist die (3) ▢ gesperrt. Wir fahren eine andere Strecke. Es kommt zu einer (4) ▢ von ungefähr 10 Minuten. Ich wiederhole: Wir fahren eine andere Strecke. Bitte bleiben Sie im Bus sitzen. Steigen Sie am Museum in die (5) ▢ um. Wir erreichen alle (6) ▢ mit einer Verspätung. Bitte haben Sie Verständnis!

ⓐ Unfall ⓑ Busfahrerin ⓒ Verspätung ⓓ Straßenbahn ⓔ Haltestellen ⓕ Strecke

c Schreiben Sie eine Mitteilung an die Fahrgäste. Ergänzen Sie die fehlenden Informationen frei. Machen Sie dann eine Durchsage: Sprechen Sie laut und deutlich.

Liebe Fahrgäste!
Hier spricht … *(Wer?)*
Auf dem/der … *(Wo?)* ist ein Unfall passiert.
Die Strecke ist gesperrt.
Steigen Sie … *(Wo?)* aus.
Nehmen Sie den Bus … *(Welche Nummer?)*
Ich bitte um Ihr Verständnis.

Liebe Fahrgäste!
Hier spricht Ihr Straßenbahnfahrer.
Auf der Müllerstraße …

d Rollenspiel – Spielen Sie Dialoge mit Emotion. Verwenden Sie die Redemittel.

Rolle A
Sie sind ein Fahrgast. Sie sind sehr aufgeregt. Der Busfahrer / Die Busfahrerin kann Sie nicht beruhigen.

Rolle B
Sie sind Busfahrer/in.
Sie beruhigen die Fahrgäste und bieten Lösungen an.

Der Fahrgast ist aufgeregt.
Ich bekomme meinen Zug nicht!
Ich habe nichts verstanden. Was hat sie gesagt?
Wo muss ich aussteigen?
Ich will mein Geld zurück.
Mein Herz!
…

Der Busfahrer / Die Busfahrerin beruhigt.
Bitte bleiben Sie ruhig!
Wir haben nur eine kleine Verspätung.
Ich wiederhole die Information: …
Das ist alles nicht so schlimm.
Wir fahren eine andere Strecke.
Sie bekommen Ihr Geld zurück.
…

Wortschatz **Ordnen Sie zu. Die Wörter rechts helfen.**

1. Die Strecke ist gesperrt.
2. Die Busfahrerin bekommt eine Nachricht von der Leitstelle.
3. Die Busfahrerin macht eine Durchsage.
4. Es gibt eine Streckenänderung.
5. Der Bus hat eine Verspätung.

a) Die Leitstelle informiert die Busfahrerin.
b) Der Bus fährt nicht die normale Strecke.
c) Der Bus kommt nicht pünktlich.
d) Autos können hier nicht fahren.
e) Die Busfahrerin spricht zu allen Fahrgästen.

Wortbildung **Welche Wörter passen zusammen? Suchen Sie weitere Paare.**

~~ändern~~ das Verständnis wiederholen die Information verspätet ~~die Streckenänderung~~ verstehen informieren die Wiederholung die Verspätung

ändern – die Streckenänderung

....

....

....

....

Ich kenne noch „liefern" und „die Lieferung".

Strukturen **Welche Form ist richtig? Kreuzen Sie an: (a), (b) oder (c)?**

1. Hier spricht (a) Ihre (b) Ihr (c) Ihren Busfahrer.
2. Bitte bleiben (a) Ihnen (b) du (c) Sie ruhig.
3. Wir haben nur (a) ein (b) eine (c) einen kleine Verspätung.
4. Bitte (a) haben (b) hat (c) habe Sie Verständnis.

Strategie **W-Fragen stellen**

Sprechen Sie Ihre Mitteilung aus 3c mit vorgehaltener Hand.
Die anderen hören genau hin und fragen nach.

Was ist passiert?

Wer spricht da?

Wo ist das passiert?

Welchen Bus sollen die Fahrgäste nehmen?

Wo sollen die Fahrgäste aussteigen?

...

die Durchsage, -n

gesperrt

die Leitstelle, -n
die Zentrale

die Nachricht, -en
die Information

die Strecke, -n
Der Weg von A nach B.
→ die Streckenänderung, -en

der Unfall, ¨-e

die Verspätung, -en
nicht pünktlich kommen

das Verständnis (Sg.)
etwas verstehen

Busfahrerin → Vorgesetzter

4 Vorteile und Nachteile von Aufgaben nennen

a **Der Fahrdienstleiter will mit Frau Kühn sprechen. Was will er vielleicht besprechen? Sammeln Sie Ihre Vermutungen.**

Frau Kühn, kommen Sie doch am Montag um 9:00 Uhr zum Mitarbeitergespräch.

Vielleicht gibt es Probleme.

Oder sie wollen über ihr Gehalt sprechen.

1.63–65 **b** **Sie hören das Mitarbeitergespräch zwischen Frau Kühn und dem Fahrdienstleiter. Kreuzen Sie an: richtig oder falsch?**

	R	F
1. Frau Kühn arbeitet schon seit drei Jahren in dem Betrieb.	☐	☒
2. Sie macht die Arbeit sehr gerne.	☐	☐
3. Frau Kühn hat eine Lieblingsstrecke.	☐	☐
4. Der Fahrdienstleiter möchte Frau Kühn eine neue Aufgabe geben.	☐	☐
5. Frau Kühn arbeitet gerne nachts, weil die Straßen ruhig sind.	☐	☐
6. Der Mann von Frau Kühn ist nervös, wenn seine Frau nachts Bus fährt.	☐	☐
7. Frau Kühn war noch nie bei einem Fußballspiel.	☐	☐
8. Frau Kühn bekommt für die neuen Aufgaben mehr Geld.	☐	☐
9. Frau Kühn soll den Fahrdienstleiter am Mittwoch anrufen.	☐	☐

Mitarbeitergespräche sind Gespräche zwischen Vorgesetzten und Mitarbeitern. In vielen Firmen finden sie einmal im Jahr statt.

1.63–65 **c** **Hören Sie noch einmal. Welche Vorteile und Nachteile nennt Frau Kühn? Notieren Sie.**

Busverkehr in der Nacht		Busverkehr zum Fußballstadion	
Vorteile	Nachteile	Vorteile	Nachteile
wenig Verkehr			

Der Vorteil ist, dass …

Der Nachteil ist, dass …

d **Wählen Sie einen Beruf. Nennen Sie die Vorteile und Nachteile.**

Eine Erzieherin arbeitet in einer Kita mit Babys von 3 bis 18 Monaten.

Ein Informatiker arbeitet für eine IT-Firma. Er testet Software.

Ein Wachmann kontrolliert nachts eine Firma.

Ihr Beruf

Wortschatz **Was passt nicht? Streichen Sie das Wort durch. Die Wörter rechts helfen.**

1. Der Fahrdienstleiter ist der Vorgesetzte / ~~ein Mitarbeiter~~ von Frau Kühn.
2. Beim Mitarbeitergespräch geht es um das Privatleben / die Arbeit.
3. Der Vorgesetzte hat neue Waren/Aufgaben für Frau Kühn.
4. Der Vorteil/Nachteil ist: Frau Kühn bekommt mehr Gehalt.
5. Die Bahn muss die Gleise / den Bahnhof reparieren.

Lesen **Lesen Sie die E-Mail. Bringen Sie die Sätze in die richtige Reihenfolge.**

Sehr geehrter Herr Schmitz,

.... Der Busverkehr zum Stadion ist auch interessant.

.... Ich habe mit meinem Mann gesprochen und möchte gerne in der Nacht fahren.

......1...... ich danke Ihnen für das gute Gespräch.

.... Aber am Samstag möchte ich gerne bei meiner Familie sein.

.... So habe ich am Wochenende mehr Zeit für die Kinder.

Mit freundlichen Grüßen
Isolde Kühn

Schreiben **Der Fahrdienstleiter hat auch Sie gefragt. Sie möchten im Busverkehr zum Fußballstadion arbeiten. Schreiben Sie eine kurze E-Mail.**

(A) Schreiben Sie etwas zu den folgenden drei Punkten:

- Dank für das Angebot
- warum die Aufgabe für Sie interessant ist
- Frage, wie viel Sie bei der Arbeit am Wochenende verdienen

oder

(B) Bringen Sie die Sätze in die richtige Reihenfolge und schreiben Sie die E-Mail.

.... Wie viel verdiene ich bei dieser Arbeit?

.... vielen Dank für das Angebot.

.... weil ich am Wochenende immer Zeit habe.

.... Ich habe noch eine Frage:

.... Sehr geehrter Herr Schmitz,

.... Ich mache das gerne,

.... Mit freundlichen Grüßen

Strategie **Redemittel für Briefe auswendig lernen**
Lesen Sie die Redemittel. Sortieren Sie formelle und informelle Redemittel. Lernen Sie die Redemittel dann auswendig.

Sehr geehrte Damen und Herren, Vielen Dank für Ihr Schreiben. Lieber Herr …,
Hallo Sabine, ~~Sehr geehrte Frau …,~~ Danke für deine E-Mail. Hallo Leute,
Schöne Grüße! Mit freundlichen Grüßen Liebe Grüße

formell	informell
Sehr geehrte Frau …,	

die Aufgabe, -n
etwas, was man tun muss/soll

der Busverkehr (Sg.)

der Fahrdienstleiter, – / die Fahrdienstleiterin, -nen
die verantwortliche Person in der Zentrale

das Gehalt, ¨-er
Geld für Arbeit

das Gleis, -e

der Mitarbeiter, – / die Mitarbeiterin, -nen
Diese Person arbeitet in einer Firma.

das Mitarbeitergespräch, -e
Gespräch zwischen Mitarbeiter/in und Chef/in

der Nachteil, -e
Das ist nicht gut.

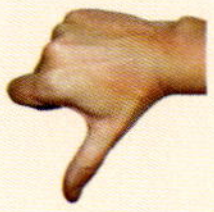

der/die Vorgesetzte, -n
ein anderes Wort für Chef/in

der Vorteil, -e
Das ist gut.

5 Szenario – Personenverkehr

		Rolle A	Rolle B	Rolle C
		Sie sind ein Fahrgast. Sie müssen eilig zu einem wichtigen Termin. Sie denken: Mit dem Bus geht es am schnellsten.	Sie sind die Busfahrerin Frau* Krenz. Sie fahren diese Strecke seit vielen Jahren und haben schon viel erlebt.	Sie sind Frau* Glaubig, Fahrdienstleiterin.
Schritt 1	Gespräch zwischen Fahrgast und Busfahrerin beim Ticketkauf	Fragen Sie die Busfahrerin nach der Richtung und nach dem Preis. Kaufen Sie ein Ticket.	Beantworten Sie die Fragen. Verkaufen Sie dem Kunden / der Kundin ein Ticket.	
Schritt 2	Information von der Fahrdienstleitung. Es gibt einen Unfall auf der Strecke.		Die Fahrdienstleiterin ruft Sie an. Hören Sie, was sie sagt. Sagen Sie, dass Sie verstanden haben.	Rufen Sie die Busfahrerin an. Sagen Sie, dass es einen Unfall auf der Strecke gibt. Der Bus ist 15 Minuten verspätet.
Schritt 3	Die Busfahrerin macht eine Durchsage an die Fahrgäste.		Machen Sie eine Durchsage. Informieren Sie die Fahrgäste über die Verspätung.	
Schritt 4	Gespräch mit einem Fahrgast: Er / Sie ist sehr nervös.	Sie sind sehr nervös und böse, weil Sie zu spät zu Ihrem Termin kommen. Sagen Sie Ihre Meinung. Sie wollen Ihr Geld zurück.	Beruhigen Sie den Fahrgast. In der Nähe ist ein Taxistand. Die Strecke ist frei.	
Schritt 5	Gespräch zwischen Busfahrerin und Fahrdienstleiterin am Abend		Berichten Sie der Fahrdienstleiterin von dem Fahrgast.	Fragen Sie die Busfahrerin, wie alles gelaufen ist.

* Hinweis: Frau oder Herr? Sie können die Rollen jederzeit ändern.

Einen Betrieb kennenlernen 4

1 Das Praktikum

a Sehen Sie die Fotos an und lesen Sie die Sprechblasen. Kreuzen Sie an: richtig oder falsch?

	R	F
1. Die junge Frau hat schon einen Beruf.	☐	☐
2. Sie möchte etwas mit der Herstellung von Lebensmitteln machen.	☐	☐
3. Die Chefin begrüßt die Praktikantin.	☐	☐
4. Die junge Frau hat keine Lust auf das Praktikum.	☐	☐

b Lesen Sie die Aussagen. Wer sagt das? Die Praktikantin (P) oder die Chefin (C)?

1. Ich will den Betrieb und die Arbeit kennenlernen. (P)
2. Wir wollen die Person kennenlernen. Passt sie in unsere Firma? ☐
3. Ich verdiene als Praktikantin noch keinen Lohn. ☐
4. Vielleicht bekomme ich hier aber einen festen Arbeitsplatz. ☐
5. Wenn sie sich nicht wohlfühlt, ist es nicht so schlimm. Sie bleibt ja nur drei Monate. ☐
6. Das Praktikum dauert nicht lange. Wenn es mir nicht gefällt, habe ich wenigstens etwas gelernt. ☐
7. Vielleicht können wir sie später fest anstellen. ☐

c Haben Sie schon mal ein Praktikum gemacht oder möchten Sie eins machen? Sprechen Sie.

Ich finde, ein Praktikum ist eine gute Idee.

Sprechen Abteilungen in einer Firma benennen; einen Produktionsprozess beschreiben; eine Firma präsentieren; andere über ein Problem informieren; reagieren, wenn jemand über ein Problem spricht; Anliegen weitergeben | **Hören** Informationen über einen Betrieb; Gespräche über Arbeitsabläufe und Probleme; Anliegen und Bitten erfassen | **Lesen** Webseite mit Informationen über eine Firma; Nachrichten mit Anliegen und Bitten | **Schreiben** Handlungen beschreiben; sich Notizen zu einer Firma machen

2 Abteilungen in einer Firma – Wo wird was gemacht?

a Sehen Sie die Abteilungen in der Firma an. Was wird wo gemacht? Ordnen Sie jeder Abteilung ein Verb zu.

lagern verkaufen bestellen einstellen werben herstellen bezahlen ~~managen~~

managen ....

2.01 **b Hören Sie den ersten Teil von dem Gespräch. Kreuzen Sie an: richtig oder falsch?**

	R	F
1. Der Chef zeigt Frau Crisan die Firma.	▢	▢
2. Das Unternehmen ist international tätig.	▢	▢
3. Frau Crisan soll alle Abteilungen kennenlernen.	▢	▢

2.01 **c Was passt zusammen? Verbinden Sie die Sätze. Hören Sie anschließend zur Kontrolle.**

1. Die Firma ist ein
2. Es gibt 130 Mitarbeitende. Die Chefin spricht
3. Der Betrieb hat auch viele
4. Der Chef ist oft auf
5. Frau Asland ist

a) Anas Ansprechpartnerin.
b) Auszubildende.
c) über die Betriebsgröße.
d) Familienunternehmen.
e) Dienstreise.

2.02 **d Ana notiert, was die Chefin sagt. Hören Sie weiter. Ergänzen Sie die Abteilungen.**

Produktion ~~Lager~~ Personalabteilung Vertrieb Buchhaltung Einkauf

1. Im *Lager* .... werden die Waren gelagert.
2. Im .... werden die Waren verkauft.
3. In der .... wird die Schokolade hergestellt.
4. In der .... wird Personal eingestellt.
5. Im .... werden die Zutaten eingekauft.
6. In der .... werden die Rechnungen geschrieben.

e **Lesen Sie die Sätze in 2d und ergänzen Sie die Tabelle.**

Ⓖ

FOKUS **Passiv Präsens**

Aktiv: Wir lagern die Waren im Lager.

Passiv: Die Waren *werden* .... im Lager *gelagert* ....

Aktiv: Wir stellen die Schokolade in der Produktion her.

Passiv: Die Schokolade .... in der Produktion ....

Aktiv: Ich schreibe die Rechnungen heute.

Passiv: Die Rechnungen .... heute ....

Ⓖ

er/es/sie wird
sie werden

alle Formen auf S. 242

f **Von der Kakaobohne zur Praline. Schauen Sie die Schritte an. Sprechen Sie wie im Beispiel.**

1. die Kakaobohnen pflücken – gepflückt
2. die Kakaobohnen transportieren – transportiert
3. die Kakaobohnen reinigen – gereinigt
4. die Kakaobohnen rösten – geröstet
5. die Schokolade und die Pralinen herstellen – hergestellt
6. die Schokolade und die Pralinen verpacken – verpackt
7. die Produkte verschicken – verschickt
8. die Produkte verkaufen – verkauft
9. die Pralinen essen – gegessen

Die Leute pflücken die Kakaobohnen.

Die Kakaobohnen werden gepflückt.

UND SIE?

Was passiert in Ihrer Sprachschule? Schreiben Sie Sätze und vergleichen Sie im Kurs.

im Büro	die Anmeldung machen
im Klassenzimmer	die Leute begrüßen
nach dem Kurs	die Tische reinigen
…	…

Im Büro wird die Anmeldung gemacht.

3 Hier wird Schokolade hergestellt.

a **Lesen Sie den Text auf der Webseite der Firma Rickel. Lesen Sie die Fragen und ergänzen Sie die Antworten.**

STARTSEITE | ÜBER UNS | PRODUKTE | SHOP | KARRIERE | KONTAKT

Eine Familientradition

Die Geschichte unserer Firma beginnt 1964. Damals haben Horst und Hermine Rickel eine kleine Schokoladenfabrik in Kiel gegründet. Heute wird sie von dem Enkel geleitet: Tobias Rickel hat zusammen mit seiner Frau Lina Kilian-Rickel die Firma modernisiert und ins 21. Jahrhundert geführt. Mit unseren 130 Mitarbeiterinnen und Mitarbeitern produzieren wir feine Schokoladen und Pralinen und verkaufen sie weltweit. Wir verwenden nur edle Nüsse aus Italien. Der Kakao wird aus Südamerika importiert. Dort wird er biologisch angebaut.

Hermine Rickel

Horst Rickel

1. Wie lange gibt es die Firma Rickel schon? — Die Firma existiert seit ....
2. Von wem wird die Firma geleitet? — Die Firma wird von .... geleitet.
3. Wo werden die Produkte verkauft? — Sie werden .... verkauft.
4. Wo werden die Nüsse gekauft? — Die Nüsse werden in .... gekauft.
5. Wo wird der Kakao angebaut? — Der Kakao wird in .... angebaut.

b **Lesen Sie den Text noch einmal und beantworten Sie die Fragen.**

1. Wie heißt die Firma?
2. Wo liegt die Firma?
3. Hat die Firma eine Webseite?
4. Was macht die Firma?
5. Wie viele Mitarbeiter/innen hat die Firma?
6. Wer ist der Chef / die Chefin?
7. Was gefällt Ihnen an dieser Firma?

Die Firma heißt Rickel.

UND SIE?

In welcher Firma würden Sie gerne arbeiten? Beantworten Sie für diese Firma die Fragen in 3b. Machen Sie erst Notizen. Schreiben Sie zu Ihren Notizen einen Text. Präsentieren Sie anschließend Ihre Firma im Kurs.

1 Restaurant „Tischdeckchen"
2 ...
3 www.tischdeckchen.de

Unsere Firma ist das Restaurant „Tischdeckchen". Das Restaurant hat eine schöne Webseite ...

4 Es gibt ein Problem.

a **Was meinen Sie? Welche Probleme kann es in der Firma geben? Sammeln Sie in der Tabelle.**

mit Menschen	*mit Maschinen*	*mit Produkten*

2.03–05 **b** **Hören Sie die Gespräche. Ist die Aussage richtig oder falsch? Welche Antwort ⓐ, ⓑ oder ⓒ passt am besten?**

Dialog 1

1. Eine Mitarbeiterin ist heute nicht in der Firma.

   Richtig Falsch

2. Heute wird die Ware
   ⓐ nicht verschickt.
   ⓑ von dem Chef kontrolliert.
   ⓒ von einer Mitarbeiterin kontrolliert.

Dialog 2

3. Der Lieferant hat die falschen Kakaobohnen geliefert.

   Richtig Falsch

4. Die Kakaobohnen
   ⓐ sind zu trocken.
   ⓑ werden zurückgeschickt.
   ⓒ werden getrocknet.

Dialog 3

5. Heute sind alle Drucker kaputt.

   Richtig Falsch

6. Ana muss heute
   ⓐ den Techniker anrufen.
   ⓑ die Adressen schreiben.
   ⓒ Frau Rickel helfen.

2.03–05 **c** **Hören Sie noch einmal. Welche Redemittel hören Sie? Kreuzen Sie an.**

sagen, dass es ein Problem gibt		**reagieren**	
Wir haben ein Problem.	☐	Das darf doch nicht wahr sein!	☐
Da ist etwas passiert.	☐	Heute läuft alles schief.	☐
… funktioniert nicht / geht nicht.	☐	Was machen wir denn jetzt?	☐
Wir schaffen es nicht.	☐	Uff, schon wieder ein Problem!	☐
Wir haben … nicht bekommen.	☐	Das kriegen wir schon hin.	☐
… ist nicht in Ordnung.	☐	Das ist nicht mein Problem.	☐

d **Sprechen Sie über die Probleme. Benutzen Sie die Sätze aus 4c.**

Es gibt ein Problem. Die Heizung funktioniert nicht. Sie ist ganz kalt.

Das darf doch nicht wahr sein!

5 Aufgaben und Aufgabenverteilung: Wer soll was machen?

a Lesen Sie die Nachrichten und die drei Fragen. Was ist richtig? Kreuzen Sie an.

A

> Hallo Frau Crisan,
> Ihr Praktikumsvertrag ist fertig. Kommen Sie bitte morgen um 9:00 Uhr in die Personalabteilung zum Unterschreiben. Bringen Sie Ihren Personalausweis mit.
> Ich bin von 9:00 bis 12:00 Uhr im Hause und kann gerne helfen, wenn Sie Fragen haben. Am Nachmittag bin ich nicht da. Bis morgen!
> 09:05 ✓ Viele Grüße, Monika Heinrich

B

> Hallo Randolf,
> du, unsere neue Praktikantin, Ana Crisan, hat am Dienstag angefangen und ist morgen bei dir im Lager. Zeig ihr doch bitte, wie das bei euch so läuft. Gib ihr Schutzkleidung. Sie ist nur diese Woche bei euch. Ab Montag soll sie dann den Einkauf kennenlernen.
> 11:25 ✓ Gruß Tobias

Nachricht A

1. Wer soll etwas machen?
   - ☐ Frau Heinrich
   - ☐ Frau Crisan
2. Was soll die Person machen?
   - ☐ Sie soll etwas unterschreiben.
   - ☐ Sie soll den Praktikumsvertrag mitbringen.
3. Wann soll die Person das machen?
   - ☐ Am Morgen.
   - ☐ Am Nachmittag.

Nachricht B

1. Wer soll etwas machen?
   - ☐ Randolf
   - ☐ Tobias
2. Was soll die Person machen?
   - ☐ Sie soll Schutzkleidung kaufen.
   - ☐ Sie soll der Praktikantin alles zeigen.
3. Wann soll die Person das machen?
   - ☐ In der nächsten Woche.
   - ☐ Diese Woche.

b Lesen Sie die Texte in 5a noch einmal. Markieren Sie die Zeitangaben. Ergänzen Sie die Tabelle.

G

FOKUS **Temporale Präpositionen**

um.......... 9:00 Uhr	.... morgen!
.... Morgen / Nachmittag / Dienstag …	nach dem Gespräch / der Pause …
.... 9:00 .... 12:00 Uhr	.... Montag / Juli …
im August / Winter / Urlaub …	seit drei Tagen / einem Monat / 2022 …
.... der nächsten Woche / drei Tagen …	vor einer Woche / einem Jahr …

c Ergänzen Sie die Präpositionen.

um   von … bis   am   ~~seit~~   ab   bis   in   um

1. Ana arbeitet *seit*.......... einer Woche in der Schokoladenfabrik, jeden Tag .... 8:00 .... 16:30.
2. Sie hat jeden Tag .... 12:30 Uhr Mittagspause. .... der Mittagspause geht sie in die Kantine.
3. Ana geht .... Dienstagmorgen in die Personalabteilung. Sie hat einen Termin .... 10:00 Uhr.
4. Ana bleibt im Lager .... Freitag. .... Montag ist sie in einer anderen Abteilung.

UND SIE?

Schreiben Sie selbst eine Bitte an einen Kollegen / eine Kollegin im Kurs.

> *Hallo Dzeni,*
> *du hast heute einen tollen Kuchen mitgebracht. Schreib mir bitte das Rezept auf.*
> *LG Rahim*

6 Auf dem Anrufbeantworter: Du, ich habe eine Bitte ...

a Lesen Sie die Gedankenblase. Was glauben Sie: Warum kann Randolf Ana morgen nicht das Lager zeigen?

Er kann vielleicht nicht, weil er nicht da ist.

2.06 **b Hören Sie die Nachrichten auf dem Anrufbeantworter. Welches Bild passt?**

Nachricht 1 ....

Nachricht 2 ....

2.06 **c Was ist die Situation? Hören Sie noch einmal und ergänzen Sie.**

Nachricht 1

Martina Randolf Tobias

1. Wer hat keine Zeit? Randolf.
2. Wer muss die Lieferung kontrollieren? ....
3. Wer hat den Termin vergessen? ....

Nachricht 2

Radu Martina Timo

1. Wer ist schon zu Hause? Martina.
2. Welche Warnweste nimmt Radu? Die von ....
3. Von wem ist die kleine Warnweste? Von ....

2.06 **d Hören Sie die Nachrichten noch einmal und kreuzen Sie an. Welche Aussage ist richtig?**

Nachricht 1

Randolf
- (a) hat die Schulung vergessen.
- (b) hat keine Zeit für die Praktikantin.
- (c) muss die Lieferung entgegennehmen.
- (d) bleibt einen Tag länger bei der Schulung.

Nachricht 2

Radu
- (a) ist schon zu Hause.
- (b) sucht Martinas Warnweste.
- (c) zieht Timos Warnweste an.
- (d) arbeitet erst spät am Abend.

e Spielen Sie zu dritt „Anrufbeantworter" wie im Beispiel.

Hallo John, hier ist Maia.
Bei deinem Handy geht nur die Mailbox. Ich komme heute spät, weil mein Auto kaputt ist. Sag bitte dem Chef Bescheid.

Du, Maia hat angerufen. Sie kommt heute spät. Ihr Auto ist kaputt.

OK. Dann weiß ich Bescheid.

ÜBUNGEN

1 Das Praktikum

a Wann sollte man ein Praktikum machen? Kreuzen Sie an: richtig oder falsch?

	R	F
1. Wenn man einen Betrieb kennenlernen möchte.	☐	☐
2. Wenn man schnell viel Geld verdienen möchte.	☐	☐
3. Wenn man schon einen Beruf hat und ihn gerne macht.	☐	☐
4. Wenn man noch nicht so genau weiß, was man beruflich machen möchte.	☐	☐
5. Wenn man mehr über einen Beruf wissen möchte.	☐	☐
6. Wenn man viel Erfahrung im Beruf hat.	☐	☐

b Was sagt der Chef? Was sagt die Praktikantin? Ergänzen Sie die Pronomen.

1. Wir wollen die Person kennenlernen:
   Passt *sie* .... in unsere Firma?
   Gefällt .... der Beruf?
   Im Praktikum müssen wir .... noch keinen Lohn zahlen, erst wenn wir .... später fest anstellen.

2. Heute lerne ich den Chef und die Kollegen kennen.
   Hoffentlich sind .... nett und ich kann viel von .... lernen. Wenn ich .... nicht wohlfühle, ist es nicht schlimm. Ich bleibe ja nur drei Monate.

~~sie~~ • ihnen • sie • mich • ihr • sie • ihr

2.07 **c Aussprache: *ei* oder *ie*? Hören Sie die Nachricht und achten Sie auf die Buchstaben.**

Hallo Marie, weißt du was? Ich mache ein Praktikum im Betrieb! Ich bleibe nicht lange und verdiene kein Geld, aber ich lerne viel. Liebe Grüße – deine Leila

d Tragen Sie die Wörter in die Tabelle ein.

Wörter mit *ei*	Wörter mit *ie*
weißt,	*Marie,*

2 Abteilungen in einer Firma – Wo wird was gemacht?

a Wo arbeiten die Leute? Schreiben Sie den Namen der Abteilung. Zwei Abteilungen passen nicht.

Buchhaltung ~~Geschäftsführung~~ Einkauf Lager Marketing Personalabteilung Produktion Vertrieb

1. Herr Schmidt managt die Firma. Er arbeitet in der *Geschäftsführung*.
2. Frau Lehmann liest Bewerbungen und stellt Personal ein. Sie arbeitet in der ....
3. Herr Maier und Herr Green bezahlen die Rechnungen. Sie arbeiten in der ....
4. Die Firma wirbt für ihre Produkte. Das macht Frau Plüm aus dem ....
5. Die Firma verkauft ihre Produkte. Herr Karig und Frau Lenau aus dem .... machen das.
6. Die Abteilung von Herrn Neumann stellt die Produkte her. Das ist die ....

b **Ergänzen Sie die Formen von *werden*.**

werden ~~werde~~ wirst wird werden werdet

ich werde .... wir ....

du .... ihr ....

er/es/sie/man .... Sie/sie ....

c **Was wird wo in der Firma gemacht? Schreiben Sie die Sätze zum Bild.**

Waren lagern Rechnungen schreiben Produkte verkaufen Waren transportieren neue Mitarbeiter einstellen ~~Zutaten einkaufen~~

1. Hier werden Zutaten eingekauft.

2. Hier werden ....

3. Hier werden ....

4. Hier werden ....

5. Hier werden ....

6. Hier werden ....

d ***ei* oder *ie*? – Ergänzen Sie die Wörter.**

1. Herr Green schr.....bt eine Rechnung.
2. Die Rechnung wird in der Buchhaltung geschr.....ben.
3. Frau Karol macht ab D.....nstag eine Dienstr.....se.
4. Ruhe bitte, Herr Karol telefon.....rt.
5. Musst du morgen arb.....ten?
6. Am Montag wird .....n neuer Mitarbeiter .....ngestellt.

e **Was passt zusammen? Schreiben Sie Sätze. Vergleichen Sie im Kurs.**

der Kaffee, ich, die Pralinen, die Firma, wir, der Kakao	wird, werden, werde	vorgestellt, begrüßt, gekocht, eingestellt, verkauft, verpackt, verschickt

Der Kaffee wird gekocht.

3 Hier wird Schokolade hergestellt.

a Was passt nicht? Streichen Sie durch.

1. gründen: eine Firma • ein Unternehmen • ~~Maschinen~~
2. produzieren: Schokolade • einen Job • Lebensmittel
3. verkaufen: Angestellte • Kakao • Pralinen
4. anbauen: Kakao • Schuhe • Bananen
5. leiten: ein Unternehmen • einen Supermarkt • eine Pause
6. verpacken: Schokolade • Mitarbeiter • Produkte
7. verschicken: Waren • Produkte • Firmen
8. transportieren: ein Unternehmen • Waren • Kakaobohnen

b Ergänzen Sie die Sätze mit den Verben aus 3a. Schreiben Sie die Verben in der richtigen Form.

1. Kakao wird in Lateinamerika angebaut. In der Fabrik werden Schokolade und Pralinen .... Dann werden die Waren mit dem Lkw zu den Kunden ....

2. 2010: Der Supermarkt „Frische-Maier" wird von Elvira und Markus Maier .... Heute wird der Markt von Miriam Maier ...., das ist die Tochter von Elvira und Markus.

3. In Mario Mettas Café werden Pralinen .... Man kann auch im Internet bestellen, dann werden die Produkte mit der Post .... Wenn man möchte, werden sie als Geschenk ....

4 Es gibt ein Problem.

a Lesen Sie die Sätze. Wo passt *nicht*? Ergänzen Sie.

1. Die Maschine ....../...... funktioniert ...nicht... .
2. Die Lieferung .... ist .... in Ordnung.
3. Wir haben .... die Kakaobohnen .... bekommen.
4. Der Techniker .... kann heute .... kommen.
5. Das darf .... wahr .... sein!
6. Der Chef war gestern .... im Büro ....
7. Heute geht der Drucker .... schon wieder .... !
8. Das ist .... mein Problem .... !

2.08 **b Ergänzen Sie: *ei* oder *ie*. Hören Sie zur Kontrolle. Sprechen Sie nach.**

(1) Das darf nicht wahr s..........n! Heute läuft alles sch..........f!

(3) K..........ne Sorge. Das kr..........gen wir schon hin.

(2) Oh n..........n! Nicht schon w..........der!

2.09 **c Wie reagieren die Personen, ruhig oder aufgeregt? Hören Sie und kreuzen Sie an: (a) oder (b)?**

Dialog 1
● Chef, kommen Sie bitte! Die Maschine ist kaputt und der Techniker hat heute keine Zeit.
○ (a) (b) Okay, zeigen Sie mir genau, was los ist.

Dialog 2
▲ Chef, ich brauche Hilfe! Die Waren sind nicht gekommen.
○ (a) (b) Ich spreche mit dem Einkauf.

Dialog 3
● Hört zu: Heute haben sich Gerd und Ilhan krankgemeldet.
○ (a) (b) ● Ich weiß, aber wir sind ein gutes Team.

Dialog 4
● Nariz! Komm bitte mal schnell ins Lager. Die neue Lieferung ist heruntergefallen!
○ (a) (b) Alles liegt auf dem Boden und die Kakaobohnen sind nass.

Dialog 5
● Karla, hör mal bitte. Die Toiletten sind alle schmutzig.
○ (a) (b) Da musst du der Personalabteilung Bescheid sagen.

d Es gibt ein Problem. Was ist los? Ordnen Sie zu.

(A) ☐

(B) ☐

(C) ☐

(1) Es ist kein Kaffee mehr da!

Nicht schon wieder! ....

(2) Der Automat ist kaputt! Das Geld kommt immer wieder raus.

....

(3) Der Computer funktioniert nicht!

....

e Wie reagiert die Person? Schreiben Sie passende Sätze zu den Situationen in 4d.

5 Aufgaben und Aufgabenverteilung: Wer soll was machen?

a Zeitangaben – Lesen Sie die Sätze. Welche Wörter passen?

1. Ein *Tag* .... hat 24 Stunden.
2. Vor Sonntag kommt der ....
3. Ein .... hat 30 oder 31 Tage.
4. Der Februar hat meistens nur 28 ....
5. Ein .... hat 365 Tage.
6. Eine .... hat 7 Tage.
7. Das Wochenende hat die Tage .... und ....

b Welche Zeiten kennen Sie noch? Schreiben Sie. Vergleichen Sie im Kurs.

der Vormittag, die Minute, die Jahreszeit, der Feiertag ...

c Lesen Sie die Sätze. Ergänzen Sie *vor* oder *nach*.

Hi Mora, ich habe (1) *vor* .... zwei Monaten die Schule beendet. Mit der Ausbildung hat es nicht geklappt. Was soll ich nur machen? Hast du eine Idee?
LG Lisa
14:38 ✓

Also ich habe (2) .... der Schule ein Praktikum gemacht. Das war (3) .... zwei Jahren. Ich habe eine Bewerbung an eine Firma geschrieben. (4) .... einem Gespräch mit der Personalabteilung habe ich einen Praktikumsvertrag bekommen.
15:04 ✓

Super! Das probiere ich. Vielleicht kann ich (5) .... dem Praktikum in dem Betrieb eine Ausbildung machen.
15:13 ✓

d Was passt, *seit* oder *vor*? Kreuzen Sie an.

Sehr geehrte Frau Meinert,

☐ seit ☒ vor zwei Monaten habe ich Ihnen meinen Lebenslauf geschickt. Sie haben mir ☐ seit ☐ vor vier Wochen geschrieben. Vielleicht wird ein Praktikumsplatz frei. ☐ Seit ☐ Vor zehn Tagen habe ich mich vorgestellt. Leider habe ich ☐ seit ☐ vor unserem Gespräch nichts mehr von Ihnen gehört. Können Sie mir bitte Bescheid geben?

Mit freundlichen Grüßen
Lisa Amoni

e Ergänzen Sie *ab* oder *in*.

- ● Guten Morgen, Meinert, Firma Leistung. Sie machen (1) *ab* .... April ein Praktikum bei uns.
- ○ Stimmt, das ist ja schon (2) .... einer Woche! Wann muss ich morgens da sein?
- ● Sie können jeden Morgen (3) .... 7 Uhr kommen. Um 9 Uhr müssen Sie da sein.
- ○ Bekomme ich noch den Praktikumsvertrag?
- ● Ja, bitte kommen Sie (4) .... den nächsten Tagen zum Unterschreiben vorbei.

f **Ergänzen Sie die Sätze mit *um*, *im* oder *am*.**

- ● Hallo Mora! Weißt du was? Ich mache ein Praktikum. Es beginnt schon (1) ..*am*.............. Montag!
- ○ Toll! Das freut mich für dich.
- ● Ich habe mich schon (2) .... Januar für das Praktikum beworben. Aber ich habe dann erst (3) .... 5. März Bescheid bekommen.
- ○ Bestimmt lernst du da viel.
- ● Ja, (4) .... ersten Tag soll ich schon (5) .... 8 Uhr da sein. Ich lerne den Einkauf kennen.

6 Auf dem Anrufbeantworter: Du, ich habe eine Bitte ...

2.10–12 **a** **Hören Sie die Nachrichten. Kreuzen Sie an: ⓐ oder ⓑ?**

Nachricht 1

1. Wer ruft an? ⓐ Axel ⓑ Irina
2. Was ist passiert? ⓐ Das Handy ist kaputt. ⓑ Jemand hat sein Handy verloren.
3. Was ist die Bitte? ⓐ Nummer vom Chef weitergeben. ⓑ Nummer vom Kollegen weitergeben.

Nachricht 2

1. Wer ruft an? ⓐ Frau Wünschel ⓑ Frau Maletzki
2. Was ist passiert? ⓐ Das Auto ist kaputt. ⓑ Es gibt einen Stau.
3. Was ist die Bitte? ⓐ Bescheid sagen: Frau Maletzki kommt nicht. ⓑ Bescheid sagen: Frau Maletzki kommt später.

Nachricht 3

1. Wer ruft an? ⓐ Carlo ⓑ Juliane
2. Was ist passiert? ⓐ Julianes Hund ist krank. ⓑ Juliane muss länger arbeiten.
3. Was ist die Bitte? ⓐ Carlo soll Paul fragen. ⓑ Carlo soll zu Paul kommen.

b **Was ist passiert? Ergänzen Sie die Sätze mit den Pronomen.**

ihr ihn Ihnen Sie ~~sein~~ deinen

① Axel hat ..*sein*.......... Handy verloren. Du kannst .... unter 0176544343 erreichen. 11:40

② Chef, Frau Maletzki hat angerufen. .... kommt eine Stunde später. Ich soll .... Bescheid sagen. 13:49

③ Carlo, Juliane kann heute .... Hund nicht mitnehmen. Aber .... Freund Paul hat Zeit. 15:36

c **Was ist die Bitte? Schreiben Sie Sätze.**

1. Bitte / Paul / ruf / an / , / weil / verloren / sein Handy / Axel / hat / .
2. Kannst / Frau / Maletzki / zurückrufen / du / bitte / ?
3. Du / dich / melden / sollst / , / wenn / Fragen / du / hast / .
4. Bitte / diese / Nummer / notiere / dir / .

Bitte ruf Paul an, weil Axel sein Handy verloren hat.

Lernwortschatz

1 Das Praktikum

die Herstellung (Sg.)
der Praktikant, -en / die Praktikantin, -nen
fest
sich wohlfühlen

2 Abteilungen in einer Firma – Wo wird was gemacht?

die Abteilung, -en
die Geschäftsführung (Sg.)
die Personalabteilung (Sg.)
das Marketing (Sg.)
der Vertrieb (Sg.)
die Produktion (Sg.)
der Einkauf (Sg.)
lagern
werben
managen
das Unternehmen, –
tätig
der Ansprechpartner, – /
die Ansprechpartnerin, -nen
die Betriebsgröße (Sg.)
das Familienunternehmen, -
die Dienstreise, -n
die Ware, n
das Personal (Sg.)
die Zutaten (Pl.)
die Bohne, -n
die Kakaobohne, -n
pflücken
transportieren
rösten
verschicken
begrüßen

3 Hier wird Schokolade hergestellt

gründen
leiten
modernisieren
das Jahrhundert, -e
führen
fein
weltweit
verwenden
die Nuss, ¨-e
der Kakao (Sg.)
importieren
biologisch
anbauen
existieren
die Webseite, n

4 Es gibt ein Problem

kontrollieren
der Lieferant, -en
zurückschicken
trocknen
schaffen
hinkriegen

5 Aufgaben und Aufgabenverteilung: Wer soll was machen?

die Aufgabenverteilung (Sg.)

6 Auf dem Anrufbeantworter: Du, ich habe eine Bitte ...

die Schulung, -en
entgegennehmen
die Mailbox

Mein Deutsch nach Kapitel 4

Das kann ich:

Abteilungen in einer Firma benennen

Nennen Sie drei weitere Abteilungen in einer Firma.

1. die Buchhaltung ....
2. ....
3. ....
4. ....

eine Firma präsentieren

Ordnen Sie zu.

1. Wie heißt die Firma?
2. Wo liegt sie?
3. Wem gehört sie?
4. Was macht sie?
5. Wie viele Mitarbeiter/innen hat sie?

a) in Essen.
b) 28.
c) Schuhhaus Grün.
d) Familie Grün.
e) Sie verkauft Schuhe.

Bitten erfassen und weitergeben

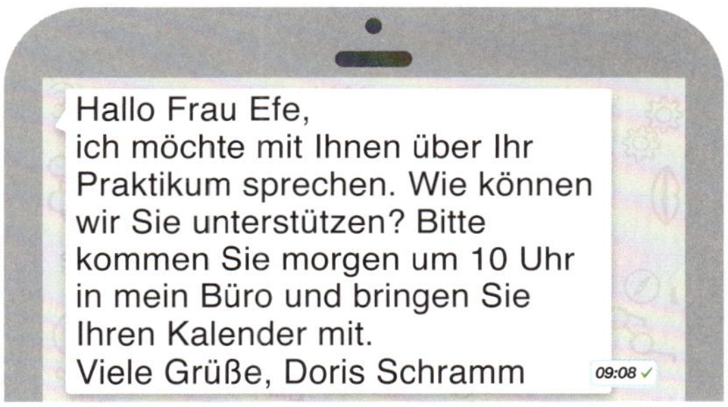

Lesen Sie die Nachricht links und beantworten Sie die Fragen.

Wer soll etwas machen?

....

Was soll die Person machen?

....

Wann soll sie das machen?

....

andere über ein Problem informieren und reagieren

Mein Kind ist krank.

Sprechen Sie. Partner/in A hat ein Problem, Partner/in B hört und reagiert.

Es gibt ein Problem. …

Uff …

Das kenne ich:

G

Passiv

	werden: Position 2		Partizip: Ende
Die Waren	werden	im Lager	gelagert.
Die Schokolade	wird	in der Produktion	hergestellt.
Die Rechnungen	werden	heute	geschrieben.

Passiv
Wichtig ist: Was passiert?
Nicht: Wer macht etwas?

Temporale Präpositionen

um 9 Uhr
am Morgen / Nachmittag / Dienstag
von 9 Uhr bis 12 Uhr
im August / Winter / Urlaub
in der nächsten Woche / drei Tagen

bis morgen
nach dem Gespräch / der Pause
am Montag
seit drei Tagen / einem Monat / 2022
vor einer Woche / einem Jahr

4 BSK-Spezial D – Produktion

Mitarbeiter

1 Einen Arbeitsablauf in der Fabrik verstehen

a Mark erzählt von seiner Arbeit. Sehen Sie die Fotos an und lesen Sie die Sprechblasen. Ordnen Sie zu.

A 6
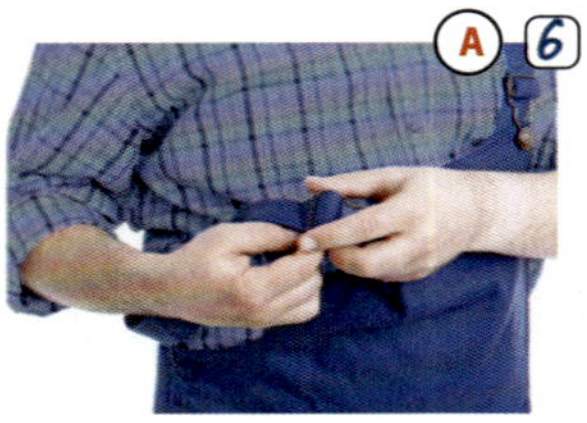
B ☐

C ☐

D ☐

E ☐
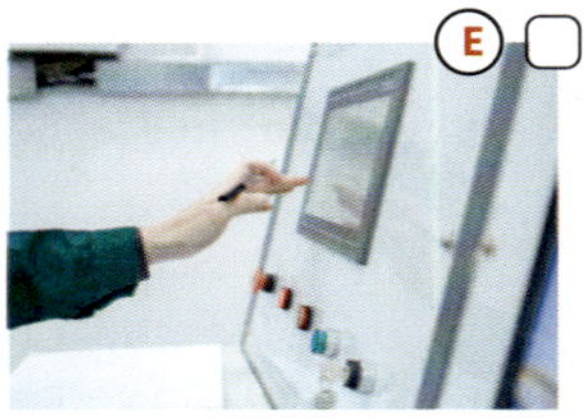
F ☐

G ☐
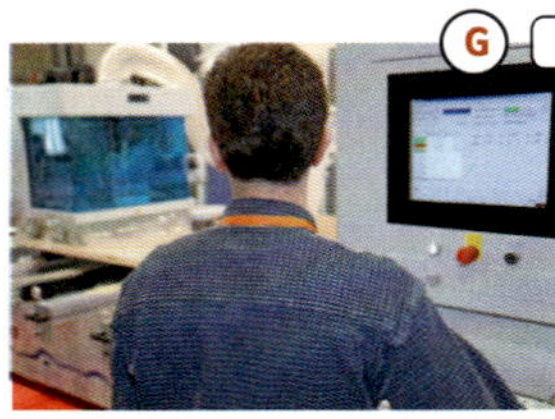
H ☐

1. Die riesige Papierrolle ist voll. Wir müssen sie auswechseln.
2. Der Computer zeigt ein Loch im Papier. Ich muss es ausbessern.
3. Wir arbeiten im Team. Ich begrüße die Kollegen. Wie war die Nacht?
4. An der Papiermaschine arbeiten wir zu dritt. Jeder ist für einen Teil zuständig. Ich bin für das Trocknen zuständig.
5. Trocknet das Papier gut? Im Trockenraum ist es laut und sehr heiß.
6. Wir produzieren Papier. Die Papiermaschine läuft immer. Meine Schicht beginnt um 6:00 Uhr. Ich ziehe meine Arbeitskleidung an.
7. Ich kontrolliere das Papier am Computer. Ist es zu weiß? Ich ändere die Werte im Computer.
8. Wir führen ein Schichtbuch. Ich schreibe alles auf. Dann gehe ich nach Hause.

b Beantworten Sie die Fragen. Stellen Sie dann weitere Fragen zu Marks Arbeit.

1. Wann beginnt Marks Arbeit?
2. Arbeitet er Schicht?
3. Arbeitet Mark alleine oder im Team?
4. Arbeitet Mark am Computer?
5. Ist Mark zuständig für das Trocknen?

Wie viele Kollegen hat Mark an der Papiermaschine?

Er hat zwei Kollegen.

c Was machen Sie? Fragen und antworten Sie. Wählen Sie.

beruflich **oder** **privat**

arbeiten machen produzieren kontrollieren zuständig sein für ändern auswechseln schreiben …

Was machst du bei deiner Arbeit?

Ich bin zuständig für die Post. Ich …

Wortschatz **Ergänzen Sie. Die Wörter rechts helfen.**

1. Marks Firma p*roduziert* .... Papier.
2. Das Papier ist kaputt. Es hat ein L........................ .
3. Jeder Kollege im T........................ hat eine Aufgabe.
4. Mark ist z........................ für das Trocknen.
5. Tom k........................ die Werte am Computer.
6. Marks S........................ ist vorbei. Er geht nach Hause.
7. Aber erst schreibt er noch alles ins S........................ .

Wortbildung **Aus welchen zwei Nomen besteht das Wort? Welchen Artikel hat das zusammengesetzte Wort? Schreiben Sie.**

1. das Schichtbuch *die Schicht + das Buch*
2. die Arbeitskleidung ....
3. die Papiermaschine ....
4. die Papierrolle ....
5. der Berufswunsch ....

Strukturen **Wer ist zuständig? Ergänzen Sie die Sätze. Es gibt mehrere Möglichkeiten.**

der Computer

der Kaffee

kleine Reparaturen

die Papierqualität

1. Mark ist für *die Papierqualität zuständig.*
2. Emre ist für ....
3. Der Hausmeister ....
4. Und wer ist für .... ?

Strategie **Wörter in kleinen Gruppen lernen**
Sammeln Sie kleine Wortgruppen, die Sie wichtig finden.

die Hand, die Hände	*zuständig*	*die Schicht*
mit der Hand	*Wer ist zuständig?*	*Er arbeitet Schicht.*

die Arbeitskleidung (Sg.)

ausbessern
reparieren

auswechseln
hier: eine andere Papierrolle nehmen

kontrollieren

das Loch, ¨-er

das Papier, -e
→ die Papierqualität, -en

die Papierrolle, -n

produzieren
Eine Fabrik produziert etwas.

die Schicht, -en
ein Teil von einem Arbeitstag

das Schichtbuch, ¨-er
Hier notiert man, was passiert ist.

trocknen
etwas trocken machen

der Trockenraum, ¨-e
Hier trocknet das nasse Papier.

der Wert, -e
hier: Zahlen, Informationen

zuständig sein für etwas
eine bestimmte Aufgabe haben

Mitarbeiter/innen → Sicherheitsbeauftragter

2 Bestimmungen zur Arbeitssicherheit verstehen

a Welches Kleidungsstück gibt welchen Schutz? Sehen Sie das Bild an. Ordnen Sie die Symbole zu.

1 die Sicherheitsschuhe
2 die Handschuhe
3 der Helm
4 die Schutzkleidung
5 die Schutzbrille
6 die Ohrenschützer
7 die Atemschutzmaske

- A [3] Kopfschutz
- B [ ] Gehörschutz
- C [ ] Körperschutz
- D [ ] Augen- und Gesichtsschutz
- E [ ] Atemschutz
- F [ ] Handschutz
- G [ ] Fußschutz

Das ist Vorschrift:
Die Persönliche Schutzausrüstung (PSA)
Können Sie sich bei der Arbeit verletzen?
Ist die Arbeit gefährlich für Ihre Gesundheit?
Dann müssen Sie eine Schutzausrüstung tragen.

2.13

b Hören Sie. Über welche Probleme spricht der Sicherheitsbeauftragte? Kreuzen Sie an: richtig oder falsch?

	R	F
1. Es gibt Vorschriften für Arbeitskleidung in der Fabrik.	☒	☐
2. Es kann Verletzungen geben.	☐	☐
3. Die Firma bezahlt die Schutzausrüstung nicht.	☐	☐
4. Die Mitarbeiter müssen bei Problemen den Sicherheitsbeauftragten informieren.	☐	☐
5. Die Mitarbeiter müssen auch am Computer Schutzkleidung tragen.	☐	☐

c Welche Schutzkleidung braucht man in diesen Berufen? Sprechen Sie.

A

B
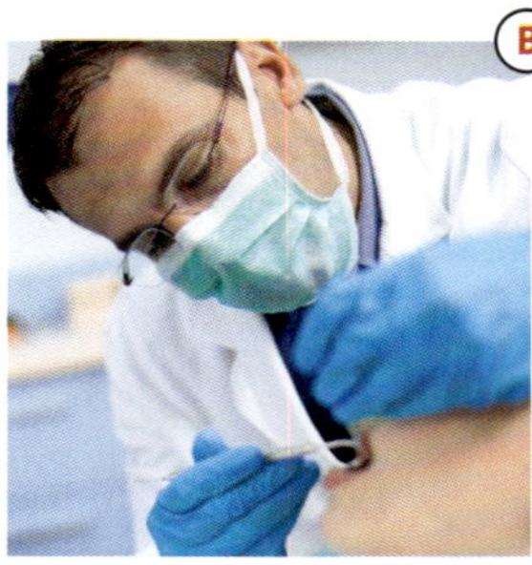

C

D
Ihr Beruf

sich über Schutzkleidung informieren

Muss man in diesem Beruf einen Handschutz/Gehörschutz/… tragen?
Ja, ein Handschutz/Gehörschutz/… ist Vorschrift.
Nein, ein Handschutz/Gehörschutz/… ist nicht nötig.
In *(Land)* muss man …

Wortschatz Sammeln Sie Wörter in den Wortigeln. Die Wörter rechts helfen.

die Gefahren — giftig

der Schutz — Handschuhe — die Atemschutzmaske

Strukturen Welche Schutzausrüstung fehlt hier? Schreiben Sie.

1. Er verletzt seinen Kopf, weil *er keinen Kopfschutz trägt.*

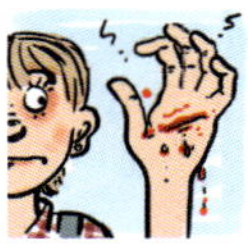

2. Die Hand ist verletzt, weil ……

3. Sie hustet, weil ……

4. Das tut weh, weil ……

5. Er hört nicht mehr gut, weil ……

6. Die Kleidung ist schmutzig, weil ……

Lesen Lesen Sie die Betriebsanweisung. Welche Überschrift passt wo?

BETRIEBSANWEISUNG GEHÖRSCHUTZ

A ……

Wenn Sie keinen Gehörschutz tragen, besteht die Gefahr von Schwerhörigkeit.

B ……

Alle Personen an der Maschine müssen einen Gehörschutz tragen.
Sie müssen den Gehörschutz die ganze Schicht tragen.
Sie müssen die Ohrenschützer regelmäßig reinigen.

C ……

Bei Hörverlust oder Ohrgeräuschen müssen Sie schnellstmöglich zum Arzt gehen.

Gefahren

Vorschriften

Unfall

Strategie Schwierige Wörter erschließen
Lesen Sie die markierten Wörter und teilen Sie sie wie im Beispiel. Verstehen Sie einen Teil nicht? Suchen Sie im Wörterbuch.

Gehör/schutz

Ich kenne „hören" und „Schutz". Was bedeutet aber „Gehör"?

die Betriebsanweisung, -en
Das muss man bei der Arbeit beachten.

die Gefahr, -en
→ gefährlich

giftig

schmutzig
nicht sauber

der Schutz (Sg.)
etwas gegen Gefahren
→ der Arbeitsschutz
→ die Schutzausrüstung, -en

die Sicherheit, -en
wenn etwas sicher ist, nicht gefährlich

der/die Sicherheitsbeauftragte, -n
Diese Person ist zuständig für die Sicherheit.

die Verletzung, -en
→ verletzt

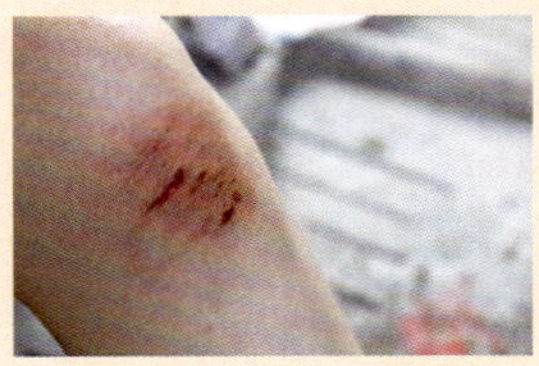

die Vorschrift, -en
Das muss man tun.

vorsichtig
aufpassen, dass nichts passiert

Mitarbeiter → Kollege

3 Störungen und Fehler melden

a Sehen Sie das Foto an und lesen Sie die Sprechblasen. Beantworten Sie die Fragen.

Biep biep biep.

Oh Mist, eine Fehlermeldung.

Wo denn?

In der Papiermaschine, Station 9.

Was zeigt die Überwachungskamera?

Löcher in der Papierbahn. Alle 10 Meter. Ich stoppe die Maschine.

Und ich ruf mal Herrn Schulz an. Der muss das checken.

1. Was zeigt die Überwachungskamera?
2. Wo gibt es den Fehler?
3. Was ist passiert?
4. Was machen die Männer?

2.14 **b Hören Sie das Gespräch. Kreuzen Sie an: (a), (b) oder (c)?**

Mark spricht Herrn Schulz an,
- (a) weil die Maschine nicht läuft.
- (b) weil der Computer kaputt ist.
- (c) weil er die Störung melden will.

2.14 **c Lesen und ergänzen Sie. Hören Sie zur Kontrolle.**

● Wir haben eine *Störung*............... Es gibt Löcher in der Papierbahn.
Wir kennen aber noch nicht den .... für die Störung.

○ Und die Papierqualität? Haben Sie die Dicke ....? Ist die Weiße okay?

● Das .... ist etwas zu weiß. Können Sie das gleich mal kontrollieren?

○ Läuft die .... jetzt?

● Ja. Aber wir müssen den .... unbedingt beheben.

○ Ich komme ....

d Überlegen Sie gemeinsam ein Problem. Schreiben Sie es auf. Tauschen Sie die Zettel im Kurs. Formulieren Sie eine kurze Fehlermeldung.

A

Fehler an der Papiermaschine

B

Fehlermeldung am Computer

C
In Ihrem Beruf

Es gibt eine Fehlermeldung an der Papiermaschine.

Was ist passiert?

Es gibt ein Loch im Papier.

Schalten Sie …

Probleme nennen
Es gibt eine Fehlermeldung.
Wir haben eine Störung am / an der …
Der/Das/Die … funktioniert nicht / ist kaputt.

Anweisungen
Schalten Sie die Maschine ab.
Rufen Sie … an.
Reparieren Sie den/das/die …

Wortschatz **Ergänzen Sie. Die Wörter rechts helfen.**

1. Die Kollegen kontrollieren die P ....
2. Die Ü .... zeigt Löcher im Papier.
3. Mark kennt den G .... für das Problem nicht.
4. Er muss den F .... melden.
5. Herr Schulz muss den Fehler b ....

Wortbildung **Lesen Sie die Angaben und beantworten Sie die Fragen.**

die Dichte: 100 g/m³ (Gramm pro Kubikmeter)

die Dicke: 80 g/m² (Gramm pro Quadratmeter)

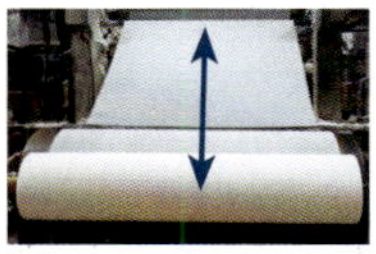

die Länge: 13,20 m (Meter)

die Höhe: 4,50 m (Meter)

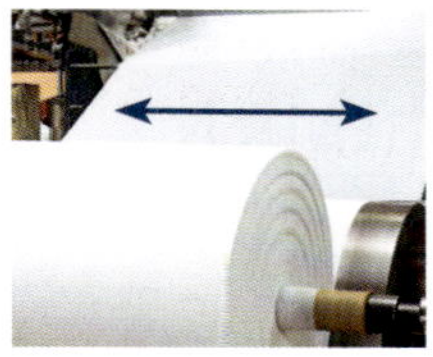

die Breite: 4 m (Meter)

1. Wie dicht ist das Holz? *100 Gramm pro Kubikmeter*
2. Wie dick ist das Papier? ....
3. Wie lang ist das Papier auf der Papierbahn? ....
4. Wie hoch ist das Regal? ....
5. Wie breit ist die Papierbahn? ....

Strategie **Unter Stress klare und kurze Antworten geben**
Lesen Sie den Text und markieren Sie die wichtigsten Informationen. Beantworten Sie dann die Fragen kurz.

Das ist wichtig.	**Das sagt der Mann am Telefon.**
Was ist passiert?	*Hier ist Dieselöl*
Wo ist es passiert?	....
Was ist das Problem?	....
Was muss geschehen?	....

defekt
Etwas ist kaputt.

die Fehlermeldung, -en
Jemand sagt, dass es einen Fehler gibt.
→ den Fehler melden

den Fehler beheben
den Fehler reparieren

der Grund, ⸚e
warum etwas passiert
→ den Grund kennen

der Kubikmeter, –

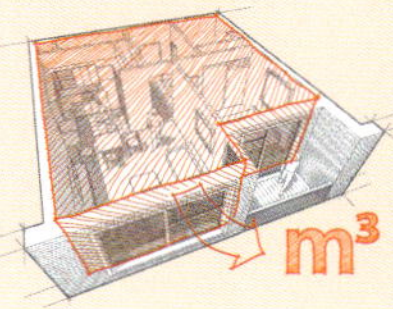

die Papierbahn, -en

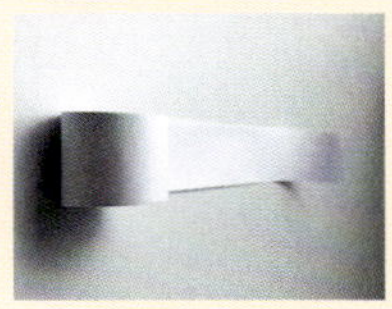

der Quadratmeter, –

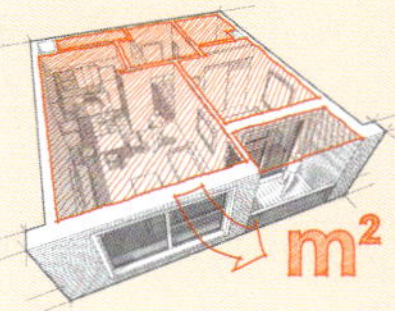

die Störung, -en
hier: der Fehler in einer Maschine
→ die Störung melden
→ die Störung beheben

die Überwachungskamera, -s

Mitarbeiter → Kollegin

4 Eine Schicht übergeben

a Lesen Sie den Text rechts. Was ist ein Schichtbuch? Kreuzen Sie an.

1. Ein Buch mit drei Kapiteln. ☐
2. Ein Buch oder Computerprogramm mit Informationen über die Schicht. ☐
3. Ein Buch über die Schichten vom Chef. ☐

> Wir arbeiten in drei Schichten. Wir führen ein **Schichtbuch**. Eine Person ist für das Schichtbuch zuständig. Sie schreibt beim Schichtwechsel ins Schichtbuch, was in der Schicht passiert ist. Die Kollegen in der nächsten Schicht sind dann über alles informiert.

b Lesen Sie den Ausschnitt vom Schichtbuch und beantworten Sie die Fragen.

Schichtbuch — Sie sind angemeldet als: **Mark Launer**

Notizen | Aufgaben | Sonderregelungen | + Hinzufügen | Schichtübergabe

Aktuelle Schicht – Freitag, 18.02.20...		
14:05	(Schichtübergabe-Symbol)	**Schichtübergabe:** von Mark Launer an Adelina Klimek
13:24	(Aufgaben-Symbol)	**Aufgabe:** Papiermischung regelmäßig kontrollieren, war zuletzt zu weiß
Frühschicht – Freitag, 18.02.20...		
10:30	(Notiz-Symbol)	**Info:** Herr Schulz hat die Papiermaschine an Station 18 repariert.
9:12	(Notiz-Symbol)	**Störung:** Löcher in Papierbahn, Maschine angehalten und Fehler behoben
7:35	(Notiz-Symbol)	**Info:** Papierrolle voll, ausgewechselt

1. Wer führt das Schichtbuch?
2. Wann hat Adelinas Schicht angefangen?
3. Was bedeutet das Symbol (Handschlag)?
4. Was hat Mark um 7:35 notiert?
5. Was hat Herr Schulz an Station 18 gemacht?
6. Was muss Adelina regelmäßig tun?

2.15

c Hören Sie die Schichtübergabe. Welche Sätze haben Sie gehört? Kreuzen Sie an.

1. ☒ Wie war's heute?
2. ☐ Alles in Ordnung?
3. ☐ Wir hatten eine Störung.
4. ☐ Gab's ein Problem?
5. ☐ Ist etwas passiert?
6. ☐ Muss ich noch etwas erledigen?
7. ☐ Heute gab's Probleme mit ...
8. ☐ Jetzt ist alles in Ordnung.
9. ☐ Der Computer hat eine Fehlermeldung gezeigt.
10. ☐ Heute ist etwas passiert.

d Spielen Sie mit einem Partner / einer Partnerin. Berichten Sie, was passiert ist.

sehr spät
PC kaputt
wichtige Daten verlieren
alles noch mal schreiben müssen

viel bezahlen müssen
Auto falsch parken
nach der Arbeit: Auto weg
Polizei Auto abschleppen

Ihre Idee

Wortschatz **Ergänzen Sie. Die Wörter rechts helfen.**

1. Marks Schicht ist für heute zu Ende. Er schreibt ins S..
2. Er muss eine Ü... machen und die Kollegen in der nächsten Schicht i...
3. Er notiert die E... und die U..
4. Die Kollegen müssen auch wissen: Was müssen sie noch e..?

Wortbildung **Ordnen Sie die Nomen den Verben zu. Kennen Sie noch mehr Verben und Nomen?**

1. stören	a) die Bedeutung
2. notieren	b) das Ereignis
3. sich ereignen	c) die Übergabe
4. übergeben	d) die Störung
5. bedeuten	e) die Notiz

antworten und die Antwort,..

....

....

Schreiben **Schreiben Sie eine Übergabe. Wählen Sie Text 1 oder Text 2. Achten Sie auf die richtigen Verbformen.**

Störung — Guten Morgen Herr Günther, — kommt erst 8 Uhr — heute etwas passiert — Maschine 5:30 Uhr kaputtgegangen — Gruß — Techniker noch nicht da — Chef weiß Bescheid — Alan Thomas

heute alles ganz normal — keine Probleme — Liebe Frau Braun, — Ela Weisel — Maschine gut funktioniert — alles in Ordnung — am Mittwoch frei — Grüße — übermorgen wieder da

Text 1

Guten Morgen Herr Günther,
heute ist etwas passiert.

Text 2

Liebe Frau Braun,
heute war alles ...

Strategie **Rechtschreibprüfungen nutzen**
Verwenden Sie die Rechtschreibkontrolle von *Word* oder ein anderes Programm. Suchen Sie im Internet nach „Rechtschreibkontrolle" oder „Rechtschreibprüfung". Korrigeren Sie den Text unten.

Libe Frau Braun,
heute war alles gans normal. Wir hatten kein Probleme.
Die Maschiene hat gut funktioniert. Also: Alles in Ordnung.
Ich habe am Mitwoch frei und bin erst ubermorgen wieda da.
Veile Grüße
Ela Weisel

abstürzen
hier: Der Computer reagiert nicht mehr.

die Aufgabe, -n
was man tun muss

das Ereignis, -se
etwas passiert

erledigen
tun

informieren
etwas zu einem Thema sagen

der Schichtwechsel, –
Eine Schicht ist zu Ende und eine neue Schicht beginnt.

die Schichtübergabe (Sg.)
Die Kollegen von einer Schicht informieren die Kollegen von der nächsten Schicht.
→ die Übergabe, -n

die Uhrzeit, -en

5 Szenario – Produktion

	Rolle A	Rolle B	Rolle C
	Sie sind Herr* Radig. Sie sind neu in der Fabrik und arbeiten zusammen mit einer Kollegin an einer Maschine.	Sie sind Frau* Wimmers. Sie arbeiten schon lange in der Fabrik und haben einen neuen Kollegen.	Sie sind Frau* Steffen, die Vorgesetzte.
Schritt 1 Gespräch zwischen Kollege und Kollegin	Sie hören: Die Maschine macht komische Geräusche. Sie fragen Ihre Kollegin: Hört sie das auch? Was denkt sie? Fragen Sie, was Sie tun sollen.	Sie hören auch: Die Maschine funktioniert nicht richtig. Sie finden das nicht normal. Die Maschine ist vielleicht kaputt. Sagen Sie, dass Sie Ihre Vorgesetzte anrufen.	
Schritt 2 Telefongespräch zwischen Mitarbeiterin und Vorgesetzter		Rufen Sie Ihre Vorgesetzte an. Melden Sie den Fehler. Fragen Sie: Was sollen Sie tun?	Sie bekommen einen Anruf. Es gibt eine Störung an einer Maschine. Sagen Sie, dass Sie sofort kommen und die Maschine prüfen.
Schritt 3 Gespräch zwischen Vorgesetzter und Mitarbeiter	Fragen Sie: Was sollen Sie tun? Sollen Sie an einer anderen Maschine arbeiten?		Sagen Sie, dass sie die Maschine abschalten müssen. Die Mitarbeiter/innen sollen erst einmal Mittagspause machen. Danach wissen Sie mehr.
Schritt 4 Gespräch zwischen Vorgesetzter und Mitarbeiterin		Sie haben Mittagspause gemacht. Fragen Sie Ihre Vorgesetzte: Können Sie an der Maschine weiterarbeiten?	Sagen Sie, es ist alles okay. Ein Techniker hat die Maschine repariert. Es war richtig, dass sie Sie angerufen hat.

* Hinweis: Frau oder Herr? Sie können die Rollen jederzeit ändern.

HALTESTELLE

1 Spielen und wiederholen

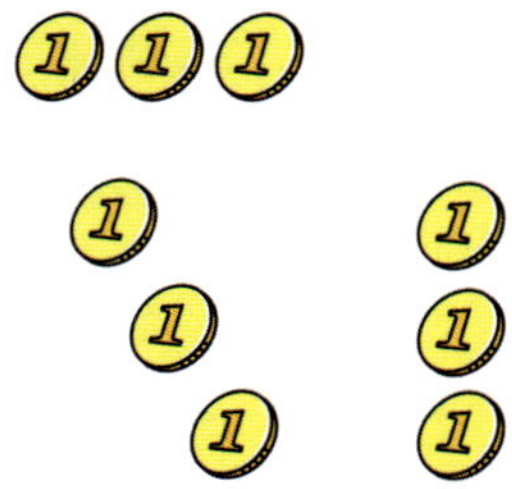

DREI in einer Reihe – Spielen Sie in zwei Gruppen.

1. Gruppe A legt eine Münze auf ein Feld und löst die Aufgabe.
2. Gruppe B legt eine Münze auf ein Feld und löst die Aufgabe.
3. Gruppe A legt wieder eine Münze und so weiter.

Hat eine Gruppe drei Münzen in einer Reihe? Gewonnen!

Wie heißt die Frage?
- ● ...
- ○ Nein, ich habe keine Zeit.
- ● ...
- ○ Ja, wir haben die Produkte schon bestellt.

Beschreiben Sie das Bild.

auf
neben
zwischen
vor

Ergänzen Sie die richtige Form von *sein* oder *haben*.
Ich ... die Prüfung bestanden.
Er ... in Deutschland aufgewachsen.

Bilden Sie die Sätze im Perfekt.
Er arbeitet als Koch.
Sie besucht die Schule.
Wir kommen um 8:00 Uhr an.

Ergänzen Sie die Sätze.
Ich suche einen neuen Job, ... ich mehr verdienen will.
... ich krank bin, muss ich meinen Chef informieren.

Welches Wort passt nicht?
Vollzeit
Teilzeit
Buchhaltung
Vertretung
Minijob

Setzen Sie jeweils 2 Wörter zusammen.

das Konto	der Morgen
die Probe	die Nummer
der Montag	die Zeit

Ergänzen Sie Modalverben. Es gibt mehrere Möglichkeiten.
Ich ... noch einen Kunden anrufen, dann ... wir ins Kino gehen.

Bilden Sie Sätze.
Der Kunde / gestern / kaufen / 3 Flaschen Parfüm / .
Einen Urlaubsantrag / müssen / schreiben / alle / .

Ergänzen Sie die Fragewörter.
... kommst du?
... ist der Schlüssel?
... stellst du die Tassen?

Bilden Sie drei Sätze mit *wenn*.

Nennen Sie drei Berufe.

Nennen Sie drei Abteilungen in einer Firma.

Ergänzen Sie die Präpositionen.
Sie arbeitet ... zwei Jahren in dieser Firma.
Er hat ... einer Woche angefangen.

Ergänzen Sie.

Was? Wo? Seit wann?

... hast du schon gearbeitet?
... lernst du Deutsch?
... hast du gestern gemacht?

Wie heißt die Frage?
- ● ...
- ○ Meine Telefonnummer ist 01234567.
- ● ...
- ○ Ich bin Lagerist von Beruf.

Bilden Sie drei Sätze mit *weil*.

Stimmen Sie einem Vorschlag zu.

2 Zusammen zur Prüfung – Lesen

a Arbeiten Sie zu dritt. Jede Person liest nur einen Teil vom Text. Wählen Sie jeweils eine Farbe und lesen Sie den Teil. Schreiben Sie zu Ihrem Teil zwei Fragen auf.

Werde Schokoladentester

Liebst du Schokolade? Mach dein Hobby zum Beruf!
Als Schokoladentester/in probierst du Schokolade und bewertest die Qualität. Du arbeitest für Schokoladenhersteller oder Unternehmen, die Schokolade verkaufen.
Was musst du mitbringen? Eine gute Nase und Lust auf Schokolade.

Klingt das interessant?
Dann komm zu unserer Schulung! Hier bekommst du alle Informationen für den Job als Schokoladenttester/in. Du lernst:
- Wie wird Schokolade hergestellt und gelagert?
- Wie viele Schokoladensorten gibt es eigentlich?
- Wie schmecken die unterschiedlichen Sorten?
- Wie beschreibt man den Geschmack?
- Mit welchen Getränken kann man Schokolade am besten kombinieren?

Ist das was für dich?
Die Schulung ist für Anfänger/innen geeignet, aber auch für Leute, die schon Erfahrung als Produkttester haben. Die Seminarsprache ist Deutsch und du solltest mindestens ein B1-Niveau haben. Aber auch wenn du noch nicht so gut Deutsch sprichst, helfen wir dir gerne weiter. Die Schulung findet an zwei Tagen statt. Es gibt praktische Übungen und auch ein bisschen Theorie.
Mehr Informationen, Kontaktdaten und Ansprechpartner findest du auf unserer Webseite. Wenn du uns eine Nachricht senden möchtest, kannst du dort auch ein Formular ausfüllen.

Frage 1:
Was macht ein Schokoladentester?

Frage 2:
...

b Erzählen Sie den anderen, was Sie gelesen haben.

c Lesen Sie die Fragen von den anderen. Beantworten Sie sie zusammen.

Ein Schokoladentester probiert ...

d Geben Sie Ihre Fragen an eine andere Gruppe und beantworten Sie die Fragen von der anderen Gruppe.

3 Lesen und selbst Aufgaben schreiben

a Lesen Sie den Text links. Welche Antwort passt? Kreuzen Sie an.

Im Text geht es um
(a) einen Handwerker.
(b) ein Schulungsangebot.
(c) einen Einkaufswagen.

b Schreiben Sie selbst Aufgaben zum Text links. Eine Antwort a, b oder c ist richtig, zwei Antworten sind falsch. Welche? Das entscheiden Sie.

Ein Schokoladentester arbeitet	In der Schulung bekommt man	Die Sprache in der Schulung ist
a	a	a ....
b	b	b ....
c	c	c ....

c Besprechen Sie die Aufgaben mit den Lösungen gemeinsam im Kurs.

d Schreiben Sie weitere Aufgaben auf Zettel. Geben Sie die Zettel an eine andere Gruppe und lösen Sie selbst neue Aufgaben.

....	....	....
....	....	....
a	a	a ....
b	b	b ....
c	c	c ....

e Besprechen Sie die Aufgaben mit den Lösungen gemeinsam im Kurs.

4 Eine E-Mail schreiben

a Sie möchten Schokoladentester/in werden. Sie haben aber noch Fragen zur Schulung und schreiben eine E-Mail. Verteilen Sie die Schreibaufgaben in der Gruppe.

Person A schreibt: Begrüßung und Gruß am Ende
Person B schreibt: den Grund – warum schreiben Sie?
Person C schreibt: eine Frage zur Schulung
Person D schreibt: eine andere Frage zur Schulung

Wer schreibt die Begrüßung und den Gruß am Ende?

Das mache ich.

b Verteilen Sie die Schreibaufgaben in der Gruppe neu. Schreiben Sie.

Jetzt schreibe ich Begrüßung und Gruß.

c Schreiben Sie in der Gruppe die ganze E-Mail an den Veranstalter. Wählen Sie die passenden Sätze.

Sehr geehrte ...

5 Wortschatztraining

a Berufswortschatz – Was passt wo? Ordnen Sie zu.

die Probezeit ...F... der Urlaub .... die Mikrowelle .... die Logistik .... die Warnweste ....
die Personalabteilung .... eine Rechnung schreiben .... Mitarbeiter sind krank ....

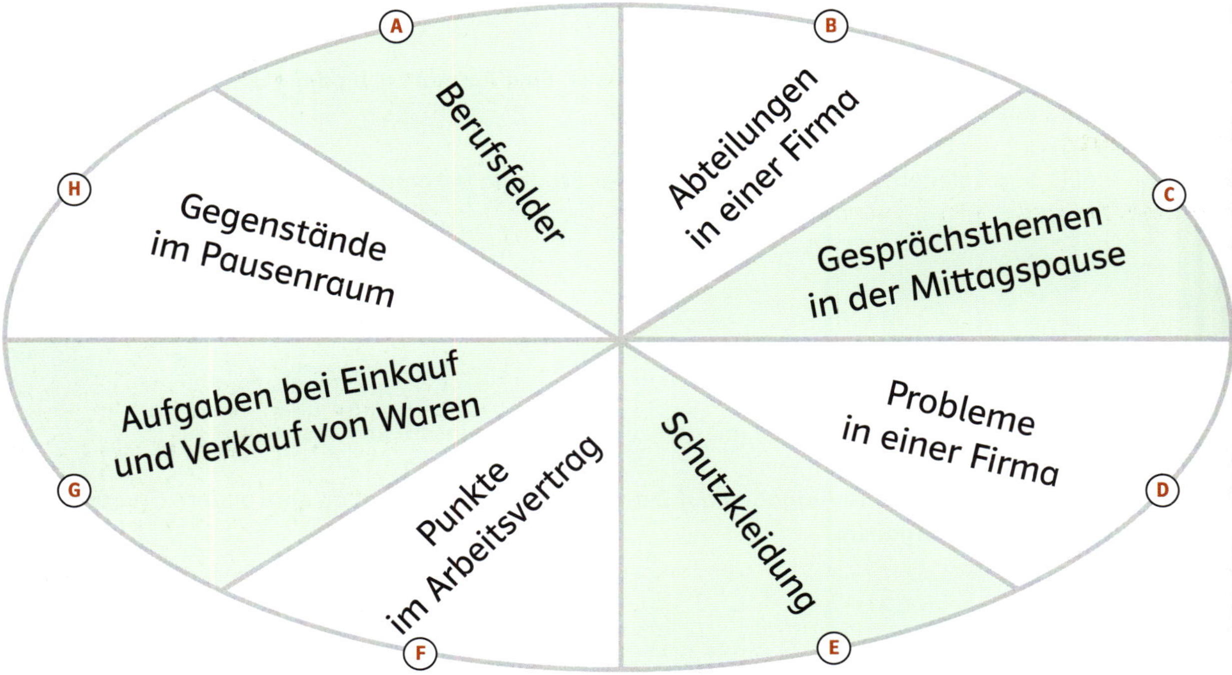

b Spielen Sie mit dem Kreis oben. Sammeln Sie Wörter.

- 2–3 Paare spielen zusammen. Jede Gruppe wählt eine Person als Schreiber/in.
- Eine Person in der Gruppe hält sich die Augen zu und deutet mit dem Finger auf ein Thema im Kreis.
- Nun sammeln alle so viele Wörter wie möglich zu diesem Thema. Der Schreiber / Die Schreiberin notiert sie.
- Dann hält sich eine andere Person die Augen zu …
- Alle Gruppen spielen, bis der Lehrer / die Lehrerin „Stopp!" sagt.
- Die Gruppen vergleichen ihre Wörter. Die Gruppe mit den meisten Wörtern hat gewonnen.

c Finden Sie die Wortpaare. Sammeln Sie weitere Wortpaare.

~~duzen~~ der Arbeitgeber Rechte halbtags der Chef / die Chefin ~~siezen~~
die Vollzeit die Freizeit der Familienname die Arbeitszeit die Teilzeit Pflichten ganztags
der Arbeitnehmer / die Arbeitnehmerin der Vorname der Mitarbeiter / die Mitarbeiterin

duzen siezen ....
....
....
....

Ich kenne noch …

Beruflich weiterkommen

A

B

C

D

E

F
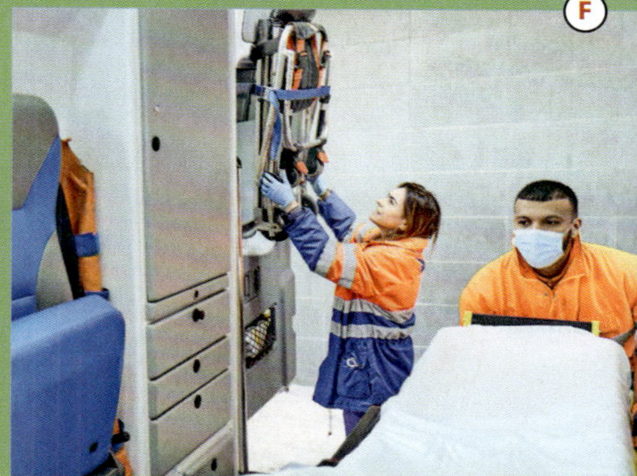

1 Ohne uns geht gar nichts – Jobs im Krankenhaus

a Was sehen Sie auf den Fotos? Sprechen Sie und ordnen Sie die Jobs zu.

☐ Küchenhilfe ☐ Helfer/in im Patiententransportdienst ☐ Pflegehelfer/in
☐ Mitarbeiter/in Wäscherei ☐ Reinigungskraft ☐ Mitarbeiter/in Sicherheitsdienst

b Lesen Sie die Ausschnitte aus Stellenbeschreibungen und ordnen Sie die Tätigkeiten zu.

Reinigung und Pflege von Arbeitsflächen, Sanitäranlagen, Patientenzimmern

Sie unterstützen den Bereich Patienten- und Materialversorgung als Helfer (m/w/d).

Sie helfen beim Kochen, bei der Reinigung und der Essensausgabe.

Unterstützende pflegerische Tätigkeiten bei der Hygiene und Körperpflege von Patienten

Bedienen von Wäschereimaschinen, Sortieren und Bearbeiten von Wäsche

Mitarbeit am Empfang
Sie überwachen die Einhaltung von Regeln bei den Besuchern und Besucherinnen.

c Warum sind diese Jobs im Krankenhaus so wichtig? Sprechen Sie.

Eine Reinigungskraft sorgt für Sauberkeit und Hygiene. Das ist im Krankenhaus besonders wichtig.

Sprechen seine Meinung äußern; Irreales ausdrücken; einen Beruf vorstellen | **Hören** Meinungen zu berufsbezogenen Themen; Informationen über einen Beruf | **Lesen** Informationen aus Stellenanzeigen; Informationen über ein Ausbildungsangebot | **Schreiben** einen Beruf präsentieren

2 Unterschiedliche Meinungen

a Mariela ist Reinigungskraft. Was ist an diesem Job gut, was ist nicht so gut? Was meinen Sie?

Sie muss ganz früh aufstehen.

Sie kann die Arbeit ohne Ausbildung machen.

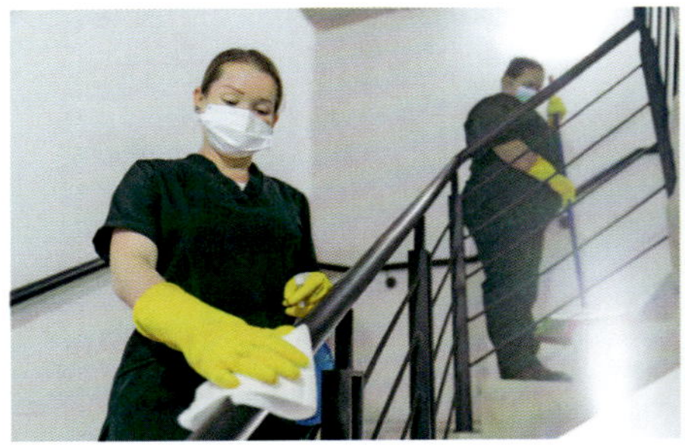

2.16 **b Was sagen die Kolleginnen? Sind sie zufrieden oder unzufrieden? Hören Sie und kreuzen Sie die Smileys an.**

Mariela

☺ 😐 ☹

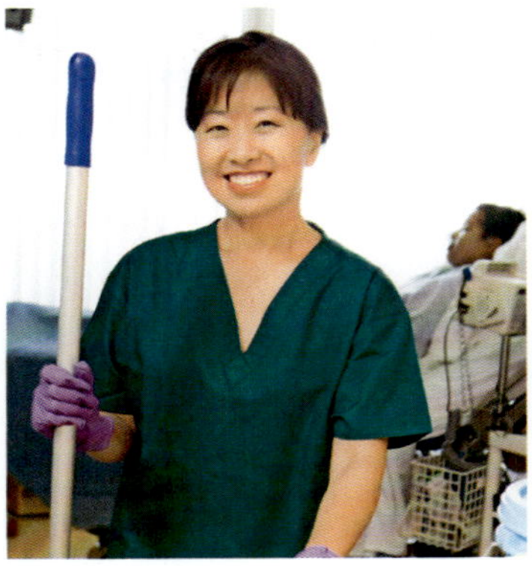

Liu

☺ 😐 ☹

Olivia

☺ 😐 ☹

2.16 **c Hören Sie noch einmal. Welche Aussage passt zu wem? Kreuzen Sie den Namen an.**

	Mariela	Liu	Olivia
1. Die Arbeitsbedingungen gefallen mir nicht, aber der Beruf ist okay.	☐	☐	☐
2. Ich bin unzufrieden und möchte den Beruf wechseln.	☐	☐	☐
3. Ich will nichts ändern. Ich habe mehr Geld für die Familie. Das reicht mir.	☐	☐	☐

2.16 **d Ordnen Sie die Satzteile zu und hören Sie zur Kontrolle.**

1. Ich persönlich
2. Ich denke,
3. Meiner Meinung nach
4. Das finde
5. Ich bin der Meinung, dass
6. Für mich ist

a) ist das zu wenig.
b) Hausfrau auch ein Beruf ist.
c) ich suche mir eine neue Stelle.
d) alles gut, wie es ist.
e) arbeite gerne im Krankenhaus.
f) ich überhaupt nicht gut.

UND SIE?

Sprechen Sie über Mariela, Liu und Olivia. Welche Meinung können Sie gut verstehen? Erzählen Sie von eigenen Erfahrungen.

Olivia ist froh, dass sie eine Stelle hat. Sie will nicht woanders arbeiten. Das kann ich gut verstehen. Für mich ist …

3 Mariela träumt ...

a Lesen Sie die Sätze. Welcher Satz ist Realität, welcher Satz ist Wunsch? Kreuzen Sie an: Realität oder Wunsch.

	Realität	Wunsch
1. Ich hätte gerne mehr Geld.	☐	☐
2. Mein Deutsch ist noch nicht gut.	☐	☐
3. Ich wäre gerne Pflegekraft.	☐	☐
4. Ich bin nicht zufrieden.	☐	☐
5. Ich würde gerne noch mehr lernen.	☐	☐
6. Ich hätte gerne eine feste Stelle.	☐	☐

Ich putze, aber ich wäre gerne Pflegekraft. Das ist mein größter Wunsch.

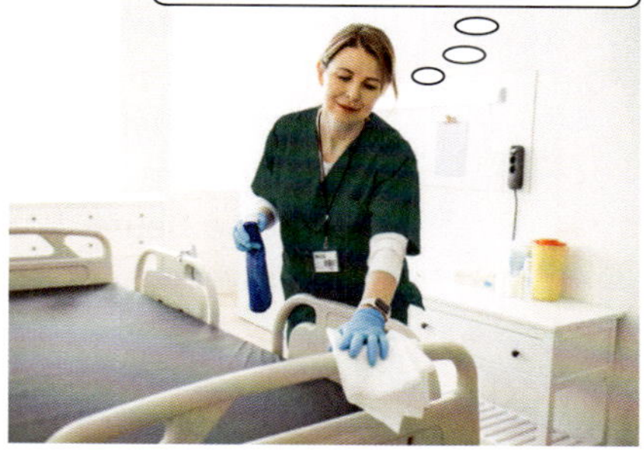

b Lesen Sie die Sätze in 3a noch einmal. Markieren Sie die Verben in den Wünschen.

c Mariela träumt weiter. Ergänzen Sie die Sätze.

ein Auto kaufen mit Menschen arbeiten nicht putzen gehen eine Ausbildung machen

1. Ich hätte gerne eine neue Stelle. Dann müsste ich ....
2. Ich würde gerne mehr verdienen. Dann könnte ich mir ....
3. Ich würde gerne mein Deutsch verbessern. Dann würde ich ....
4. Ich wäre gerne Pflegekraft. Dann könnte ich ....

d Lesen Sie die Wunschsätze und ergänzen Sie die Tabelle.

FOKUS **Konjunktiv II** (G)

Mariela *hätte* .... gerne mehr Geld.
Sie .... gerne ein Auto kaufen.
Sie .... gerne Pflegekraft.
Dann .... sie nicht putzen gehen.
Und sie .... eine Ausbildung machen.
Als Pflegekraft .... sie mit Menschen arbeiten.

ist → wäre
hat → hätte
kann → könnte
muss → müsste

geht → würde gehen

e Welches Wort ist richtig? Markieren Sie.

Mariela (1) wäre/hätte gerne Pflegekraft. Dann (2) würde/hätte sie im Krankenhaus arbeiten. Sie (3) könnte/wäre immer mit Menschen arbeiten. Sie (4) hätte/müsste nicht mehr putzen gehen. Und sie (5) würde/müsste mehr verdienen und (6) könnte/müsste ein Auto kaufen.

UND SIE?

Was sind Ihre Wünsche? Sprechen Sie in der Gruppe wie im Beispiel.

Ich mache meinen Freundinnen immer die Haare. Ich hätte gerne eine Stelle als Friseurin. Dann könnte ich damit Geld verdienen.

4 Mariela liest Stellenanzeigen

a **Lesen Sie die Gedankenblase. Was will Mariela und was bringt sie mit? Ergänzen Sie die Sätze.**

Ich suche eine Vollzeitstelle im Krankenhaus und möchte mit Menschen arbeiten. Schichtarbeit ist für mich kein Problem. Ich würde gerne eine Ausbildung machen, aber meine Deutschkenntnisse sind erst auf A2-Niveau.

~~Krankenhaus~~ Menschen Vollzeitstelle Schichten keine Ausbildung A2-Niveau

1. Mariela will im *Krankenhaus* arbeiten.
2. Sie möchte eine .... haben.
3. Sie kann in .... arbeiten.
4. Sie arbeitet gerne mit ....
5. Sie hat noch ....
6. Sie hat Deutschkenntnisse auf ....

b **Welche Punkte aus 4a finden Sie in den Anzeigen? Lesen Sie die Anzeigen, markieren Sie die Punkte im Text und setzen Sie ein Häkchen in der Liste rechts.**

A Pflegefachkraft (w/m/d)

zur Betreuung von Patienten und Patientinnen in unserer Klinik • Wir suchen eine Pflegefachkraft (w/m/d) mit abgeschlossener Ausbildung in der Alten- bzw. Gesundheits- und Krankenpflege. • Wir erwarten Zuverlässigkeit, Einsatzbereitschaft auch nachts und fließende Deutschkenntnisse. • Einstellung nur in Vollzeit

Mehr …

- Krankenhaus ✓
- mit Menschen
- Vollzeitstelle
- Schichtarbeit
- ohne Ausbildung
- Deutsch A2-Niveau

B Haushaltshilfe für den ambulanten Pflegedienst (m/w/d)

Zur Verstärkung unseres Teams benötigen wir eine Haushaltshilfe vormittags in Festanstellung • Aufgaben: Einkaufen, Wäschepflege und allgemeine hauswirtschaftliche Tätigkeiten • Wir erwarten Verständnis von Hygiene, Sauberkeit und Ordnung, Deutschkenntnisse mindestens auf A2-Niveau

Mehr …

- Krankenhaus
- mit Menschen
- Vollzeitstelle
- Schichtarbeit
- ohne Ausbildung
- Deutsch A2-Niveau

c **Warum passen die Anzeigen nicht zu den Wünschen von Mariela? Sprechen Sie im Kurs.**

Anzeige A passt nicht, weil …

Anzeige B passt auch nicht, weil …

5 Stellenanzeigen lesen und verstehen

a Lesen Sie die Ausdrücke und ordnen Sie zu.

Das sucht die Person:
1. möchte einen Beruf lernen — c)
2. ist ausgebildete Kraft
3. sucht eine Teilzeitstelle
4. kann nur abends arbeiten
5. hat schon als … gearbeitet

Das steht in der Stellenanzeige:
a) mit abgeschlossener Ausbildung
b) vier Abende pro Woche
c) Azubis gesucht
d) Arbeitszeit von 08:00 bis 12:00 Uhr
e) Berufserfahrung

b Lesen Sie die Informationen zu den Personen. Welche Wünsche haben diese Personen genau? Notieren Sie wie im Beispiel.

1. Marianne Belz möchte einen Beruf in der Hotelbranche lernen.
2. Ali Yüksel ist ausgebildeter Elektromeister und sucht eine Stelle als Führungskraft und mit Kundenkontakt.
3. Nicoleta Dobric sucht einen Nebenjob als Reinigungskraft. Sie kann nur abends arbeiten.
4. Mario Donez sucht eine Teilzeitstelle. Er kann nur vormittags arbeiten und hat schon als Kurier gearbeitet.

1. Sie möchte im Hotel arbeiten. Sie möchte eine Ausbildung machen.

c Lesen Sie die Stellenanzeigen. Welche Stelle passt zu welcher Person aus 5b? Ordnen Sie zu.

A ☐ **Friseursalon in der Stadtmitte** sucht Reinigungskraft (m/w/d) · Di–Sa 2 Stunden täglich 07:00 bis 09:00 Uhr • Selbstständiges Arbeiten • Überdurchschnittliche Bezahlung • Fahrtkostenzuschuss …

B ☐ **Elektrotechnik Schneider GmbH** sucht ab sofort einen Fahrer (m/w/d) für Führerscheinklasse B • Arbeitszeit Mo–Fr von 8:00 Uhr bis 12:00 Uhr • Voraussetzung: Kenntnisse der deutschen Sprache, Berufserfahrung von Vorteil. …

C ☐ **Teamleiter** Wir suchen: Techniker (m/w/d) mit abgeschlossener Ausbildung und Erfahrung im Bereich Elektrotechnik und Umgang mit Kunden • Ihre Aufgaben: Führung vom Projektteam und Kundenbetreuung • Wir bieten einen sicheren Arbeitsplatz in einem Familienunternehmen. …

D ☐ **Hausmeisterservice sucht Unterstützung** Ihre Aufgaben: Sie reinigen Büro- und Verkaufsflächen • Sie arbeiten gerne im Team • Wir bieten intensive Einarbeitung • Vier Abende pro Woche, Mo–Do von 18:30 bis 20:30 Uhr. Anstellung als Minijob …

E *1* **Azubis gesucht** Du hast eine abgeschlossene Schulausbildung in der Tasche und du liebst den Gästekontakt? • Dann komm zu uns und starte eine Ausbildung als Hotelfachmann/frau. • Du lernst alle Abteilungen in einem familiengeführten Wellnesshotel kennen. …

UND SIE?

Schreiben Sie Ihre Punkte für die Stellensuche auf ein Kärtchen. Ziehen Sie ein Kärtchen und lesen Sie vor.

Das hat Ilonka geschrieben. Sie möchte nur vormittags arbeiten und …

6 Eine berufliche Perspektive

a Lesen Sie den Text. Was ist das für ein Text? Kreuzen Sie an.

1. ▢ eine Stellenanzeige
2. ▢ eine Information über ein Ausbildungsangebot
3. ▢ eine Information zur B2-Prüfung

Mariela, du willst doch in die Pflege gehen. Ich habe hier etwas für dich.

START: Sie möchten in der Pflege arbeiten? → **Sie haben einen Hauptschulabschluss und Deutsch A2?** → **Machen Sie eine Ausbildung in der Altenpflegehilfe!** → **ZIEL: Abschluss staatlich anerkannte Altenpflegerhelfer/in + Deutsch B2**

Altenpflegehilfe mit intensiver Deutschförderung

Sie können schon ein bisschen Deutsch, aber Sie haben noch nicht das B2-Niveau für eine Ausbildung in der Pflege?

Ausbildungsziel: Die Ausbildung vermittelt berufliche und sprachliche Kenntnisse für eine qualifizierte Mithilfe bei der Betreuung von älteren Menschen.
Ausbildungsdauer: Die Altenpflegehilfe-Ausbildung dauert 2 Jahre.
Zielgruppe: Die Ausbildung „Altenpflegehilfe mit intensiver Deutschförderung“ ist ein Bildungsangebot für Migrantinnen und Migranten. Sie können mit A2- oder auch B1-Niveau beginnen und nach 2 Jahren einen B2-Sprachtest machen.
Lernprogramm: Sie haben theoretischen und fachpraktischen Unterricht in der Schule und zusätzlich Deutschunterricht.
Voraussetzungen: Sie brauchen den Hauptschulabschluss oder einen gleichwertigen Schulabschluss. Sie benötigen auch einen Ausbildungsvertrag mit einer Pflege-Einrichtung und eine ärztliche Bescheinigung über Ihre gesundheitliche Eignung für den Beruf.
Schulstart: Die Ausbildung startet jeweils im April und im September. An zwei Tagen in der Woche findet der Unterricht an der Berufsfachschule für Altenpflegehilfe statt, an den anderen Tagen in einer Altenpflegeeinrichtung.

b Lesen Sie Anzeige noch einmal. Wo finden Sie die Antworten auf die Fragen im Text?

1. Was ist das Ziel von der Ausbildung?
2. Wie lange dauert die Ausbildung?
3. Für wen ist die Ausbildung?
4. Was muss ich mitbringen?

c Beantworten Sie jetzt die Fragen. Kreuzen Sie an: (a), (b) oder (c)?

1. Was ist das Ziel von der Ausbildung?
   (a) Deutschkenntnisse auf B1 Niveau
   (b) Abschluss als Pflegefachkraft
   (c) Hilfe bei der Pflege von älteren Menschen

2. Wie lange dauert die Ausbildung?
   (a) 24 Monate
   (b) 12 Monate
   (c) 36 Monate

3. Für wen ist die Ausbildung?
   (a) Menschen mit Muttersprache Deutsch
   (b) Menschen mit Deutsch auf A2-Niveau
   (c) Menschen mit Deutsch auf B2-Niveau

4. Was muss man mitbringen?
   (a) den Hauptschulabschluss
   (b) das B2-Zertifikat
   (c) einen Abschluss als Pflegekraft

7 Das ist der richtige Beruf für mich!

2.17 **a Marielas Wunschberuf – Hören Sie das Gespräch und ergänzen Sie die Lücken.**

Privathaushalte ~~abgeschlossene Ausbildung~~

bei der Körperpflege und beim Essen helfen verkürzte Ausbildung Altenpfleger/in

Beruf:	**Altenpflegehelfer/in**
Anforderungen:	*abgeschlossene Ausbildung* ....
Tätigkeiten:	Altenpflegekräfte unterstützen .... Freizeit für Senioren organisieren
Arbeitsorte:	Altenwohnheim ambulante Dienste ....
Berufliche Perspektive:	Weiterbildungen zu verschiedenen Themen ....

2.17 **b Hören Sie das Gespräch noch einmal. Welchen Satz hören Sie? Kreuzen Sie an.**

- ☐ Obwohl mein Deutsch nicht so gut ist, kann ich eine Ausbildung machen.
- ☐ Mein Deutsch ist nicht so gut, trotzdem kann ich eine Ausbildung machen.

c Lesen Sie die Sätze in 7b und ergänzen Sie die Tabelle.

FOKUS **Nebensatz mit *obwohl* + Hauptsatz mit *trotzdem*** (G)

Nebensatz	**Hauptsatz**
Obwohl mein Deutsch nicht so gut ....,	.... ich eine Ausbildung machen.
Hauptsatz	**Hauptsatz**
Mein Deutsch .... nicht so gut,	trotzdem .... ich eine Ausbildung machen.

d Verbinden Sie die Sätze mit *obwohl* und *trotzdem*.

1. Liu hat eine Ausbildung als Bürokauffrau. Sie arbeitet als Reinigungskraft.
2. Olivias Mann hat viele Bewerbungen geschrieben. Er hat noch keine Arbeit gefunden.
3. Olivia hat keine Berufserfahrung. Sie hat eine gute Stelle als Reinigungskraft gefunden.

Obwohl Liu eine Ausbildung als Bürokauffrau hat, arbeitet sie als Reinigungskraft.
Liu hat eine Ausbildung als Bürokauffrau, trotzdem arbeitet sie als Reinigungskraft.

UND SIE?

Gehen Sie auf die Seite https://berufenet.arbeitsagentur.de. Wählen Sie einen Beruf. Schreiben Sie die Informationen zum Beruf auf. Präsentieren Sie den Beruf im Kurs.

Ich habe den Beruf Koch gewählt, weil …

Mein Beruf: Koch
Anforderungen?
Tätigkeiten/Aufgaben?
Arbeitsorte?
Berufsperspektiven?
…

ÜBUNGEN

1 Ohne uns geht gar nichts – Jobs im Krankenhaus

a Aussprache: *ä*, *ö* und *ü* – Lesen Sie die Sätze und markieren Sie die Umlaute.

1. Frau Bäcker fängt nächste Woche in der Wäscherei an.
2. Herr Fröhlich hilft beim Frühstück und bei der Körperpflege.
3. Für unser Büro in München suchen wir Unterstützung in der Küche.
4. Sönke Möller möchte möglichst bald eine Tätigkeit bei einer Behörde.
5. Wir suchen Reinigungskräfte für die Arbeitsflächen und Sanitäranlagen.

2.18 **b Hören Sie die Sätze aus 1a. Sprechen Sie nach.**

2.19 **c Aussprache: *ä*, ö und *ü* – Was hören Sie? Kreuzen Sie an.**

1.	☐ größer	☐ großer	4.	☐ offen	☐ öffnen
2.	☐ wasche	☐ Wäsche	5.	☐ langer	☐ länger
3.	☐ Küchen	☐ Kuchen	6.	☐ Grüße	☐ Gruß

d Welches Wort passt? Ergänzen Sie die Sätze mit den Verben in der richtigen Form.

reinigen ~~helfen~~ bedienen unterstützen überwachen

1. Eine Küchenhilfe ...hilft... in der Küche, z. B. bei der Essensausgabe.
2. Eine Reinigungskraft .... Arbeitsflächen und Sanitäranlagen.
3. Ein Mitarbeiter im Sicherheitsdienst .... die Einhaltung von Regeln, z. B. am Eingang vom Krankenhaus.
4. Eine Mitarbeiterin in der Wäscherei .... die Waschmaschinen.
5. Ein Pflegehelfer .... Patienten, z. B. hilft er beim Waschen und Essen.

e Wie heißt das Nomen? Ordnen Sie zu.

1. helfen	a) die Reinigung
2. reinigen	b) der Besuch
3. unterstützen	c) die Pflege
4. transportieren	d) die Hilfe
5. pflegen	e) die Mitarbeit
6. mitarbeiten	f) die Versorgung
7. besuchen	g) der Transport
8. versorgen	h) die Unterstützung

f Welches Wort aus 1e passt? Ergänzen Sie.

helfen – die ...Hilfe... – der Helfer, die Helferin

pflegen – die .... – der Pfleger, die Pflegerin

.... – die Mitarbeit – der Mitarbeiter, die Mitarbeiterin

besuchen – der .... – der Besucher, die Besucherin

.... – die Reinigung – die Reinigungskraft

Schreiben Sie Kärtchen zum Lernen.

2 Unterschiedliche Meinungen

a Welche Meinung ist das? Kreuzen Sie an.

	😊	☹
1. Ich finde, diese Stelle passt gut zu mir.	☐	☐
2. Die Arbeitsbedingungen gefallen mir gut.	☐	☐
3. Ich will auf alle Fälle etwas anderes machen.	☐	☐
4. Ich suche eine andere Arbeit, weil ich nicht glücklich bin.	☐	☐
5. Ich bleibe bei meinem Arbeitgeber. Er bezahlt gut.	☐	☐
6. Ich will nicht weiter hier arbeiten.	☐	☐
7. Ich bin nicht sehr froh über die langen Arbeitszeiten.	☐	☐
8. Ich bin wirklich zufrieden mit meinem Job.	☐	☐

b Lesen Sie die Nachrichten. Kreuzen Sie an: richtig oder falsch?

1

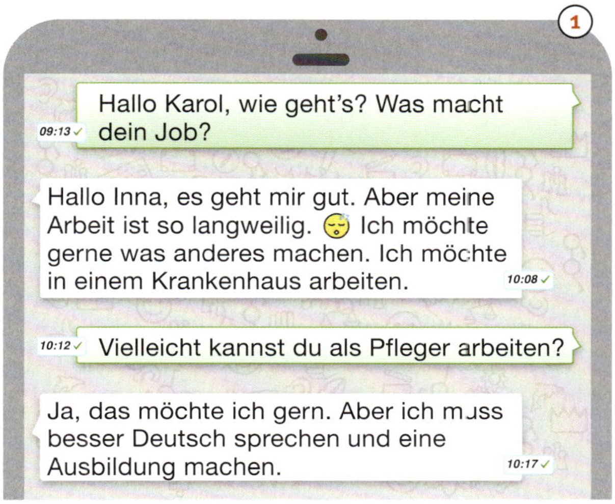

2

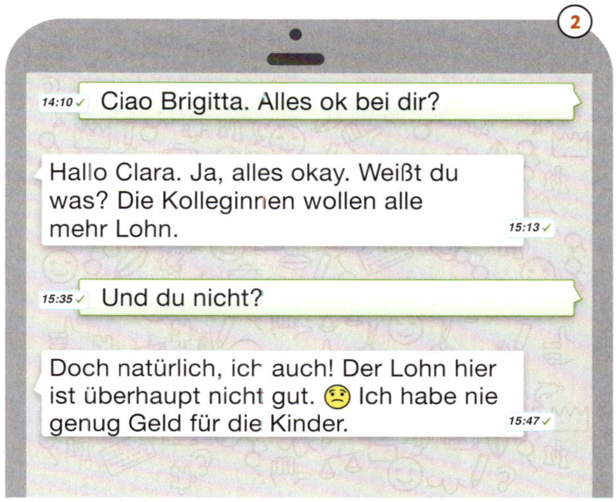

	R	F
1. Karol ist mit seiner Arbeit zufrieden.	☐	☐
2. Er kann gleich als Pfleger arbeiten.	☐	☐
3. Brigitta ist mit ihrem Lohn nicht zufrieden.	☐	☐
4. Sie findet ihren Lohn überhaupt nicht gut.	☐	☐

c Was sagen Betty und Raoul über die Arbeit? Schreiben Sie Sätze.

1. Meiner Meinung nach / die Ausbildung / eine gute Idee / sein / .
   Meiner Meinung nach ist die Ausbildung eine gute Idee.
2. Ich persönlich / mögen / den Job / .
   ....
3. Ich denke aber, / zu lang / sein / die Arbeitszeiten / .
   ....
4. Ich finde, / die Bezahlung / sein / sehr gut / .
   ....
5. Für mich / sein / die Arbeit im Krankenhaus / nicht schwer / .
   ....
6. Ich bin unglücklich, / keine ganze Stelle / ich / weil / haben / .
   ....

3 Mariela träumt …

2.20 **a Aussprache: *ä, ö, ü* – Welchen Vokal hören Sie? Kreuzen Sie an.**

1. ☐ ich hätte ☐ ich hatte
2. ☐ er wurde ☐ er würde
3. ☐ wir konnten ☐ wir könnten
4. ☐ ich musste ☐ ich müsste
5. ☐ sie hatten ☐ sie hätten
6. ☐ alle wären ☐ alle waren

2.21 **b Realität und Wünsche – Ergänzen Sie die Sätze. Hören Sie zur Kontrolle.**

~~ist~~ arbeitet lernt hat muss kann
wäre hätte würde könnte müsste würde

1. Pinar *ist* .... Pflegehelferin, aber sie .... gerne Pflegekraft.
2. Sie .... schon eine Stelle, aber sie .... gerne eine neue Stelle.
3. Sie .... halbtags, aber sie .... gerne ganztags arbeiten.
4. Sie .... intensiv Deutsch, aber sie .... gerne auch Englisch lernen.
5. Sie .... immer um 5 Uhr früh anfangen, aber bei der neuen Stelle .... sie vielleicht nicht mehr so früh arbeiten.
6. Sie .... in der Ausbildung vieles noch nicht machen, aber als Pflegekraft .... sie mehr Tätigkeiten übernehmen.

c Was würde Macius gern tun? Ergänzen Sie die Sätze.

Ich (1) *wäre* .... (sein) gerne mein eigener Chef. Am liebsten (2) .... ich meinen eigenen Pflegedienst gründen. Ich (3) .... nur nette Kollegen. Sie (4) .... (haben) bei mir mehr Zeit für die Patienten und sie (5) .... auch gut verdienen.

Macius, 35, Pflegekraft in einem Krankenhaus

d Träumen erlaubt! Schreiben Sie mindestens fünf Sätze über sich. Sprechen Sie im Kurs.

Ich wäre gerne …
Dann würde ich …
Ich hätte dann Zeit für …
Ich würde … € pro Monat verdienen.
Außerdem müsste ich dann nicht mehr …
Und ich könnte dann endlich …
Am liebsten würde ich …

4 Mariela liest Stellenanzeigen.

a Wie heißen die zusammengesetzten Wörter? Schreiben Sie das Wort und den Artikel.

VOLLZEITAUSBILDUNGDIENSTHILFEHAUSHALTARBEITPFLEGESCHICHTSTELLEPLATZ

1. Ein Arbeitsplatz für Azubis: *Ausbildung + s + Platz = der Ausbildungsplatz*
2. Eine Arbeit. Man arbeitet sehr früh oder nachts: ....
3. Eine Arbeitsstelle. Man arbeitet 40 Stunden pro Woche: ....
4. Eine Person. Sie hilft im Haushalt: ....
5. Ein Unternehmen. Die Mitarbeiter pflegen Patienten: ....

b Was passt zusammen? Ordnen Sie zu.

1. Beruf — c
2. Arbeitszeit
3. Voraussetzungen
4. Aufgaben

a) Schulung in Hygiene
b) Essensausgabe
c) Küchenhilfe
d) flexibel in Vollzeit

c Informationen in Stellenanzeigen – Schreiben Sie die Ausdrücke in die Tabelle.

~~Pflegefachkraft~~ · Mitarbeit in der Küche · Transport von Patienten und Material · vormittags von 7–12 Uhr · Zuverlässigkeit · Einsatzbereitschaft · Reinigungskraft · abgeschlossene Ausbildung · Deutschkenntnisse auf A2-Niveau · Vollzeit, keine Schichtarbeit

Beruf	Arbeitszeit	Voraussetzungen	Aufgaben
Pflegefachkraft			

5 Stellenanzeigen lesen und verstehen

a Welche Informationen finden Sie in den Anzeigen? Schreiben Sie Kärtchen.

A Wir suchen **Techniker (m/w/d)** mit abgeschlossener Ausbildung und Erfahrung im Umgang mit Kunden • Ihre Aufgaben: Leitung vom Projektteam und Kundenbetreuung • 40 h / Woche, Arbeitsbeginn 7 Uhr • Wir bieten eine sichere Festanstellung in einem Familienunternehmen.

B **Hausmeisterservice sucht Unterstützung für die Reinigung** von Büro- und Verkaufsflächen. • Sie arbeiten gerne im Team. • Erfahrung von Vorteil, aber auch Anfänger willkommen. • Wir bieten intensive Einarbeitung • Vier Abende pro Woche, Mo–Do von 18:30 bis 20:30 Uhr. Anstellung als Minijob

Dieser Beruf wird gesucht:
Techniker

Voraussetzungen – Das muss man mitbringen:

Das sind die Arbeitszeiten:

Aufgaben – Das muss man tun:

b **Machen Sie eine Mindmap zu einer Stellenanzeige. Bringen Sie die Anzeige mit und vergleichen Sie im Kurs.**

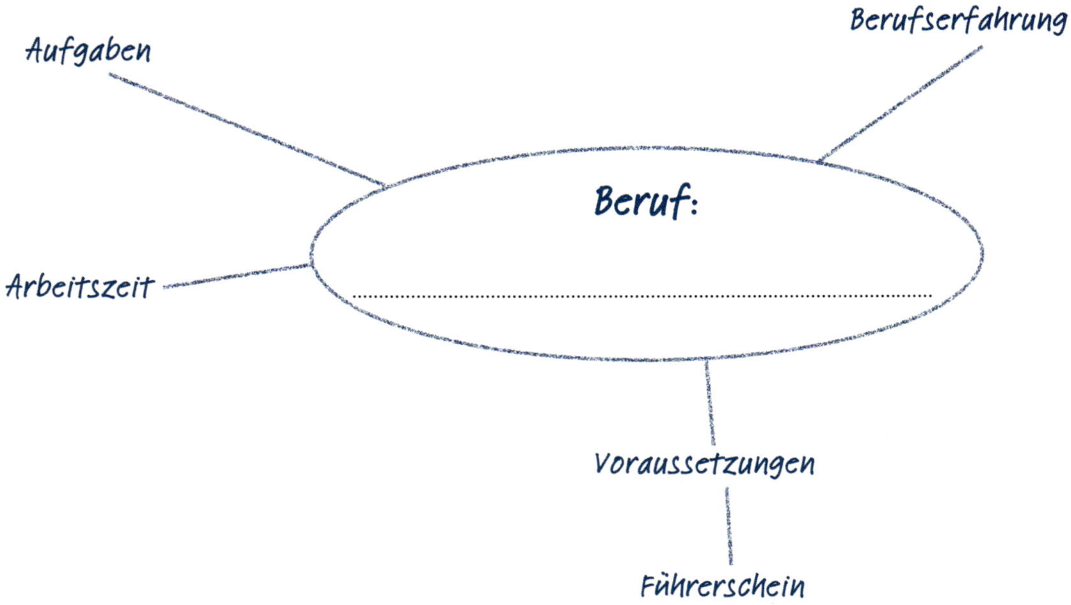

6 Eine berufliche Perspektive

a **Wie heißt das Adjektiv zum Nomen? Schreiben Sie die Adjektive auf *-lich*.**

1. der Staat ... staatlich ...
2. der Beruf ...
3. die Sprache ...
4. der Arzt, die Ärztin ...
5. die Gesundheit ...

b **Welches Nomen passt? Ordnen Sie zu.**

Abschluss   Arbeitsplatz   ~~Ausbildung~~   Kenntnisse   Angebot   Teil

Pinar hat eine abgeschlossene (1) Ausbildung ..., aber sie möchte mehr sprachliche und berufliche (2) ... haben. Die Berufsfachschule hat ein interessantes (3) ... . Die Ausbildung hat einen theoretischen und einen praktischen (4) ... . Mit einem anerkannten (5) ... kann Pinar einen sicheren (6) ... finden.

2.22

c **Ergänzen Sie *ä*, *ö* oder *ü*. Hören Sie zur Kontrolle. Sprechen Sie nach.**

eine theoretische Pr...fung • eine ...rztliche Bescheinigung • selbstst...ndiges Arbeiten • eine pflegerische T...tigkeit • staatliche Unterst...tzung • berufliche M...glichkeiten • intensive F...rderung • ...berdurchschnittliche Bezahlung

7 Das ist der richtige Beruf für mich!

a Was passt nicht? Streichen Sie durch.

1. Marianne Belz macht eine Ausbildung im Hotel, weil / ~~obwohl~~ sie in der Hotelbranche arbeiten möchte.
2. Nicoleta Dobric sucht einen Nebenjob, weil / obwohl sie Geld für die Familie braucht.
3. Ali Yüksel hat noch keine Stelle als Führungskraft gefunden, weil / obwohl er Elektromeister ist.
4. Mario Donez schreibt Bewerbungen, weil / obwohl er mit seinem Job ganz zufrieden ist.

b Markieren Sie das Verb wie im Beispiel. Schreiben Sie die Sätze mit *obwohl* fertig.

1. Mariela ist sehr müde, obwohl sie am Wochenende frei .... (hatte).
   (Sie hatte am Wochenende frei).
2. Liu hat wenig Geld, ... ( ).
   (Sie arbeitet viel.)
3. Mara arbeitet in Teilzeit, ... ( ).
   (Sie hätte gern eine Vollzeitstelle.)
4. Raoul macht noch einen Sprachkurs, ... ( ).
   (Er spricht schon gut Deutsch.)
5. Olivia liest Stellenanzeigen, ... ( ).
   (Sie arbeitet gern im Krankenhaus.)

c Ordnen Sie zu. Schreiben Sie die Sätze mit *trotzdem*.

1. Meine Wohnung ist nicht teuer. (→ d)	a) Ich habe schon gut Deutsch gelernt.
2. Ich trinke viel Kaffee.	b) Ich möchte nicht dort leben.
3. Ich habe nicht viel Zeit zum Lernen.	c) Ich bin oft sehr müde.
4. Ich finde Berlin toll.	d) Ich suche eine andere.
5. Heute regnet es.	e) Ich arbeite draußen.

Meine Wohnung ist nicht teuer, trotzdem suche ich eine andere.

d Hast du schon gehört? Antworten Sie mit einem Satz mit *obwohl* oder *trotzdem*.

● Hast du schon gehört? Anna hat eine Computer-Weiterbildung gemacht. (Sie arbeitet in der Wäscherei.)

○ Ach wirklich? (1) Und trotzdem arbeitet sie in der Wäscherei? / Obwohl sie in der Wäscherei arbeitet ....?

● Weißt du schon? Marie arbeitet jetzt in Vollzeit. (Sie hat noch zwei Nebenjobs.)

○ Ach so? (2) ....?
........?

● Weißt du schon? Paolo hat eine Ausbildung als Mechaniker gemacht. (Er arbeitet als Friseur.)

○ Ach wirklich? (3) ....?
........?

● Hast du schon gehört? Xuan arbeitet jetzt im Patiententransportdienst. (Er sucht eine andere Stelle.)

○ Ach so? (4) ....?
........?

Lernwortschatz

1 Ohne uns geht gar nichts – Jobs im Krankenhaus

die Küchenhilfe, -n
der Helfer, – / die Helferin, -nen
der Patiententransportdienst (Sg.)
der Pflegehelfer, – / die Pflegehelferin, -nen
die Wäscherei, -en
der Sicherheitsdienst (Sg.)
die Pflege (Sg.)
die Arbeitsfläche, -n
die Sanitäranlage, -n
das Patientenzimmer, –
unterstützen
die Versorgung (Sg.)
die Essensausgabe (Sg.)
pflegerisch (*pflegerische Tätigkeit*)
der Patient, -en / die Patientin, -nen
die Sauberkeit (Sg.)
die Hygiene (Sg.)
bedienen
sortieren
bearbeiten
überwachen
sorgen für

2 Unterschiedliche Meinungen

unterschiedlich
die Arbeitsbedingung, -en
woanders

3 Mariela träumt ...

die Pflegekraft, ⸚e
verbessern

4 Mariela liest Stellenanzeigen

die Vollzeitstelle, -n
die Schichtarbeit (Sg.)
die Pflegefachkraft, ⸚e
die Betreuung (Sg.)
die Klinik, -en
abgeschlossen (*mit abgeschlossener Ausbildung*)
die Altenpflege, –
erwarten
die Zuverlässigkeit (Sg.)
zuverlässig sein
die Einsatzbereitschaft (Sg.)
fließend (*fließende Deutschkenntnisse*)
die Haushaltshilfe, -n
ambulant
der Pflegedienst (Sg.)
benötigen
hauswirtschaftlich
das Verständnis (Sg.)

5 Stellenanzeigen lesen und verstehen

ausgebildet
die Kraft, ⸚e
die Berufserfahrung, -en
der Elektromeister, – / die Elektromeisterin, -nen
die Führungskraft, ⸚e
der Kurier, -e
die Bezahlung (Sg.)
die Elektrotechnik (Sg.)
die Voraussetzung, en
der Vorteil, -e
der Teamleiter, – / die Teamleiterin, -nen
der Umgang (Sg.) (*Umgang mit Kunden*)
die Kundenbetreuung (Sg.)
der Hausmeisterservice (Sg.)
die Unterstützung (Sg.)
die Verkaufsfläche, -n
intensiv
die Einarbeitung (Sg.)

6 Eine berufliche Perspektive

die Stellenanzeige, -n
die Altenpflegehilfe, –
vermitteln
qualifiziert
theoretisch
fachpraktisch
gleichwertig
der Abschluss, ⸚e
der Hauptschulabschluss (Sg.)

7 Das ist der richtige Beruf für mich!

verkürzt
organisieren
das Altenwohnheim, -e
obwohl
trotzdem
die Bürokauffrau, -en / die Bürokaufleute
die Anforderung, -en
die Perspektive, -n

Mein Deutsch nach Kapitel 5

Das kann ich:

meine Meinung äußern

Arbeit Freunde Deutschkurs

Sprechen Sie. Ergänzen Sie die Satzanfänge.

1. Ich persönlich finde …
2. Meiner Meinung nach ist …
3. Ich bin der Meinung, dass …

irreale Wünsche äußern

Schreiben Sie Wünsche/Träume auf.

Ich hätte gerne ....

Ich würde gerne ....

Dann könnte ich ....

Dann müsste ich nicht ....

Stellenanzeigen verstehen

Verkäufer (m/w/d) auch ohne Erfahrung
Für unser Geschäft suchen wir eine Aushilfe im Verkauf (20 Stunden/Woche). Auch ohne Ausbildung bist du bei uns herzlich willkommen. • Wichtig: Deutsch auf B1-Niveau

Lesen Sie die Stellenanzeige links und kreuzen Sie an.

	Ja	Nein
Arbeit mit Menschen?		
Vollzeitstelle?		
Schichtarbeit?		
ohne Ausbildung?		
Deutsch B1-Niveau?		

einen Beruf vorstellen

Sprechen Sie über die Berufe. Beantworten Sie die Fragen.

Was macht man in dem Beruf?

Braucht man eine Ausbildung?

Wo arbeitet man?

Kann man beruflich weiterkommen?

Das kenne ich:

G

Konjunktiv II

Mariela wäre gerne Pflegekraft.
Sie hätte gerne mehr Geld.
Sie könnte dann eine Ausbildung machen.
Dann müsste sie nicht putzen gehen.
Sie würde gerne ein Auto kaufen.

sie ist → sie wäre
sie hat → sie hätte
sie kann → sie könnte
sie muss → sie müsste
sie geht → sie würde gehen

Satzverbindungen mit *obwohl* und *trotzdem*

Nebensatz	Hauptsatz
Obwohl mein Deutsch noch nicht so gut (ist),	(mache) ich eine Ausbildung.
Hauptsatz	**Hauptsatz**
Mein Deutsch (ist) noch nicht so gut,	trotzdem (mache) ich eine Ausbildung.

G

BSK-Spezial E – Gesundheitsberufe

Kollege → Kollegin

1 Probleme, Ziele und Maßnahmen dokumentieren

a **Wie organisiert man die Arbeit in Ihrem Beruf? Sprechen Sie im Kurs.**

> Wir treffen uns jeden Morgen und sprechen über die Aufgaben an diesem Tag..

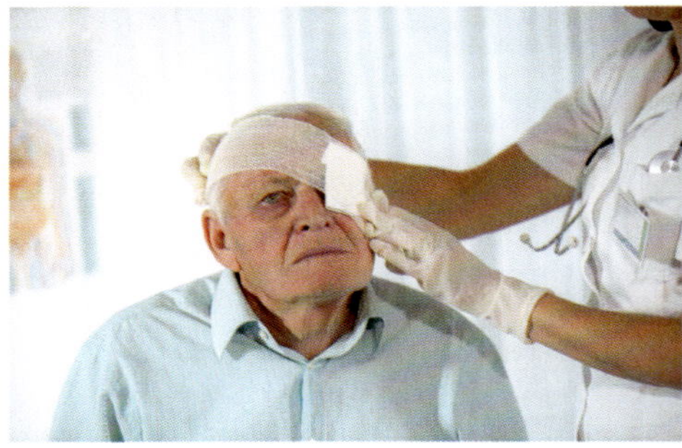

2.23 **b** **Was erklärt der Krankenpfleger Paul seiner Kollegin? Hören Sie und kreuzen Sie an.**

1. … wie viele Seiten ein Pflegeplan hat. ☐
2. … warum man einen Pflegeplan schreibt. ☐
3. … wie man einen Pflegeplan schreibt. ☐

2.23 **c** **Hören Sie das Gespräch noch einmal und ergänzen Sie die fehlenden Angaben im Pflegeplan.**

Pflegemaßnahme | Probleme bei Patient / Patientin | Pflegeziele

(1) …………………	(2) …………………	(3) …………………	HZ
Name: Brunner, Dieter	geb. 23.05.1945	Zimmer 91	
– auf der Straße gestürzt – Wunde am Kopf – Patient hat Schmerzen – unsicher beim Gehen	– schmerzfrei	– Hilfe beim Waschen und Anziehen – Medikamente gegen Schmerzen	Krü

2.24 **d** **Hören Sie die Schichtübergabe zwischen Schwester Jessica und Pfleger Paul. Ergänzen Sie die Daten für Frau Chodroff im Pflegeplan.**

Name: Chodroff, Ina	(1) geb. …………………	Zimmer 92	
– Skiunfall, rechter Arm gebrochen – (2) Sie hat …………………	(3) …………………	– Arm operiert – (4) …………………	

2.24 **e** **Hören Sie noch einmal. Welche Redemittel hören Sie? Kreuzen Sie an.**

1. Haben Sie jetzt Zeit? Ich möchte gerne die Übergabe machen. ☒
2. Das ist passiert: … ☐
3. Eine wichtige Information ist: … ☐
4. Du musst wissen, dass … ☐
5. Was du noch wissen musst: … ☐
6. Du musst darauf achten, dass … ☐
7. Und vergiss nicht: … ☐

f **Spielen Sie eine Übergabe. Die Redemittel in 1e helfen.**

Pflegerin und Pfleger

Problem: Frau Nolls Wunde am Bein blutet.

Ziel: Blutung stoppen

Maßnahme: Bein von Frau Noll verbinden, röntgen

Hausmeister/in und Kollege

Problem: Licht funktioniert nicht.

Ziel: Licht in Ordnung bringen, Hausbewohner informieren

Maßnahme: Elektriker anrufen, Nachricht für Hausbewohner schreiben

In Ihrem Beruf

Übergabe von …………………

und …………………

Problem: …………………

Ziel: …………………

Maßnahme: …………………

Wortschatz **Ergänzen Sie. Die Wörter rechts helfen.**

1. Das muss man machen, damit ein Patient gesund wird: eine P*flegemaßnahme*
2. Das möchte das Pflegepersonal mit der Pflege erreichen: ein P.......................z..................
3. Das macht der Arzt manchmal, wenn man eine Verletzung hat: r.......................................
4. Ein Patient ohne Schmerzen ist s...

Strukturen **Mit welcher Maßnahme kann man das Ziel erreichen? Schreiben Sie Sätze mit *deshalb/deswegen*. Schreiben Sie nach diesem Muster Angaben für Ihren Beruf.**

1. Eine Wunde blutet. → man / sie / verbinden / müssen
2. Ein Patient hat Schmerzen. → Arzt / ihm / Medikament / verschreiben
3. Eine Person hat sich den Arm gebrochen. → Ärztin / ihn / behandeln
4. Die Schicht wechselt. → das Pflegepersonal / Übergabe / machen / müssen
5. Ein Patient braucht einen Rollstuhl. → man / ihm / Rollstuhl / erklären / müssen

Eine Wunde blutet, deshalb muss man sie verbinden.

Berufssprache **Ergänzen Sie die rechte Spalte.**

So sagt man bei der Schichtübergabe:	So schreibt man in den Pflegeplan:
1. „Du musst die Angehörigen informieren."	*Angehörige informieren*
2. „Sie müssen beim Anziehen helfen."	....
3. „Sie müssen die Medikamente austeilen."	....
4. „Helfen Sie Ihrer Kollegin."	....
5. „Kontrollier den Verband!"	....
6. „Du musst den Rollstuhl erklären."	....

Schreiben **Jessica schreibt in ihr Lerntagebuch, was sie heute gemacht hat. Ordnen Sie zu.**

braucht Rollstuhl
schmerzfrei
Rollstuhl erklären
beim Waschen helfen
~~Bein gebrochen~~
Medikamente gegen Schmerzen
starke Schmerzen

Name: Charrier, Belinda	geb. 10.10.1992	Zimmer 12	
Probleme bei Patient / Patientin	**Pflegeziele**	**Pflegemaßnahmen**	**HZ**
(1) *Bein gebrochen*	(4)	(5)	*JL*
(2)		(6)	
(3)		(7)	

der Gesundheits- und Krankenpfleger / die Gesundheits- und Krankenpflegerin

HZ Abkürzung für Handzeichen, meistens der erste Buchstabe vom Vor- und Nachnamen

die Maßnahme, -n eine Handlung oder ein Mittel, um ein Ziel zu erreichen, z. B. Medikament gegen Schmerzen
→ die Pflegemaßnahme

der Pflegeplan, ¨-e eine Dokumentation über Patienten

das Pflegeziel, -e ein Ziel, z. B. die Gesundheit eines Patienten, das man mit der Pflege erreichen will

das Ziel, -e

das Pflegeziel, -e

röntgen
→ das Röntgenbild

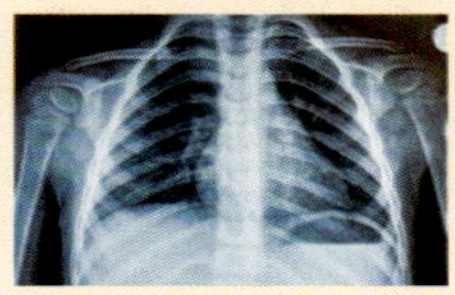

die Schmerzfreiheit (Sg.) ohne Schmerzen
→ schmerzfrei

Pflegepersonal → Stationsleitung

2 Termine aushandeln

a **Warum gibt es Dienstpläne? Welche Konflikte kann es bei der Einteilung von Dienstzeiten geben? Sprechen Sie im Kurs.**

b **Lesen Sie den Dienstplan von Jessica und Paul und beantworten Sie die Fragen.**

1. Wann hat Paul Urlaub?
2. Wer arbeitet an den Werktagen in der Frühschicht?
3. Wer hat am Wochenende frei?
4. Wann arbeitet Jessica in der Spätschicht?

	Montag	Dienstag	Mittwoch	Donnerstag	Freitag	Samstag	Sonntag
Krüger, Paul	frei	frei	N	N	N	U	U
Lorch, Jessica	S	S	F	F	F	frei	frei

K = krank U = Urlaub
F = Frühschicht = 6:00–14:30 S = Spätschicht = 14:00–22:30 N = Nachtschicht = 22:00–6:30

2.25 **c** **Hören Sie das Gespräch zwischen Jessica und Paul über den Dienstplan. Kreuzen Sie an: richtig oder falsch?**

	R	F
1. Paul möchte am Donnerstag oder Freitag den Dienst tauschen.	☐	☐
2. Niemand möchte am Sonntag in der Frühschicht arbeiten.	☐	☐
3. Jessica hat Wochenenddienst.	☐	☐
4. Jessica hat am Montag Geburtstag und möchte, dass Paul ihre Schicht übernimmt.	☐	☐

d **Lesen Sie die Redemittel 1–9 und ordnen Sie sie A–E zu.**

(A) bitten, fragen (B) zusagen (C) ablehnen (D) Unsicherheit zeigen (E) danken

1. Ja, klar, das mache ich gerne. ....B....
2. Ich habe eine Bitte an dich. Würdest du mit mir den Dienst tauschen? ....
3. Ich würde gerne die Frühschicht machen, und du übernimmst meine Nachtschicht? ....
4. Super, danke! ....
5. Das geht. Das kann ich machen. ....
6. Und am Freitag? Kannst du da? ....
7. Das weiß ich jetzt noch nicht. Ich sage dir morgen Bescheid. ....
8. Könntest du für mich die Spätschicht übernehmen? Wäre das möglich? ....
9. Der Termin passt mir nicht. Da kann ich nicht, tut mir leid. ....

e **Handeln Sie Ihren Dienstplan mit Ihrem Partner / Ihrer Partnerin aus. Die Redemittel in 2d helfen.**

Partner/in A
Ihr Dienstplan:
Mo – Fr: Frühschicht
Sa + So: frei

Partner/in B
Ihr Dienstplan:
Mo: frei
Di – So: Frühschicht
Sie möchten Di freihaben.

Partner/in A
Ihr Dienstplan:
Sa + So: Nachtschicht
Sie möchten Sa freihaben.

Partner/in B
Ihr Dienstplan:
Sa + So: frei
Mo + Di: Nachtschicht

Ihr Beruf
Partner/in A
Dienstplan:
Sie möchten:

Partner/in B
Dienstplan:
Sie möchten:

Wortschatz **Was steht in einem Dienstplan? Ergänzen Sie.**

1. Die Arbeit von morgens bis mittags nennt man *Frühschicht*.
2. Die Arbeitszeit von mittags bis abends nennt man ....
3. Die Arbeit von abends bis zum nächsten Morgen nennt man ....
4. Die Tage Montag bis Samstag sind ....
5. Arbeit am Samstag und Sonntag ist ....

Berufssprache **Bilden Sie höfliche Fragen mit dem Konjunktiv 2.**

1. du / die Schicht tauschen / werden
2. Sie / die Spätschicht machen / können
3. Sie / die Frühschicht übernehmen / werden
4. ich / am Samstag freibekommen / können
5. ich / vom 04.07. bis 21.07. Urlaub nehmen / können

1. Würdest du die Schicht tauschen?

Redemittel **Lesen Sie die Redemittel und ergänzen Sie den Dialog.**

Das kann ich machen.

Ich sage dir morgen Bescheid.

Würdest du die Schicht mit mir tauschen?

~~Ich habe eine Bitte an dich.~~

Ich habe auch eine Bitte an dich.

Könntest du meine Nachtschicht übernehmen?

Paul: Hast du den Dienstplan schon gelesen? (1) *Ich habe eine Bitte an dich.*

Jessica: Eine Bitte?

Paul: Ja. Du hast am Freitag Frühschicht und ich habe Spätschicht. Am Freitag hat mein Sohn Geburtstag, und deshalb würde ich gerne nachmittags zu Hause sein.
(2) ....

Jessica: Ja, das geht. (3) ....

Paul: Super, vielen Dank.

Jessica: (4) ....

Paul: Oh je, was denn?

Jessica: Ich habe am Sonntag Nachtschicht und möchte gerne frei haben.
(5) ....

Paul: Da muss ich erst mit meiner Frau sprechen. (6) ....

Schreiben **Eine Notiz schreiben – Fragen Sie eine Kollegin, ob sie die Schicht mit Ihnen tauscht.**

Ihr Dienstplan: Sa + So Frühschicht

Sie möchten am Sonntag frei haben.

Ihr Vater hat Geburtstag.

Bettys Dienstplan: Sa + So frei

Liebe Betty,
ich habe ein Problem. ...

die Frühschicht, -en Arbeitszeit am Morgen

die Nachtschicht, -en Arbeitszeit in der Nacht bis zum Morgen

eine Schicht übernehmen eine Schicht machen

die Spätschicht, -en Arbeitszeit am Nachmittag und Abend

tauschen etwas für etwas anderes wechseln, z. B. eine Frühschicht gegen eine Spätschicht tauschen

der Werktag, -e Montag, Dienstag, Mittwoch, Donnerstag, Freitag und Samstag

der Wochenenddienst, -e Arbeitszeit am Samstag und Sonntag

Krankenhauspersonal → Angehörige von Patienten

3 Telefonieren im Krankenhaus

2.26 **a Hören Sie ein Telefonat im Krankenhaus und lesen Sie 1–5. Kreuzen Sie an: richtig oder falsch?**

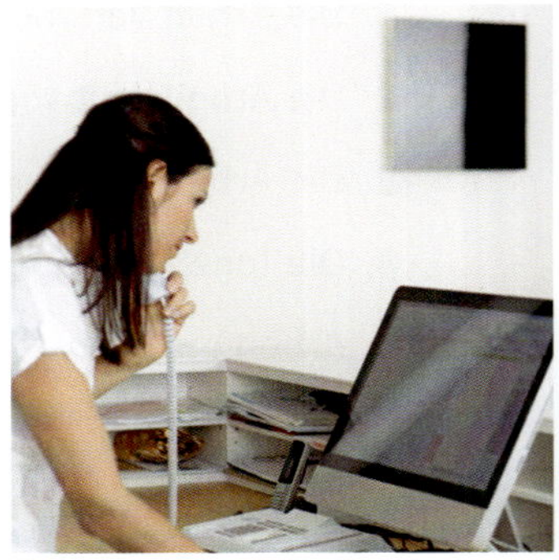

	R	F
1. Frau Lösch ist eine Angehörige von Herrn Brunner.	◯	◯
2. Das Krankenhaus hat Frau Lösch informiert.	◯	◯
3. Die Ärztin auf der Station von Herrn Brunner ist Dr. Mang.	◯	◯
4. Frau Lösch möchte mit ihrem Vater telefonieren.	◯	◯
5. Die Besuchszeiten sind am Nachmittag.	◯	◯

2.26 **b Lesen Sie 1–6 und ergänzen Sie das Telefonat: a oder b? Hören Sie zur Kontrolle.**

	a	b
1.	Ich soll zurückrufen.	Soll er/sie Sie zurückrufen?
2.	Soll ich Sie verbinden?	Könnten Sie mich bitte verbinden?
3.	Bleiben Sie bitte kurz dran.	Ich möchte mit der Stationsärztin sprechen.
4.	Ich kann Sie im Moment nicht durchstellen.	Wann sind die Besuchszeiten?
5.	Wie lautet die Durchwahl, bitte?	Soll ich Ihnen die Durchwahl geben?
6.	Können Sie uns Ihre Telefonnummer geben?	Leider geht niemand dran.

Frau Lösch: Guten Tag, Margret Lösch hier. Mein Vater liegt bei Ihnen im Krankenhaus. Sie haben mich angerufen: (1) ...a....

Pforte: Sie sprechen mit der Pforte, Ihr Vater liegt auf Station 12. (2) ....?

Frau Lösch: Vielen Dank, das wäre sehr nett. (3) ....

Pforte: Das Stationstelefon ist besetzt. (4) .... (5) ....

Frau Lösch: Ja, gern, dann rufe ich gleich selber an.

Schwester Anna: Guten Tag, Urban-Krankenhaus, Station 12, Schwester Anna. Wie kann ich Ihnen helfen?

Frau Lösch: Mein Vater liegt auf Ihrer Station. Wann sind die Besuchszeiten?

Schwester Anna: Sie können ihn immer besuchen. Eine Frage, nur um ganz sicher zu sein, dass wir Sie erreichen können: (6) ....

c Führen Sie Telefongespräche. Die Redemittel auf der Seite rechts helfen.

Telefongespräch 1
Sie sind der Sohn von Max Gernot. Er hatte heute eine Operation. Sie rufen an der Pforte an und wollen wissen:
- Station?/Stationsarzt?
- Sie wollen verbunden werden.
- Durchwahl?

Sie arbeiten an der Pforte vom St. Joseph-Krankenhaus.
- Max Gernot liegt auf Station 4.
- Der Stationsarzt ist Dr. Zahn.
- Das Stationstelefon ist besetzt.
- Telefonnummer Krankenhaus 08976 67654, Durchwahl 456

Telefongespräch 2
Sie sind der Sohn von Max Gernot. Sie rufen auf Station 4 an.
- Sie möchten mit dem Stationsarzt sprechen.
- Besuchszeiten?
- Ihre Telefonnummer: 0764 56 88 76

Sie arbeiten als Gesundheits- und Krankenpfleger auf Station 4. Max Gernot ist Ihr Patient.
- Der Stationsarzt ist auf Visite.
- Besuchszeiten: 14–20 Uhr
- Telefonnummer?

Telefongespräch 3
Ihr Beruf
Sie sind: …
Sie möchten: …
…

Sie arbeiten …
…

Wortschatz **Ergänzen Sie das Telefonat.**

zurückrufen durchstellen verbinden bleiben Durchwahl ~~melden~~

1. ○ Guten Tag, Frau Dr. Schöneck hat mich angerufen. Ich soll mich *melden*.
2. ● Dr. Schöneck ist leider nicht da, soll sie Sie ....?
3. ○ Nein, danke, aber könnten Sie mir die .... zu Station 12 geben?
4. ● Ja, gerne, aber ich kann Sie auch gleich ....
5. ○ Wenn das geht, danke, das ist nett. Ich .... am Apparat.
6. ● Ich .... Sie erstmal ins Stationszimmer ....

Berufssprache **Sich am Telefon melden – Schwester Inga meldet sich am Telefon. Wie macht sie das? Verbinden Sie 1–5 mit a–e und ordnen Sie dann die Sätze 1 und 2.**

1. Guten Tag.
2. St. Josef-Krankenhaus Bad Berlheim,
3. Station 9,
4. Schwester Inga am Apparat.
5. Wie kann ich Ihnen helfen?

a) Namen und Funktion nennen
b) die Institution nennen
c) Hilfe anbieten
d) begrüßen
e) die Abteilung nennen

1. Berger am Apparat / Büro Müller / Hausmeisterbetrieb Müller / Guten Morgen / Was kann ich für Sie tun?
2. Mit wem möchten Sie sprechen? / Firma Yildirim / Guten Tag / Helene Klar / Empfang

Guten Morgen. Hausmeisterbetrieb Müller, ...

Redemittel **Frau Lösch telefoniert mit der Klinik. Schreiben und sprechen Sie das Telefonat in der richtigen Reihenfolge.**

Klinikpersonal

- ● Urban-Krankenhaus, Pforte, Müller am Apparat. Was kann ich für Sie tun?
- ● Wie heißt Ihr Vater?
- ● Wie schreibt man das?
- ● Ich verbinde Sie mit dem Stationszimmer. Bleiben Sie am Apparat.
- ● Hören Sie? Das Stationstelefon ist besetzt. Ich gebe Ihnen die Durchwahl: 564.
- ● Unter welcher Nummer sind Sie telefonisch zu erreichen?
- ● Ich wiederhole: 0154 3572 97.
- ● Auf Wiederhören.

Angehörige

○ Tschüs. ○ 0154 3572 97. ○ Dieter Brunner.

○ Danke, dann rufe ich gleich selber an.

○ Ja, das ist korrekt.

○ Lösch hier. Mein Vater liegt bei Ihnen.

○ Mit B und Doppel-N. ○ Ja, ich bleibe dran.

• Urban-Krankenhaus, Pforte, Müller am Apparat. Was kann ich für Sie tun?
○ Lösch hier. Mein Vater liegt bei Ihnen.
• Wie heißt ...

Schreiben **Eine SMS schreiben – Sie sind die Nachbarin von Herrn Brunner. Er liegt im Krankenhaus und Sie möchten ihn besuchen. Schreiben Sie ihm eine SMS. Beachten Sie folgende Punkte:**

- Besuchszeiten
- Was mitbringen?
- Gute Wünsche
- Besuch: Passt wann?

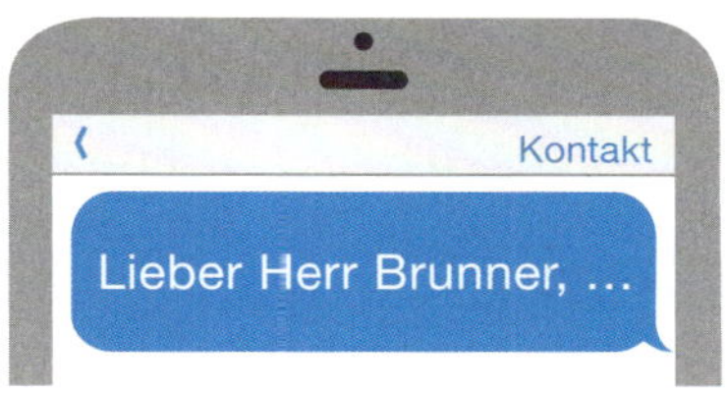

die/der Angehörige, -n eine Person aus der Familie, z. B. die Mutter, der Bruder, der Partner

Auskunft geben eine Information geben

durchstellen einen Anruf weiterleiten

die Durchwahl (Sg.) in einem Krankenhaus, einem Amt oder einer Firma die Telefonnummer von einer Person oder einem Raum

die Pforte, -n der Eingang mit der Rezeption und Information

verbinden *hier:* Kontakt z. B. zwischen zwei Personen herstellen

4 Zuständigkeiten verstehen

a Sehen Sie die Bilder von einer Station im Krankenhaus an. Wer gibt Anweisungen? Wer bekommt Anweisungen? Was meinen Sie? Sprechen Sie im Kurs.

du | Sie

Krankenpflegerin + Arzt

du | Sie

Stationsleiterin + Krankenpflegerin

du | Sie

Oberärztin + Arzt + Ärztin

du | Sie

Krankenpflegerin + Pflegehelferin

Auf Bild A gibt ein Arzt der Krankenpflegerin eine Anweisung. Sie soll …

2.27–30 **b Hören Sie die Dialoge und kontrollieren Sie Ihre Antworten in 1a. Wer duzt und wer siezt? Kreuzen Sie an.**

c Wer ist wofür zuständig? Verbinden Sie die Berufe 1–5 mit den Zuständigkeiten a–e.

1. Der Oberarzt
   Die Oberärztin
2. Der Assistenzarzt
   Die Assistenzärztin
3. Der Stationsleiter
   Die Stationsleiterin
4. Der Gesundheits- und Krankenpfleger
   Die Gesundheits- und Krankenpflegerin
5. Der Krankenpflegehelfer
   Die Krankenpflegehelferin

a) hilft Patienten zur Toilette, bringt Essen, räumt Geschirr ab.
b) ist für das Pflegepersonal zuständig, schreibt die Dienstpläne.
c) ist für die Pflege der Patienten zuständig, teilt Medikamente aus, verbindet Wunden, bereitet Patienten für Operationen vor.
d) ist für die Behandlung von Patienten/Patientinnen zuständig, untersucht, verschreibt Medikamente, operiert Patienten.
e) organisiert das ärztliche Personal.

d Welche Zuständigkeiten gibt es in Ihrem Beruf? Erklären Sie, wer wofür zuständig ist.

e Spielen Sie Dialoge. Wen duzen, wen siezen Sie?

Pflegehelfer/in Arbeitsaufgaben heute?	**Arzt/Ärztin** Arbeitsaufgaben heute?	**Krankenpfleger** Übergabe	Ihre Idee
Stationsleitung Frau Murr baden, beim Anziehen helfen	**Oberarzt/Oberärztin** Gespräch mit Frau Murr über Operation	**Krankenpflegerin** Übergabe	

Wortschatz **Berufe und Tätigkeiten im Krankenhaus. Wer ist wofür nicht zuständig? Kreuzen Sie an.**

1. die Ärztin
   - [x] a Patienten baden
   - [ ] b Patienten behandeln
   - [ ] c Patienten operieren
2. der Krankenpfleger
   - [ ] a Medikamente austeilen
   - [ ] b Medikamente verschreiben
   - [ ] c Arme verbinden
3. die Stationsleitung
   - [ ] a Dienstplan schreiben
   - [ ] b organisieren
   - [ ] c Geschirr abräumen
4. der Assistenzarzt
   - [ ] a Patienten untersuchen
   - [ ] b Patienten behandeln
   - [ ] c Patienten das Frühstück bringen
5. die Pflegehelferin
   - [ ] a Patienten untersuchen
   - [ ] b Patienten zur Toilette helfen
   - [ ] c Patienten das Essen bringen

Strukturen **Schreiben Sie, wer die Tätigkeit, die Sie oben aussortiert haben, macht.**

Die Ärztin badet keine Patienten, sondern operiert und behandelt sie.
Der Krankenpfleger badet die Patienten.

Berufssprache **Lange Wörter verstehen – Markieren Sie in langen Wörtern die Wörter, die Sie kennen. Erklären Sie die Wörter wie im Beispiel.**

Pflegedienstleiterin   Gesundheits- und Krankenpfleger   Pflegepersonal   Chefärztin

pflegen, die Pflege → Pflegehelfer**in** ← *weiblich*

helfen, der Helfer → Pflegehelferin

Eine Pflegehelferin ist eine Frau. Sie hilft den Krankenpflegern und Krankenpflegerinnen.

Lesen **Duzen und Siezen am Arbeitsplatz – Lesen Sie den Text und kreuzen Sie an: richtig oder falsch?**

Am Arbeitsplatz in Deutschland siezt man normalerweise die Vorgesetzten, man sagt also Sie, Ihnen oder Ihr, und die Vorgesetzten siezen zurück. So lange man die Kolleginnen und Kollegen noch nicht gut kennt, siezt man sie auch. Oft bieten sich Kolleginnen und Kollegen aber nach einiger Zeit das Du an: Sie duzen sich. Hier ist wichtig: Wer bietet wem das Du an? Grundsätzlich fragt der ältere Kollege den jüngeren. Steht ein Mitarbeiter in der Hierarchie niedriger als ein anderer Mitarbeiter, darf er ihm das Du nicht anbieten. Das bedeutet z. B.: Ist die Chefin jünger als ihr Mitarbeiter, bietet sie ihm das Du an, nicht umgekehrt. Kunden, Patienten und Personen, die man nicht kennt, werden immer gesiezt.

	R	F
1. Normalerweise duzen Vorgesetzte ihre Mitarbeiter.	☐	☐
2. Wenn sich Kollegen gut kennen, duzen sie sich meistens.	☐	☐
3. Vorgesetzte dürfen Mitarbeitern das Du anbieten.	☐	☐
4. Neue Kunden kann man direkt duzen.	☐	☐

der Assistenzarzt, ¨-e / die Assistenzärztin, -nen Arzt/Ärztin in Weiterbildung

die Behandlung, -en was Ärztinnen und Ärzte mit Kranken machen, damit sie gesund werden → behandeln

der Dienstplan, ¨-e eine Liste für die Arbeitszeiten: Wer arbeitet wann?

der Krankenpflegehelfer, – / die Krankenpflegehelferin, -nen Mitarbeiter/innen, die nach mehreren Wochen Unterricht und Praktikum im Pflegebereich arbeiten

der Stationsleiter, – / die Stationsleiterin, -nen Chef/in der Pflegekräfte auf einer Station im Krankenhaus → die Pflegedienstleitung

verschreiben ein Rezept für ein Medikament schreiben

5 Szenario – Gesundheitsberufe

		Rolle A	Rolle B	Rolle C
		Sie sind Frau* Tietze, die Stationsleitung und Vorgesetzte von Herrn Spina.	Sie sind Herr* Spina. Sie sind Schüler und möchten vielleicht eine Ausbildung zum Gesundheits- und Krankenpfleger machen. Sie machen auf der Station von Frau Tietze ein Praktikum.	Sie sind Herr* Altmann. Ihre Frau liegt auf der Station in Zimmer 201. Sie machen sich große Sorgen.
Schritt 1	Gespräch zwischen Stationsleitung und Praktikant zur Einteilung der Dienstzeiten	Machen Sie mit Herrn Spina den Dienstplan. Er soll im Praktikum alle Schichten – die Frühschicht, die Spätschicht und die Nachtschicht – kennenlernen. An welchen Tagen hat er Zeit?	Besprechen Sie mit der Stationsleitung Ihre Dienste. Sie haben viele andere Termine: Schule, Sport, Ihre Familie, Ihre Freundin / Ihren Freund …	
Schritt 2	Der Praktikant nimmt ein Telefongespräch entgegen.	Das Telefon im Stationszimmer klingelt. Bitten Sie Herrn Spina, das Telefonat entgegenzunehmen.	Sie beantworten das Telefonat. Sie versuchen, Herrn Altmann mit seiner Frau zu verbinden, aber sie ist nicht erreichbar. Sie sagen, dass Sie zurückrufen und notieren die Telefonnummer.	Sie möchten mit Ihrer Frau sprechen, aber sie geht nicht an ihr Handy. Sie machen sich Sorgen und wollen, mit dem Telefon in ihrem Zimmer verbunden werden.
Schritt 3	Gespräch zwischen Stationsleitung und Praktikant im Anschluss an das Telefonat	Der Praktikant hat Ihnen von dem Telefonat berichtet. Sie bitten ihn, mal in Zimmer 201 zu schauen, ob alles in Ordnung ist.	Sie gehen zurück zu Frau Tietze und erzählen ihr vom Telefonat.	
Schritt 4	Der Praktikant ruft Herrn Altmann zurück.		Rufen Sie Herrn Altmann zurück und berichten Sie, dass alles in Ordnung ist. Erklären Sie, warum seine Frau das Telefon nicht hören konnte.	Sie sind erleichtert, weil der Praktikant Sie so schnell zurückruft und alles in Ordnung ist. Bedanken Sie sich. Sagen Sie: Sie kommen Ihre Frau gleich besuchen.

* Hinweis: Frau oder Herr? Sie können die Rollen jederzeit ändern.

Probleme und Lösungen 6

1 Verschiedene Probleme

a Sehen Sie die Fotos an und lesen Sie die Sprechblasen. Ordnen Sie die Probleme zu.

1. ....B.... Man arbeitet unter Zeitdruck.
2. .... Die Arbeit als Malerin kann die Gesundheit gefährden.
3. .... Der Kunde will alles perfekt haben.
4. .... Frauen haben es in einem Männerberuf manchmal nicht leicht.
5. .... Für ältere Arbeitnehmer und Arbeitnehmerinnen kann die Arbeit sehr anstrengend sein.

b Welche Probleme kann es bei der Arbeit noch geben? Sammeln Sie. Welches Problem ist für Sie besonders groß?

Für mich ist der Lärm ein großes Problem. Ich kann die Kollegen dann nicht verstehen.

Ja, das finde ich auch richtig schlimm.

Sprechen Probleme bei der Arbeit benennen; nachfragen; Gründe für Probleme benennen und Lösungsvorschläge machen; Kritik äußern und auf Kritik reagieren | **Hören** Gespräche über Probleme und Lösungen; Kritikäußerung und Reaktionen auf Kritik; ein Gespräch über ein berufliches Vorbild | **Lesen** einen Beschwerdebrief | **Schreiben** Nichtmachbarkeit ausdrücken und begründen; einen Steckbrief über ein Vorbild

2 Gespräche unter vier Augen

2.31–33 **a Hören Sie die Gespräche. Mit wem spricht die Chefin? Kreuzen Sie an.**

Ines ☐

Herbert ☐

Juri ☐

Jana ☐

Bruno ☐

2.31–33 **b Probleme und Lösungen – Hören Sie die Gespräche noch einmal. Was ist richtig? Kreuzen Sie an.**

1. Herbert braucht ☐ öfter eine Pause ☐ eine neue Leiter.
2. Er soll ☐ in Zukunft halbtags arbeiten ☐ eine Kollegin unterstützen.
3. Jana macht Fehler, ☐ weil sie nicht nachfragt ☐ weil die Kollegen ihr nicht helfen.
4. Sie soll in Zukunft ☐ keine Fehler machen ☐ Herbert fragen.
5. Bruno akzeptiert ☐ Ines ☐ die Chefin nicht, weil sie eine Frau ist.
6. Er soll in Zukunft ☐ mit Juri zusammen arbeiten ☐ eine neue Stelle suchen.

2.31–33 **c Hören Sie die Gespräche noch einmal. Ergänzen Sie die Lücken.**

sich kümmern ~~sich unterhalten~~ sich beschweren sich streiten sich ärgern

1. Die Chefin *unterhält* *sich* mit allen Kollegen und Kolleginnen.
2. Die Kunden .... über Janas Fehler.
3. Herbert .... in Zukunft um Jana.
4. Ines .... über Bruno.
5. Bruno .... ständig mit Ines.

d Welche reflexiven Verben kennen Sie noch? Schreiben Sie Kärtchen und Beispielsätze und vergleichen Sie.

sich interessieren für

Ich interessiere mich für Sport.

sich setzen

Setzen Sie sich bitte.

sich bewerben bei

Mein Mann bewirbt sich bei Aldi.

G

ich	mich
du	dich
er/es/sie	sich
wir	uns
ihr	euch
sie/Sie	sich

UND SIE?

Schreiben Sie Sätze über sich. Nutzen Sie die Verben oben. Mischen Sie alle Kärtchen. Ziehen Sie ein Kärtchen und kommentieren Sie.

Hier steht: Ich unterhalte mich gerne mit Leila.
Also, ich unterhalte mich auch gerne mit Leila. Sie ist nett.

3 Nachfragen

a Jana und Herbert arbeiten zusammen. Welche Antwort passt zu welcher Frage?

A ....5...., B ...., C ...., D ...., E ...., F ....

- Wie macht man das? (A)
- Ich habe das noch nicht verstanden. (B)
- Kann ich dich noch etwas fragen? (C)
- Wie funktioniert das Gerät? (D)
- Kannst du das wiederholen? (E)
- Kannst du mir das erklären? (F)

- (1) Klar. Was willst du wissen?
- (2) Was soll ich wiederholen?
- (3) Was hast du nicht verstanden?
- (4) Was soll ich dir erklären?
- (5) Wie macht man was?
- (6) Welches Gerät?

b Üben Sie nachfragen.

Kann ich dich etwas fragen?

Was willst du wissen?

Wo hast du diesen schönen Pullover gekauft?

c Jana schreibt Herbert eine Nachricht. Lesen Sie den Chat. Warum kann Herbert die Mischmaschine nicht zeigen? Welche Begründung passt, (a), (b) oder (c)?

Jana 11:38: Hallo Herbert, kannst du mir am Montag die Mischmaschine zeigen?

Herbert 11:42: Das geht leider nicht.

Jana 11:49: Warum nicht? Es wäre wichtig.

Herbert 12:02: ....
....

Jana 12:10: Ok. Geht es am Dienstag?

Herbert 12:14: Ja, Dienstag geht klar.

(a) Die Chefin braucht die Mischmaschine am Dienstag.

(b) Am Montag ist Feiertag. Da arbeiten wir nicht.

(c) Ich weiß nicht, wie die Mischmaschine funktioniert.

d Schreiben Sie eine neue Begründung.

Das geht nicht, weil die Maschine kaputt ist.

4 Wir kümmern uns darum.

a Sehen Sie das Bild an. Welche Aussage passt? Kreuzen Sie an.

Die Mitarbeiter haben

1. ☐ die Tapete beschädigt.
2. ☐ Schmutz hinterlassen.
3. ☐ die Tür nicht gestrichen.

b Was glauben Sie? Was ist der Grund für das Problem? Sprechen Sie im Kurs.

Die Tür war nicht gestrichen, weil keine Farbe mehr da war.

Oder weil die Chefin das nicht gesagt hat.

c Lesen Sie die E-Mail. Markieren Sie: Was ist die Lösung für das Problem?

Sehr geehrte Damen und Herren,

es tut uns leid, dass Sie mit unserer Leistung nicht zufrieden sind.
Unser Mitarbeiter hat gesagt, dass er die falsche Farbe hatte. Wir haben die richtige Farbe bestellt. Wir streichen die Tür selbstverständlich noch. Wann passt es Ihnen?
Wir bedauern sehr, dass ein Problem aufgetreten ist.
Ich versichere Ihnen, dass wir das Problem so schnell wie möglich beheben.

d Ergänzen Sie die Tabelle mit den Sätzen aus 2c.

G

FOKUS **Nebensatz mit *dass***

Hauptsatz	Nebensatz
Es tut uns leid,	dass Sie mit unserer Leistung nicht zufrieden *sind*.
Unser Mitarbeiter hat gesagt,	dass er die falsche Farbe ______.
Wir bedauern sehr,	dass ein Problem aufgetreten ______.

e Verbinden Sie die Sätze mit *dass*.

1. Es tut uns leid, …
2. Der Grund dafür ist, …
3. Unser Mitarbeiter hat gesagt, …
4. Wir schlagen Ihnen vor, …
5. Ich bin sicher, …

Ein Problem ist aufgetreten.
Ein Mitarbeiter war krank.
Bei Ihnen hat niemand die Tür geöffnet.
Wir geben Ihnen einen Rabatt.
Wir können den Fehler schnell beheben.

Es tut uns leid, dass ein Problem aufgetreten ist.

UND SIE?

Sammeln Sie Probleme an der Tafel. Überlegen Sie gemeinsam, was der Grund für das Problem ist. Wie kann man das Problem lösen?

Der Grund ist, dass ich so viel Stress hatte.

Lade sie zum Kaffee ein. Das ist eine gute Lösung.

Ich habe den Geburtstag von meiner Nachbarin vergessen.
Ich verstehe den Brief vom Jobcenter nicht. …

5 Eine Nachricht vom Kunden

a Die Firma hat eine E-Mail vom Kunden bekommen. Lesen Sie die Nachricht. Um was handelt es sich? Kreuzen Sie an.

eine Einladung ☐ eine Beschwerde ☐ eine Bestellung ☐ eine Antwort auf eine Beschwerde ☐

Sehr geehrte Damen und Herren,

gestern haben Ihre Mitarbeiter unsere Wohnung gestrichen. Leider sind wir nicht zufrieden. Sie wissen doch, dass meine Frau und ich berufstätig sind und um 7:30 Uhr die Wohnung verlassen müssen. Leider sind Ihre Mitarbeiter erst um 7:50 Uhr angekommen. Wir haben auf sie gewartet und sind dann zu spät zur Arbeit gefahren. Das war sehr ärgerlich.
Als wir am Abend nach Hause gekommen sind, waren Ihre Mitarbeiter natürlich schon weg. Sie haben unsere Wohnung nicht sauber verlassen! Anbei ein Foto.
Wir bitten Sie um Stellungnahme.

Mit freundlichen Grüßen
Jörg Rauhut

b Lesen Sie die Nachricht noch einmal. Was ist richtig? Kreuzen Sie an.

Die Mitarbeiter sind
(a) zu spät gekommen.
(b) zu früh nach Hause gegangen.

Herr Rauhut
(a) schickt ein Bild von der Wohnung.
(b) hat die Wohnung nicht geputzt.

2.34 **c Die Chefin fragt nach. Hören Sie und kreuzen Sie an: richtig oder falsch?**

	R	F
1. Herr Rauhut hat mit der Chefin telefoniert.	☐	☐
2. Die Chefin fragt nach, was los war.	☐	☐
3. Ines und Bruno waren nicht pünktlich auf der Baustelle.	☐	☐
4. Bruno und Ines haben in der Wohnung Pizza gegessen.	☐	☐
5. Die Chefin will sich bei dem Kunden entschuldigen.	☐	☐

2.34 **d Hören Sie noch einmal. Wer sagt was – Ines oder Bruno? Notieren Sie I oder B.**

1. Das kann doch mal vorkommen. ...B...
2. Sie haben recht. ....
3. Es tut mir auch total leid! ....
4. Tut mir leid, das ist nicht richtig. ....
5. Aber wir haben doch nichts falsch gemacht! ....
6. Es kommt nicht wieder vor. ....

e Lesen Sie die Sätze in d. Welche benutzt man wann?

Kritik zurückweisen: ...1..., ..., ... Kritik annehmen: ...., ..., ...

UND SIE?

Spielen Sie zu dritt Dialoge wie im Beispiel und verwenden Sie die Sätze aus d.

Du hast deine Hausaufgaben nicht gemacht.

Das stimmt nicht. Ich habe sie nur vergessen. Das kann doch mal vorkommen.

6 Die Chefin schreibt zurück.

a Lesen Sie die Sätze. Überlegen Sie: Was kann ein Grund für die Probleme sein? Was ist die Lösung? Kreuzen Sie an.

	Grund	Lösung
1. Der Bus hatte Verspätung.	☐	☐
2. Das Kind von einer Mitarbeiterin war krank.	☐	☐
3. Die Mitarbeiterin musste das Kind aus der Kita abholen.	☐	☐
4. Es gibt ein Missverständnis. Die Mitarbeiter haben alles aufgeräumt.	☐	☐
5. Herr Rauhut muss weniger bezahlen.	☐	☐

b Bringen Sie die Sätze in die richtige Reihenfolge. Schreiben Sie die Antwort.

Sehr geehrter Herr Rauhut,

1 wir bedauern sehr, dass Sie mit unserer Arbeit nicht zufrieden sind.
☐ Wir schlagen vor, dass wir Ihnen einen Preisnachlass geben.
☐ Eine Mitarbeiterin musste leider schnell zu ihrem kranken Kind.
☐ Ich habe mit meinen Mitarbeitern gesprochen.
☐ Es gibt außerdem ein Missverständnis. Meine Mitarbeiterin und mein Mitarbeiter haben nicht in Ihrer Wohnung Pizza gegessen.
☐ Wir hoffen, dass Sie mit dem Vorschlag einverstanden sind.

Mit freundlichen Grüßen
Janina Kunst (Malermeisterin)

Sehr geehrter Herr Rauhut,

c *Nicht nur, sondern auch* – Lesen Sie die Sätze und die Fragen. Kreuzen Sie an.

1. Die Chefin hat **nicht nur** mit Ines, **sondern auch** mit Bruno gesprochen.
   Mit wem hat die Chefin gesprochen? ☐ mit Ines ☐ mit Bruno ☐ mit Ines und Bruno

2. **Weder** Ines **noch** Bruno haben Pizza gegessen.
   Wer hat Pizza gegessen? ☐ Ines ☐ Bruno ☐ Ines und Bruno ☐ keiner von ihnen

d Schreiben Sie Kärtchen wie im Beispiel und bilden Sie Sätze.

Kaffee Tee
trinken
\+ +

als Verkäufer als Busfahrer
arbeiten
– –

Roberta trinkt nicht nur Kaffee, sondern auch Tee.

Ich möchte weder als Verkäufer noch als Busfahrer arbeiten.

7 Meine Chefin ist toll.

2.35 **a Hören Sie. Über wen sprechen Ines und Jana?**

1. ☐ eine Kollegin
2. ☐ eine Freundin
3. ☐ ein berufliches Vorbild

2.35 **b Hören Sie noch einmal. Warum finden Ines und Jana ihre Chefin toll? Kreuzen Sie an: richtig oder falsch?**

Sie	R	F
1. leitet ihr eigenes Geschäft.	☐	☐
2. hat eine Ausbildung als Bürokauffrau abgeschlossen.	☐	☐
3. hat im Büro von ihrem Vater gearbeitet.	☐	☐
4. hat die Firma modernisiert.	☐	☐
5. versteht sich gut mit den Kunden.	☐	☐
6. motiviert die Mitarbeiter und Mitarbeiterinnen.	☐	☐
7. hat einen typischen Frauenberuf.	☐	☐

c Welche Ausdrücke passen zusammen? Ordnen Sie zu.

1. hat Erfolg	a) kompetent
2. arbeitet hart für seine/ihre Ziele	b) kreativ
3. weiß genau, was er/sie tut	c) erfolgreich
4. kann sehr gut mit Kunden umgehen	d) verständnisvoll
5. hat tolle neue Ideen	e) freundlich
6. ist nett zu allen	f) kundenorientiert
7. hat Verständnis, wenn …	g) zielstrebig

UND SIE?

Schreiben Sie einen Steckbrief über ein berufliches Vorbild. Wählen Sie Partnerarbeit ODER Einzelarbeit. Präsentieren Sie den Steckbrief im Kurs.

Heute möchte ich über meinen Cousin sprechen. Er ist mein berufliches Vorbild.

Name:

Nationalität:

Stationen im Leben:

Besondere Leistung im Leben:

Besondere Eigenschaften:

Ich bewundere ihn/sie dafür:

Schreiben Sie mit den Informationen aus dem Steckbrief einen Text.

Mein Cousin ist mein berufliches Vorbild. Er heißt …

ÜBUNGEN

1 Verschiedene Probleme

a Wie kann man es auch sagen? Ordnen Sie zu.

1. Ines ist oft die einzige Frau im Team. Es gibt nicht viele Handwerkerinnen.
2. Jana denkt, alles muss immer perfekt sein. Deshalb möchte sie keinen Fehler machen.
3. Juri findet die Arbeit ganz schön stressig. Oft reicht die Zeit nicht für all die Arbeit.
4. Herbert ist 59 Jahre alt. Manchmal setzt er sich hin und ruht sich ein paar Minuten aus.
5. Die Chefin sagt: „Denkt daran, die Dämpfe können gefährlich sein."

a) ☐ Sie möchte nichts falsch machen.
b) ☐ Er findet die Arbeit anstrengend und braucht öfter eine Pause.
c) ☐ Man muss auf seine Gesundheit achten und sich gut schützen.
d) ☐ Er findet, das ist nicht zu schaffen.
e) 1 Ines arbeitet in einem Männerberuf.

2.36 **b Aussprache: *ich*-Laut und *ach*-Laut – Hören Sie und sprechen Sie nach.**

1. doch • auch • machen • suchen
   Du brauchst doch eine Pause. • Man kann auch Fehler machen.
2. sich • nicht • gleich • leicht
   Ich habe es wirklich nicht leicht. • Du regst dich immer gleich auf.

a, o, u und au + ch → *ach*-Laut
alle anderen + ch → *ich*-Laut

2 Gespräche unter vier Augen

a Welches Verb passt? Ergänzen Sie die Sätze.

~~setz~~ bewerben interessiert geärgert beeilen ausruhen streitest

1 Komm, setz dich doch.

4 Ja. Ich habe mich heute ziemlich ....

6 Meine Schwester will sich in unserer Firma ....

2 Ich muss mich wirklich mal ....

7 Super! Sie .... sich sehr für den Beruf, oder?

3 Du .... dich oft mit Tom, oder?.

5 Wir müssen uns .... Gleich ist die Pause zu Ende.

b Lesen Sie die Sätze. Ergänzen Sie die Reflexivpronomen.

sich ~~euch~~ uns dich mich

1. ● Beeilt euch! Die Kundin wartet. ○ Einen Moment, wir müssen .... erst umziehen.
2. ● Die neue Kollegin ist nett. ○ Hoffentlich fühlt sie .... bei uns wohl.
3. ● Puh, das war anstrengend! ○ Möchten Sie .... ein bisschen ausruhen?
4. ● Ich habe .... heute über Tom geärgert. ○ Du regst .... aber auch leicht auf!

c **Verbinden Sie die Sätze.**

1. Vielen Dank, wir freuen uns — d
2. Viele Kollegen beschweren
3. Meine Kollegin streitet sich oft
4. Joshua, bitte melde dich
5. Unsere Chefin kümmert sich
6. Meine Nachbarin regt sich ständig

a) über den Müll im Hof auf.
b) mit den Handwerkern.
c) über die Arbeitszeiten.
d) über Ihren Vorschlag.
e) bei deinem Kunden.
f) um die Lieferung.

2.37

d **Aussprache: *sch* – Hören Sie und sprechen Sie nach.**

1. schlimm • schnell • beschweren • geschützt
2. Stelle • ständig • verstehen • streiten • Stress • anstrengend
3. später • speziell • sparen • Gespräch

> st und sp am Silbenanfang = „scht", „schp"

3 Nachfragen

a **W-Fragen – Welches Fragewort passt? Ordnen Sie zu.**

wer   wo   was   ~~wie~~   warum   wann

1
11:14 Ich brauche Hilfe!
Wie .... kann ich dich unterstützen? 11:40

2
13:44 Die Mischmaschine kann ich dir am Dienstag nicht zeigen.
.... denn nicht? 13:49

3
15:01 .... von euch kann mir helfen? Wir müssen die Wohnung renovieren.
Okay, ... soll ich tun? 15:11

4
15:30 .... seid ihr mit der Arbeit fertig?
Gleich, wir müssen nur noch aufräumen. 15:34

5
16:10 Beeil dich, wir müssen zum Kunden.
.... ist denn die Schutzkleidung? 16:16

b **Wie können Sie noch einmal nachfragen? Ordnen Sie zu.**

1. ● Kannst du mal kommen? Ich habe eine Frage.
   ○ [c]
2. ● Wie mischt man die Farbe? Kannst du mir das erklären?
   ○ [ ]
3. ● Das habe ich nicht verstanden. Kannst du es wiederholen?
   ○ [ ]
4. ● Hast du kurz Zeit? Ich brauche deine Hilfe.
   ○ [ ]
5. ● Ich weiß einfach nicht, wie die Maschine funktioniert.
   ○ [ ]
6. ● Entschuldige, das habe ich nicht verstanden.
   ○ [ ]

[a] Was soll ich wiederholen?
[b] Was soll ich dir erklären?
[~~c~~] Was willst du wissen?
[d] Welche Maschine?
[e] Was hast du nicht verstanden?
[f] Wie kann ich dir helfen?

c **Werden die Wörter mit *ich*-Laut, *ach*-Laut oder *sch* gesprochen? Schreiben Sie die Wörter in die Tabelle.**

Maschine • welche • verstanden • Woche • geschützt • Verspätung • typisch • unterstützen • mischen • rauchen • gleich

„ch“: ich-Laut	„ch“: ach-Laut	„sch“
welche		

4 Wir kümmern uns darum.

a **Was passt zusammen? Ordnen Sie zu.**

1. Das ist ja kaputt!
2. Sie haben nicht gut gearbeitet!
3. Das tut mir leid.
4. Oh nein! Hier ist ein Fehler passiert!
5. Wir bringen es wieder in Ordnung.

a) Wir beheben das Problem.
b) Ein Problem ist aufgetreten.
c) Das ist beschädigt.
d) Das bedauere ich.
e) Wir sind mit der Leistung nicht zufrieden.

2.38 **b** **Hören Sie das Gespräch. Was ist das Problem?**

1. Mitarbeiter vom Malerbüro Atav haben ◯ nicht gut gestrichen ◯ nicht aufgeräumt.
2. Die Tür ◯ ist beschädigt ◯ geht nicht auf.
3. Herr Murat hat heute ◯ viel Zeit ◯ wenig Zeit.
4. Die Mitarbeiter sollen ◯ morgen ◯ sofort aufräumen.
5. Frau Atav will die Tür ◯ anschauen ◯ reparieren.

c **Die Chefin spricht mit den Mitarbeitern. Ergänzen Sie die Sätze.**

~~festgestellt~~ beschwert möchte sagt versprochen

Der Kunde hat (1) festgestellt, dass ihr die Wände nicht gut gestrichen habt.

Er hat sich auch (2) ...., dass eine Tür beschädigt ist.

Der Kunde (3) .... außerdem, dass ihr noch aufräumen müsst.

Er (4) ...., dass ihr heute Abend eure Sachen mitnehmt.

Ich habe ihm (5) ...., dass wir das Problem beheben.

d **Es gibt ein kleines Problem … Schreiben Sie die Nebensätze mit *dass* wie im Beispiel.**

1. Ich muss Ihnen sagen, gestern ist ein Problem aufgetreten.
2. Wir haben festgestellt, Sie haben das falsche Sofa geliefert.
3. Ich glaube, es hat ein Missverständnis gegeben.
4. Ich weiß, wir haben ein kleineres Sofa bestellt.
5. Wir hoffen, Sie können das richtige Sofa schnell liefern.

Ich muss Ihnen sagen, dass gestern ein Problem aufgetreten ist.

e **Verbinden Sie. Schreiben Sie die Nebensätze mit *dass*.**

1. Es tut mir leid, — passiert ist / ein Fehler / gestern
   dass gestern ein Fehler passiert ist.
2. Ich habe gehört, — unsere Mitarbeiter / geliefert haben / das falsche Sofa
   ....
3. Ich verspreche Ihnen, — das Problem / beheben / wir / so schnell wie möglich
   ....
4. Mein Mitarbeiter sagt, — das Sofa / wir / können / liefern / gleich
   ....
5. Wir schlagen Ihnen vor, — bringen / wir / am Samstag / Ihnen / das Sofa
   ....

5 Eine Nachricht vom Kunden

a **Die Kunden beschweren sich. Ergänzen Sie die Sätze mit *haben* oder *sein* in der richtigen Form.**

①
Hallo Herr Rafa, vorhin waren Ihre Mitarbeiter hier. Leider .... sie mit der Reparatur viel zu spät fertig geworden. Jetzt .... ich meinen Termin verpasst. Das .... sehr ärgerlich.
11:24 ✓

②
Guten Morgen Frau Winter, gestern .... wir den ganzen Vormittag auf Ihre Mitarbeiterin gewartet. Leider .... sie nicht gekommen. Wir .... beide berufstätig und .... nicht viel Zeit. Ich bitte um Rückruf.
13:46 ✓

③
Liebe Frau Kanter, gestern .... wir einen Termin für die Beratung. Ich .... pünktlich gekommen, aber Sie .... nicht da. Ich .... 20 Minuten auf Sie gewartet. Jetzt brauche ich einen neuen Termin.
15:35 ✓

bin • haben • sind • waren • haben • ist • hatten • ~~waren~~ • habe • ist • habe • sind

b **Was passt – Kritik annehmen oder Kritik zurückweisen? Kreuzen Sie an.**

	👍	✋
1. Entschuldige, das kommt nicht wieder vor.	☐	☐
2. Das stimmt so nicht.	☐	☐
3. Das tut mir total leid.	☐	☐
4. Sie haben recht.	☐	☐
5. Aber ich habe nichts falsch gemacht.	☐	☐
6. Das kann doch mal vorkommen.	☐	☐
7. Selbstverständlich. Ich kümmere mich darum.	☐	☐

2.39 **c Ordnen Sie die Dialoge. Hören Sie zur Kontrolle.**

Dialog 1

- Du bist zu spät! Das Konzert hat schon angefangen.
- ○ 1. (b)
- Außerdem waren wir gestern zum Sport verabredet. Du hast es wieder mal vergessen.
- ○ 2. ☐
- Okay, dann sag aber wenigstens Bescheid.
- ○ 3. ☐

a) Nein, das ist nicht richtig. Ich musste zum Arzt.
b) Es tut mir leid. Der Bus hatte Verspätung.
c) Du hast recht. Das kommt nicht wieder vor.

Dialog 2

- Die Küche ist ganz schmutzig und das Geschirr ist nicht gespült!
- ○ 1. ☐
- Aber ich brauche den Topf. Ich möchte Nudeln kochen.
- ○ 2. ☐
- Und wer macht die Küche sauber?
- ○ 3. ☐

a) Das mache ich. Du kannst dich nachher ausruhen.
b) Entschuldigung! Ich hatte gestern so viel Arbeit.
c) Kein Problem! Den spüle ich sofort.

d Lesen Sie die Sätze aus 5c laut vor. Achten Sie auf die richtige Aussprache von *sch* und *ch*.

6 Die Chefin schreibt zurück.

a Es gibt ein Problem. Was ist ein Grund (G), was ist eine Lösung (L)?

1. Ich schaffe den Termin heute nicht.
   (G) Mein Auto ist in der Werkstatt. ☐ Ich komme nächste Woche.
2. Karl hat kein Geschenk für seine Frau gekauft.
   ☐ Er lädt seine Frau zu einem schicken Abendessen ein. ☐ Er hat den Geburtstag vergessen.
3. Ich kann heute nicht zum Putzen kommen.
   ☐ Mein Kind ist krank. ☐ Ich kann die Arbeit am Wochenende erledigen.
4. Said hat die Tasse kaputt gemacht.
   ☐ Er hat nicht aufgepasst. ☐ Er will eine neue kaufen.

b Wie kann man sich entschuldigen? Verbinden Sie die Sätze. Es gibt mehrere Möglichkeiten.

Bitte entschuldigen Sie,		wir das wieder in Ordnung bringen.
Wir bedauern sehr,		es zu einem Problem gekommen ist.
Der Grund dafür war,	dass	ein Fehler aufgetreten ist.
Wir schlagen vor,		wir das Problem in den nächsten Tagen beheben.
Sie können sich darauf verlassen,		Sie mit unserer Leistung nicht zufrieden sind.
		es ein Missverständnis gegeben hat.

Bitte entschuldigen Sie, dass es zu einem Problem gekommen ist.

c Lesen Sie noch einmal Aufgabe 6b auf Seite 142. Schreiben Sie eine neue Antwort an Herrn Rauhut.

Sehr geehrter Herr Rauhut,
wir haben Ihre E-Mail bekommen. Bitte entschuldigen Sie, ... Leider ...

d **Was passt: *weder – noch* (– –) oder *nicht nur – sondern auch* (+ +)? Tragen Sie ein.**

1. (– –) Maria isst kein Fleisch und keine Eier.
2. ( ) Soran spielt fast jeden Tag Fußball und er kann auch gut tanzen.
3. ( ) Hülya kann zwei Sprachen richtig gut. Sie spricht Deutsch und Türkisch.
4. ( ) Kevin hat Geburtstag. Aber er bekommt keinen Hund und kein Handy. Schade.

e **Lesen Sie die Sätze in 6d noch einmal. Ergänzen Sie *weder – noch* oder *nicht nur – sondern auch*.**

1. Maria isst .... Fleisch .... Eier.
2. Soran kann .... Fußball spielen, ... gut tanzen.
3. Hülya spricht .... Türkisch, ... Deutsch.
4. Kevin bekommt zum Geburtstag .... einen Hund .... ein Handy.

7 Meine Chefin ist toll.

a **Wie finden die Personen ihre Chefin oder ihren Chef? Ordnen Sie die Adjektive zu.**

a) kompetent b) kreativ c) erfolgreich d) verständnisvoll e) kundenorientiert f) zielstrebig

Mein berufliches Vorbild – eine Umfrage

Iris Meyer (28)
Ich arbeite in der Werbung. Meine Chefin hat immer neue Ideen. Das finde ich toll. Und was mir noch gefällt? Meine Tochter ist oft krank und dann muss ich zu Hause bleiben. Trotzdem ist meine Chefin nicht sauer, sie versteht das.

Hüseyin Ölcün (48)
Manchmal sind unsere Kundinnen und Kunden ganz schön schwierig. Aber mein Chef kümmert sich immer gleich um die Probleme von den Kunden. Er weiß wirklich, was er tut. Dann sind sie zufrieden.

Selma Erdem (34)
Im letzten Jahr hatten wir weniger Arbeit und ich dachte schon, ich verliere meinen Job. Aber mein Chef ist toll. Er arbeitet hart für seine Ziele und die Firma. Und er hat Erfolg. Jetzt muss ich mir keine Sorgen mehr machen.

1. Iris: ....b...., ... 2. Hüseyin: ...., ... 3. Selma: ...., ...

b **Lesen Sie den Text. Füllen Sie den Steckbrief aus.**

Hallo Leute,
heute möchte ich etwas über mein berufliches Vorbild schreiben, meinen Freund Jan Marek aus Polen.
Zuerst hat er hier im Supermarkt als Lagerist gearbeitet. Er ist sehr zuverlässig und freundlich. Außerdem kann er gut mit Menschen umgehen. In seiner Freizeit hat er oft mit Jugendlichen schwimmen geübt. Da hat er gemerkt, dass er das gern beruflich machen möchte.
Jetzt hilft Jan im Schwimmbad an der Kasse aus. Er macht auch eine Ausbildung zum Schwimmlehrer und ein Praktikum in einem Verein. Er möchte unbedingt eine Festanstellung im Schwimmbad.
Ich finde es toll, dass er so viel für seine Ziele getan hat.

Steckbrief
Name:
Nationalität:
Stationen im Leben:
Besondere Eigenschaften:
Ich bewundere ihn/sie dafür:

Lernwortschatz

1 Verschiedene Probleme

der Dampf, ¨-e
sich aufregen
typisch
reden
der Zeitdruck (Sg.) (*unter Zeitdruck*)
der Maler, – / die Malerin, -nen
gefährden
perfekt
der Männerberuf, -e
anstrengend

2 Gespräche unter vier Augen

öfter
die Leiter, -n
die Zukunft (Sg.) (*in Zukunft*)
nachfragen
akzeptieren
sich streiten mit
sich ärgern über
ständig
sich bewerben bei

3 Nachfragen

das Gerät
die Mischmaschine, -n

4 Wir kümmern uns darum.

die Tapete, -n
beschädigt
der Schmutz (Sg.)
hinterlassen
streichen
gestrichen
die Leistung, -en
selbstverständlich
bedauern
auftreten (*ein Problem ist aufgetreten*)
versichern
beheben

5 Eine Nachricht vom Kunden

berufstätig
verlassen
ärgerlich
die Stellungnahme, -n
die Pizza, -s
vorkommen
total

6 Die Chefin schreibt zurück.

die Kita, -s
das Missverständnis, -se
der Preisnachlass, ¨-e
hoffen
der Malermeister, – / die Malermeisterin, -nen
nicht nur, … sondern auch
weder … noch
der Busfahrer, –, die Busfahrerin, -nen

7 Meine Chefin ist toll.

das Vorbild, -er
modernisieren
motivieren
der Frauenberuf, -e
der Erfolg, -e
umgehen mit
kompetent
kreativ
erfolgreich
verständnisvoll
kundenorientiert
zielstrebig
die Station, -en
die Eigenschaft, -en
bewundern

Mein Deutsch nach Kapitel 6

Das kann ich:

Probleme bei der Arbeit benennen

Schreiben Sie drei Probleme auf.

1. Für mich ist … ein Problem.
2. Ich habe Probleme mit …
3. Ich finde es schlimm, wenn …

nachfragen

Das habe ich nicht verstanden.

Was genau hast du nicht verstanden?

Sprechen Sie über die Probleme und machen Sie Lösungsvorschläge.

Warum ist das ein Problem für dich?

Weil …

Kritik annehmen oder zurückweisen

Lesen Sie die Aussagen und kreuzen Sie an: Kritik annehmen + oder Kritik zurückweisen –

	+	–
1. Sie haben recht.	☐	☐
2. Das ist aber nicht richtig.	☐	☐
3. Es kommt nicht wieder vor.	☐	☐
4. Ich habe nichts falsch gemacht.	☐	☐

über ein berufliches Vorbild schreiben

Ergänzen Sie den Satz.

… ist mein berufliches Vorbild, weil …

Das kenne ich:

G

Reflexive Verben

Ich **ärgere mich** über einen Fehler.
Unterhältst du **dich** gerne mit dem Chef?
Die Kunden **beschweren sich** selten.
Wer **kümmert sich** um den neuen Mitarbeiter?
Manche Leute **streiten sich** am Arbeitsplatz.

ich	→	mich
du	→	dich
er/es/sie	→	sich
wir	→	uns
ihr	→	euch
sie/Sie	→	sich

Nebensatz mit *dass*

Hauptsatz	Nebensatz
Es tut uns leid,	dass Sie mit unserer Arbeit nicht zufrieden sind.
Unser Mitarbeiter hat gesagt,	dass er die falsche Farbe gekauft hat.
Ich hoffe,	dass wir bald Feierabend haben.

Zweiteilige Konnektoren *nicht nur – sondern auch* und *weder – noch*

Die Chefin will nicht nur mit dem Kunden, sondern auch mit seiner Frau sprechen.
Weder der Kunde noch seine Frau sind zuhause.

BSK-Spezial F – Baugewerbe

Azubi – Meister – Kollegin

1 Informationen zu Arbeitsaufgaben erfragen

a Sehen Sie die Fotos an. Was macht man auf dem Bau? Ordnen Sie die Tätigkeiten den Fotos zu.

1. Fundamente betonieren 2. Fliesen verlegen 3. Wände tapezieren 4. Wände mauern
5. Steine schneiden 6. Dächer decken 7. Wände verputzen 8. Steine ausrichten

(A) 1
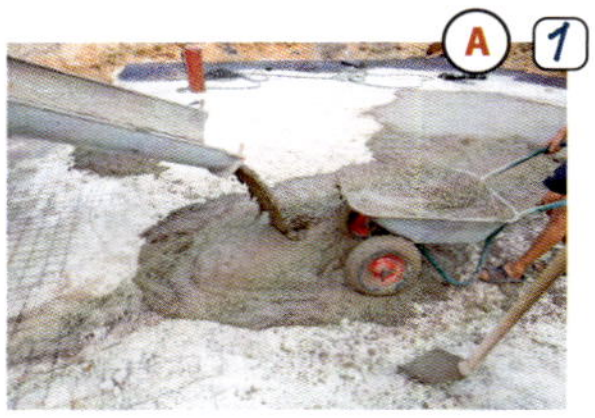

(B) ☐

(C) ☐
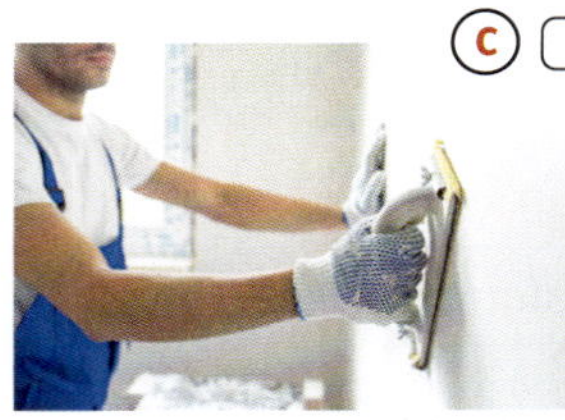

(D) ☐

(E) ☐

(F) ☐

(G) ☐

(H) ☐

2.40 **b Der Azubi Timur auf dem Bau – Hören Sie die Dialoge. Was ist richtig: (a), (b) oder (c)?**

1. Der Arbeitsort ist
   (a) eine Schule.
   (b) ein Einfamilienhaus.
   (c) eine Baustelle in der Mozartstraße.

2. Heute soll Timur
   (a) die Fliesen im Bad verlegen.
   (b) die Wände im Keller mauern.
   (c) das Fundament betonieren.

3. Der Azubi arbeitet
   (a) mit dem Meister.
   (b) alleine.
   (c) mit Ritchie.

4. Die Arbeit dauert
   (a) den ganzen Tag.
   (b) bis zur Pause.
   (c) nicht mehr lange.

In Deutschland kann man in ungefähr 450 Berufen eine Ausbildung machen. Informationen findet man im Internet. Suchwort: Ausbildungsberufe.

c Schreiben Sie Kärtchen wie im Beispiel. Ziehen Sie ein Kärtchen. Fragen und antworten Sie. Tauschen Sie dann die Kärtchen.

Arbeit: Fliesen verlegen
Arbeitsort: im Keller
Arbeitszeit: am Vormittag
Kollegen: mit Fritz

Arbeit: Wände verputzen
Arbeitsort: Baustelle in der Waldstraße
Arbeitszeit: Mittwoch nächste Woche
Kollegen: mit Fawzi, Günter und Rene

Ihr Beruf

Arbeit:
Arbeitsort:
Arbeitszeit:
Kollegen:

die Arbeit: Was machen wir heute?
der Arbeitsort: Wo arbeiten wir?
die Arbeitszeit: Wann / Von wann bis wann …?
die Kollegen: Mit wem arbeite ich zusammen?
die Arbeitsschritte: Zuerst … Danach … Dann … Zum Schluss …

Was machen wir heute?

Wir verlegen Fliesen.

Wo …?

Wortschatz Schreiben Sie die Pluralformen.

Singular	Plural
1. das Fundament	die Fundamente
2. die Wand	....
3. die Fliese	....
4. der Stein	....
5. das Dach	....

Wortbildung Welches Verb passt? Ordnen Sie zu. Kennen Sie weitere Nomen/Verben wie diese?

1. etwas eine Richtung geben
2. mit Beton arbeiten
3. eine Mauer bauen
4. Putz auftragen
5. Tapete anbringen

a) mauern
b) verputzen
c) tapezieren
d) ausrichten
e) betonieren

„Eine Antwort geben" bedeutet „antworten".

Strukturen Was sagt der Meister? Schreiben Sie wie im Beispiel.

1. das Kellerfundament / der Beton Beton → betonieren
   Heute betonieren wir das Kellerfundament.
2. die Fliesen / der Schnitt ....
   Wir ....
3. die Kellerwand / die Mauer ....
   Morgen ....
4. die Wand / der Putz ....
   Nächste Woche ....
5. die Wände / die Tapete ....
   Der Maler ....

Strategie Fragen stellen und Interesse zeigen
Sammeln Sie Fragen zum Thema „Azubi".

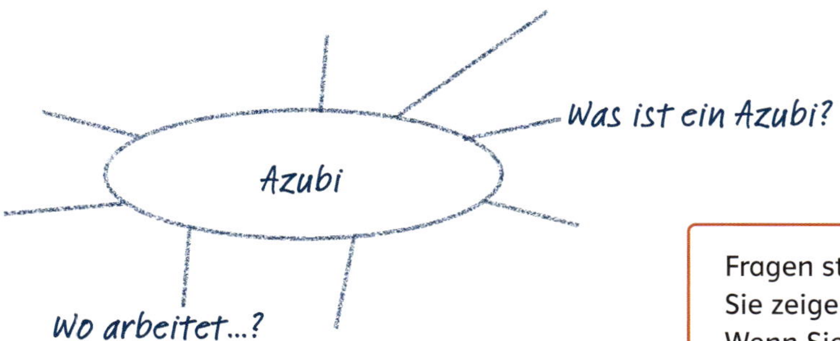

Fragen stellen heißt: Sie zeigen Interesse. Wenn Sie fragen, machen Sie weniger Fehler.

der/die Auszubildende, -n (= der/die Azubi, -s)
Die Person lernt einen Beruf.

die Baustelle, -n
hier: Hier baut jemand ein Haus.

das Dach, ¨-er

die Fliese, -n

das Fundament, -e

das Handwerk (Sg.)
In diesen Berufen arbeitet man meistens mit den Händen.

der Meister, – / die Meisterin, -nen
Lehrer/in in einem Handwerk

der Stein, -e

die Tapete, -n

Azubi → Kollegin

2 Nach Materialien und Werkzeugen fragen

2.41–43 **a Hören Sie die Dialoge und ordnen Sie die Bilder zu.**

b Lesen Sie die Dialoge und ergänzen Sie die Fragen a–c.

a) Wie geht das? b) Was brauche ich dazu? c) Wie mischt man den Mörtel?

Dialog 1

- ● Ritchie, sag mal. ....
- ○ Du füllst mit der Schaufel Sand und Zement in den Betonmischer. Dann gießt du Wasser aus dem Eimer dazu und mischst alles vier Minuten.
- ● Alles klar!

Dialog 2

- ○ Timur, du mauerst heute diese Wand.
- ● ....
- ○ Du brauchst Mörtel, Kelle und Hammer. Mit der Kelle trägst du den Mörtel auf den Stein auf. Mit dem Hammer drückst du den Stein in den Mörtel. Ich zeig's dir.

Dialog 3

- ○ Dann richtest du die Steine waagerecht aus.
- ● ....
- ○ Du nimmst die Wasserwaage. Guck mal: Das Auge muss genau in der Mitte sein.
- ● Ah, okay. Ich versuch's mal.

c Ergänzen Sie die passende Antwort.

Nimm die Wasserwaage und … ~~Das geht so: …~~ Man mischt Sand und Wasser … Dazu braucht man … Das machst du so: …

1. ● Wie geht das? ○ *Das geht so …*
2. ● Wie mache ich das? ○ ....
3. ● Wie mischt man den Mörtel? ○ ....
4. ● Was braucht man dazu? ○ ....
5. ● Welches Werkzeug soll ich nehmen? ○ ....

d Spielen Sie „Kofferpacken". Ergänzen Sie jeweils ein Gerät.

Für meine Arbeit brauche ich einen Eimer. → Für meine Arbeit brauche ich einen Eimer und eine Schaufel. → Für meine Arbeit brauche ich einen Eimer, eine Schaufel und …

e Wie macht man das? Was braucht man dazu? Schreiben Sie Kärtchen. Ziehen Sie ein Kärtchen, fragen und antworten Sie.

Wie kocht man Kaffee? Was braucht man dazu?

Kaffee kochen	*eine Sprachnachricht aufnehmen*	*Käsebrötchen vorbereiten*	Ihre Idee

 fragen, wie man etwas macht | nach Materialien und Werkzeugen fragen | einen Auszug aus einer Anleitung verstehen

Wortschatz Ergänzen Sie. Die Wörter auf Seite 154 helfen.

Das will man machen:	Damit macht man das:
1. Mörtel mischen	mit dem *Betonmischer*
2. Mörtel auftragen	mit der ....
3. Sand in den Betonmischer füllen	mit der ....
4. Wasser holen	mit dem ....
5. einen Stein in den Mörtel drücken	mit dem ....
6. Steine waagerecht ausrichten	mit der ....

Lesen Lesen Sie die Anleitung. Bringen Sie die Schritte in eine sinnvolle Reihenfolge. Es gibt mehrere Möglichkeiten.

Mauern: So machen Sie es richtig!

Schritt ....: Mit der Wasserwaage die Ausrichtung prüfen.

Schritt ....: Einen Stein nehmen und auf den Mörtel setzen.

Schritt ....*1*....: Beim Mauern zuerst den Mörtel auf die Steine auftragen.

Schritt ....: Nun den nächsten Stein nehmen. Wieder Mörtel auftragen und den Stein auf den Mörtel setzen.

Schritt ....: Mit dem Gummihammer die Ausrichtung korrigieren.

Schritt ....: Zu viel Mörtel? Den Mörtel mit der Kelle wegnehmen.

Strukturen Wie sagt es Ritchie? Schreiben Sie die Schritte aus dem Text im Imperativ (Du-Form).

1. Trag beim Mauern zuerst den Mörtel auf die Steine auf.
2. Nimm einen Stein und ...

In schriftlichen Anleitungen finden Sie oft nur den Infinitiv.

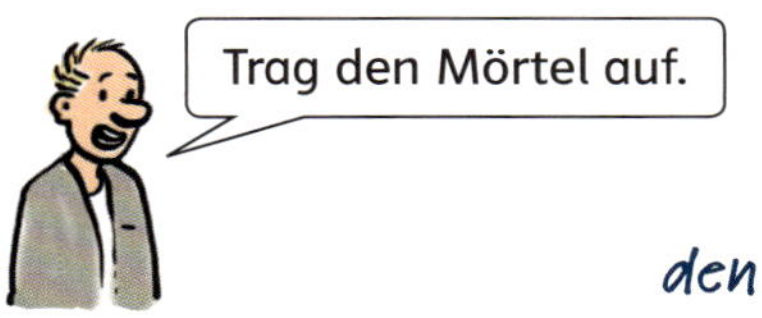

den Mörtel auftragen

Strategie Zwischen formell und informell unterscheiden
Ordnen Sie zu. Ergänzen Sie weitere Beispiele.

Danke. Hallo. ~~Ich verstehe das nicht.~~ Entschuldigen Sie bitte. Sorry. Gib mir mal … Bitte beachten Sie, dass … Guten Tag. Ich hätte gerne … Ich danke Ihnen. ~~Ich kapier das nicht.~~ Pass auf, dass …

formell	*informell*
Ich verstehe das nicht.	*Ich kapier das nicht.*

auftragen
hier: etwas Mörtel auf den Stein tun

die Ausrichtung (Sg)
hier: Die Steine sitzen genau in einer Reihe.
→ die Ausrichtung prüfen
→ die Ausrichtung korrigieren

füllen
voll machen

gießen

der Hammer, –

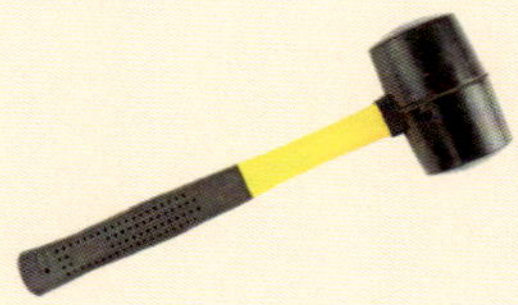

nebeneinander
neben etwas oder jemandem

senkrecht
vertikal

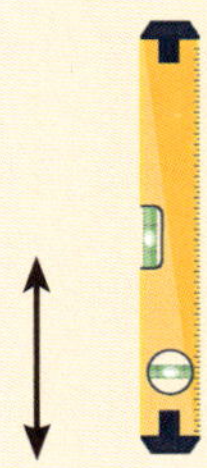

waagerecht
horizontal

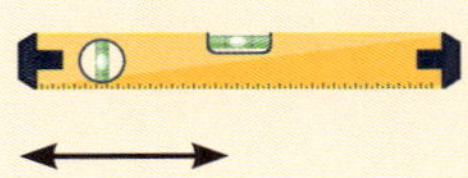

Azubi – Arbeitgeber

3 Sich mündlich und schriftlich krank melden

a **Sehen Sie die Bilder an. Was passiert? Finden Sie eine sinnvolle Reihenfolge.**

(A) ☐

(B) ☐ 1

(C) ☐

(D) ☐

b **Lesen Sie und kontrollieren Sie Ihre Lösung.**

1. ● Wie soll ich heute arbeiten? Mir ist schlecht!

2. ● Guten Morgen Meister, hier ist Timur Krick. Leider bin ich heute krank und kann nicht kommen. Ich gehe gleich zum Arzt.
   ○ Alles klar. Du musst auch die Berufsschule informieren.
   ● Ja, das mache ich. Danke und auf Wiederhören.

3. ▲ Ich schreibe Sie für eine Woche krank. Sie wollen doch Ihre Kollegen nicht anstecken.
   ● Natürlich nicht.

4. ● Hier ist nochmal Timur Krick. Ich wollte nur Bescheid sagen. Ich bin für eine Woche krankgeschrieben.
   △ Danke, dann wissen wir Bescheid. Gute Besserung!

In Deutschland gibt es das duale Ausbildungssystem: Im Betrieb lernen Azubis die Praxis und in der Berufsschule lernen sie die Theorie.

c **Wer sagt was? Lesen Sie und kreuzen Sie an.**

	der Arzt	die Firma	Timur
1. Mir ist schlecht.	☐	☐	☒
2. Leider bin ich heute krank.	☐	☐	☐
3. Ich schreibe Sie für eine Woche krank.	☐	☐	☐
4. Du musst auch die Berufsschule informieren.	☐	☐	☐
5. Ich bin für eine Woche krankgeschrieben.	☐	☐	☐

d **Rollenspiel – Melden Sie sich telefonisch krank. Spielen Sie Dialoge.**

bei Ihrem Arbeitgeber	bei Ihrer Lehrerin / Ihrem Lehrer	im Jobcenter	Ihre Idee

Gespräche zur Krankmeldung verstehen | sich mündlich und schriftlich krankmelden | Informationen zur Krankmeldung verstehen

Wortschatz **Ordnen Sie zu.**

1. In dieser Schule lernt man einen Beruf.
2. Man sagt, dass man nicht arbeiten kann.
3. Damit bestätigt ein Arzt, dass man krank ist und nicht arbeiten kann.
4. Dieser Betrieb hat Auszubildende.
5. Das ist das Gegenteil von theoretisch.

a) die Krankmeldung
b) praktisch
c) die Arbeitsunfähigkeitsbescheinigung
d) die Berufsschule
e) der Ausbildungsbetrieb

Strukturen **Timur schreibt an seine Lehrerin in der Berufsschule. Lesen Sie den Text und schließen Sie die Lücken 1 bis 5. Welche Lösung passt am besten?**

Liebe Frau Hartmann,

ich bin leider krank und kann diese Woche nicht am Unterricht in ...1... Berufsschule teilnehmen. Ich war beim Arzt ...2... bin krankgeschrieben. Anton aus ...3... Klasse wohnt in meiner Nähe. Ich wäre Ihnen sehr dankbar, ...4... Sie ihm die Arbeitsblätter für ...5... geben könnten.

Viele Grüße
Timur Krick

1.	2.	3.	4.	5.
(a) dem	(a) oder	(a) mein	(a) dass	(a) mein
(b) den	(b) und	(b) meinem	(b) weil	(b) mich
(c) der	(c) sondern	(c) meiner	(c) wenn	(c) mir

Lesen **Lesen Sie die Informationen für Auszubildende und den Infokasten auf Seite 156. Welche Lösung ((a), (b) oder (c)) passt am besten?**

Informationen für Auszubildende
Du musst sofort deinen Ausbildungsbetrieb informieren, wenn du krank bist und nicht arbeiten kannst. Du kannst anrufen oder eine E-Mail schreiben. Wenn du länger als drei Tage krank bist, musst du zu deinem Arzt oder deiner Ärztin gehen. Er oder sie stellt eine Arbeitsunfähigkeitsbescheinigung (AU) aus. Darauf steht, wie lange du nicht zur Arbeit kommen kannst. Spätestens am vierten Tag muss dein Betrieb dieses ärztliche Attest haben. Wichtig: In vielen Betrieben braucht man die Bescheinigung schon am ersten Tag. Frag deinen Betrieb! Informiere auch sofort die Berufsschule, wenn du nicht am Unterricht teilnehmen kannst, weil du krank bist.

1. Bei Krankheit muss ein Azubi
   (a) drei Tage zum Arzt gehen.
   (b) sofort ein ärztliches Attest in den Betrieb bringen.
   (c) dem Betrieb sofort Bescheid sagen.

2. Ein Azubi
   (a) muss zwei Ausbildungen machen.
   (b) lernt im Betrieb und in der Berufsschule.
   (c) muss keine Theorie lernen.

Strategie **Notizen machen**
Schreiben Sie zwei bis vier Informationen aus dem Text so kurz wie möglich auf.

krank? → Betrieb informieren (Tel / Mail)

anstecken
eine Krankheit an jemanden weitergeben

die Arbeitsunfähigkeitsbescheinigung, -en (AU)
In diesem Dokument steht, dass ein Arbeitnehmer krank ist.
→ die AU ausstellen

das ärztliche Attest
= die Arbeitsunfähigkeitsbescheinigung

der Ausbildungsbetrieb, -e
Hier arbeitet ein/e Azubi und macht seine/ihre Ausbildung.

die Berufsschule, -n
Hier hat ein Azubi Unterricht.

die Krankmeldung, -en
Man gibt Bescheid, dass man krank ist.
→ die Krankmeldung abgeben oder schicken

die Krankschreibung, -en
= die Arbeitsunfähigkeitsbescheinigung oder
Damit bestätigt ein Arzt, dass man krank ist.

die Praxis (Sg.)
hier: was man im Beruf macht

die Theorie, -n
hier: was man im Beruf wissen muss

4 Einen tabellarischen Arbeitsbericht schreiben

**a Lesen Sie die Information und die Fragen.
Kreuzen Sie an: ja oder nein?**

	ja	nein
1. Heißt der Ausbildungsnachweis auch Berichtsheft?	☒	☐
2. Kann ein Ausbildungsnachweis auch mündlich sein?	☐	☐
3. Ist das Berichtsheft für Azubis freiwillig?	☐	☐
4. Berichten die Azubis hier, was sie gemacht haben?	☐	☐
5. Können Azubis die Abschlussprüfung ohne Ausbildungsnachweis machen?	☐	☐

Bei fast allen Ausbildungen ist ein Ausbildungsnachweis Vorschrift. Man sagt dazu auch „Berichtsheft“. Die Azubis müssen hier aufschreiben, was sie gearbeitet und gelernt haben. Die Ausbildungsnachweise braucht man für die Abschlussprüfung.

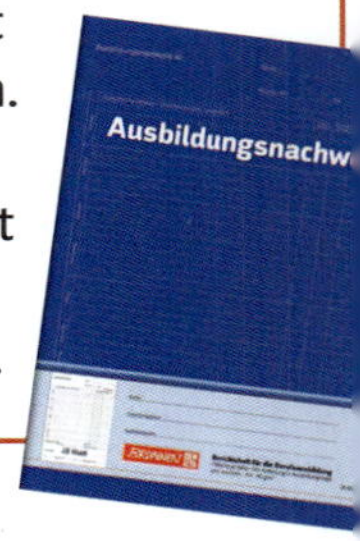

**b Lesen Sie den Ausbildungsnachweis und beantworten Sie die Fragen.
Stellen Sie selbst Fragen zum Ausbildungsnachweis und beantworten Sie sie.**

Ausbildungsnachweis Nr. 36 **Name** Timur Krick
Woche/Monat 12. bis 17.05.20... Ausbildungsjahr: 1.

Tag	Ausgeführte Arbeiten, Unterricht usw.	Einzelstunden	Gesamtstunden
Montag	Baustelle Richardstraße: Baustelle besichtigt, Besprechung mit Kunden mit Kollegin Baustelle vermessen Baustelle aufgeräumt	 3 3 0,5	 6,5
Dienstag	Baustelle Richardstraße: Gerüst gebaut Gerüst abgesichert Baustelle aufgeräumt	 6 1,5 0,5	 8
Mittwoch	Baustelle Mozartstraße: Mörtel gemischt Steine für die Mauer gesetzt und mit Wasserwaage ausgerichtet Baustelle aufgeräumt	 4 3,5 0,5	 8
Donnerstag	krank und vom Arzt für eine Woche krankgeschrieben		

1. Für welchen Zeitraum hat Timur den Ausbildungsnachweis geschrieben?
2. In welchem Ausbildungsjahr ist Timur?
3. Was hat Timur am Montag zuerst gemacht?
4. Wie lange hat er am Dienstag das Gerüst gebaut?
5. Was hat Timur Montag, Dienstag und Mittwoch gemacht?

Was …?

Wie lange …?

c Schreiben Sie einen Bericht mit 3 Punkten für heute.

Heute habe ich das gemacht:	Das hat so lange gedauert:
1.	1. ....
2.	2. ....
3.	3. ....

Wortschatz **Ergänzen Sie. Die Wörter rechts helfen.**

Jede Woche muss Timur seinen (1) A.. führen. Das ist ein Muss. Ohne die Ausbildungsnachweise kann er die (2) A.. nicht machen. Im Ausbildungsnachweis schreibt er alle Arbeiten auf. Unter (3) E.. notiert er, wie lange die Arbeit gedauert hat. Zusammen sind das dann die (4) G.. .

Schreiben **Sehen Sie die Fotos an und schreiben Sie den Ausbildungsnachweis für Timurs Freund Manuel Kunz für Montag und Dienstag.**

Mo, 7:00–12:00
Baustelle vermessen

Mo, 12:30–15:00
Wand mauern

Mo, 15:00–15:30
Baustelle aufräumen

Di, 7:00–11:30
Betonieren vorbereiten

Di, 12:00–15:00
Fundament betonieren

Di, 15:00–15:30
mit Meister sprechen

Ausbildungsnachweis Nr. *36* **Name** *Manuel Kunz*

Tag	Ausgeführte Arbeiten, Unterricht usw.	Einzel-stunden	Gesamt-stunden
Montag	*Baustelle Richardstraße:*	....	
	....	....	
	....	....	....
Dienstag	....	....	
	....	....	
	....	....	....

Strategie **Beim Schreiben Muster und Modelle benutzen**
Vergleichen Sie: Wie haben das andere Leute schon geschrieben?

Links steht „Besprechung mit Kunden".
Ich kann hier „Besprechung mit Meister" schreiben.

die Abschlussprüfung, -en
die Prüfung am Ende von der Schule

absichern

der Ausbildungsnachweis, -e
In diesem Dokument steht, was man jeden Tag in der Ausbildung gemacht hat.
→ den Ausbildungsnachweis führen

das Berichtsheft, -e
= der Ausbildungsnachweis
→ das Berichtsheft führen

die Besprechung, -en

die Einzelstunden (Pl.)
hier: jede Stunde bei der Arbeit

das Gerüst, -e

die Gesamtstunden (Pl.)
gesamte Stundenzahl

vermessen

5 Szenario – Baugewerbe

	Rolle A	Rolle B	Rolle C
	Sie sind Herr* Gart, der Meister. Sie haben einen kleinen Auftrag bekommen. Sie denken: Das können der Geselle und die Auszubildende alleine machen.	Sie sind Herr* Lahner, der Geselle. Sie arbeiten heute mit der neuen Auszubildenden zusammen und müssen viel erklären.	Sie sind Frau* Hiels, die Auszubildende. Sie haben Ihre Ausbildung gerade angefangen und haben viele Fragen.
Schritt 1 Gespräch zwischen Meister und Geselle	Sie sprechen mit dem Gesellen: Er soll am nächsten Tag im Garten von Familie Krüger im Fasanenweg 4 eine kleine Mauer bauen. Er soll die Auszubildende mitnehmen und ihr alles zeigen.	Sie bekommen am Abend vom Chef Anweisungen für den nächsten Tag. Sie fragen nach dem Arbeitsort und nach der Aufgabe. Sollen Sie das alleine machen?	
Schritt 2 Gespräch zwischen Geselle und Azubi am nächsten Morgen		Sie sagen der Auszubildenden, was Sie heute tun. Sie soll helfen und Steine und Werkzeug in den Wagen laden. Sagen Sie, welche Werkzeuge Sie brauchen. Sie glauben, das dauert den ganzen Tag.	Sie fragen, was Sie wo machen sollen und welche Werkzeuge Sie brauchen. Sie fragen, wie lange das dauert.
Schritt 3 Gespräch zwischen Geselle und Azubi nach der Arbeit		Die Auszubildende braucht Hilfe mit ihrem Berichtsheft. Sagen Sie, was Sie heute alles gemacht haben.	Sie brauchen Hilfe vom Gesellen: Was muss in Ihrem Berichtsheft stehen? Schreiben Sie auf, was Sie heute alles gemacht haben.
Schritt 4 Gespräch zwischen Meister und Azubi	Ihre Mitarbeiter sind wieder zurück im Betrieb. Fragen Sie die Auszubildende, was sie gemacht hat und wie es war.		Der Meister fragt Sie, wie es war. Erzählen Sie von dem Tag.

* Hinweis: Frau oder Herr? Sie können die Rollen jederzeit ändern.

HALTESTELLE

1 Spielen und wiederholen

Erklären, erzählen, fragen – Ein Würfelspiel für 3–5 Personen.

1. Alle legen ihren Spielstein auf das Feld „Start".
2. Würfeln Sie. Gehen Sie auf das neue Feld.
3. Bilden Sie einen Satz mit dem Wort oder sagen Sie etwas zu dem Foto. Benutzen Sie die Satzanfänge in den Sprechblasen.
4. Sind Sie zuerst am Ziel? Sie haben gewonnen!

START

1. das Praktikum
2. die Probezeit
3. 
4. organisieren
5. der Nebenjob
6. die Schichtarbeit
7. die Ausbildung
8. 
9. die Arbeitszeit
10. die Stellenanzeige
11. die Arbeitsbedingungen
12. 
13. selbstständig
14. 
15. die Berufserfahrung
16. halbtags arbeiten
17. 

ZIEL

- Ich möchte …
- Es ist gut, wenn man …
- Ich habe Erfahrung mit …
- Eine Freundin sagt, dass …
- Ich finde …
- Ich glaube, …
- Ich ärgere mich über …
- Eine Kollegin hat mal …
- Ich habe bei … gearbeitet und da …
- Da fällt mir nichts ein. Kann mir jemand helfen?

2 Zusammen zur Prüfung – Hören

a Lesen Sie die Sätze. Person A liest (a). Person B liest (b). Was ist der Unterschied? Sprechen Sie.

(a) Frau Neumann braucht einen Maler und eine Malerin.
(b) Frau Neumann braucht einen Maler oder eine Malerin.

> Bei mir steht *und*. Bei dir steht *oder*. Bei mir braucht Frau Neumann zwei Leute, einen Mann und eine Frau.

> Und bei mir braucht Frau Neumann nur eine Person. Mann oder Frau, das ist egal.

b Erklären Sie einander auch in diesen Sätzen die Unterschiede.

1. Frau Neumann möchte, dass das Zimmer
   (a) gereinigt wird.
   (b) gestrichen wird.
2. Die Firma kann
   (a) Tiere an die Wand malen.
   (b) keine Tiere an die Wand malen.
3. Frau Neumann
   (a) findet Schwarz, Braun und Grau schön.
   (b) möchte für das Zimmer andere Farben.
4. Die Firma bittet Frau Neumann,
   (a) den Namen von dem Maler zu notieren.
   (b) ihren Namen zu sagen.

3.01

c Hören Sie das Gespräch. Was haben Sie verstanden? Sprechen Sie auf Deutsch oder in einer anderen Sprache.

> Eine Frau ruft bei einem Maler an.

> Sie möchte, dass …

> Im Kinderzimmer.

> Так. У дитячій. На день народження.

3.01

d Hören Sie das Gespräch noch einmal und lösen Sie die Aufgaben in 2b.

e Vergleichen Sie mit einem anderen Paar.

f Schreiben Sie in der Gruppe eine neue Aufgabe zu dem Gespräch. Eine Lösung muss richtig und eine Lösung muss falsch sein.

.... (Person)

(a) .... (Lösung 1)

(b) .... (Lösung 2)

g Geben Sie die Aufgabe an eine andere Gruppe und lösen Sie eine neue Aufgabe.

3 Zusammen zur Prüfung – Hören und Schreiben

3.02 **a** **Hören Sie die Nachricht auf dem Anrufbeantworter. Was finden Sie wichtig? Notieren Sie.**

Der Mann will etwas bestellen.

b **Vergleichen Sie mit einem Partner / einer Partnerin. Haben Sie die gleichen Punkte notiert?**

Das ist eine Bestellung.

Der Mann fährt Motorrad.

3.02 **c** **Sie arbeiten in der Malerfirma - Hören Sie jetzt die Nachricht als Mitarbeiter/in. Was sind die wichtigen Informationen für die Malerfirma? Sprechen und notieren Sie.**

Die Malerfirma braucht den Namen. Der Mann heißt …

Was will der Kunde?

d **Tauschen Sie sich mit einem anderen Paar aus.**

Die Malerfirma muss genau wissen, was der Mann will.

e **Was müssen die Kollegen wissen? Füllen Sie zusammen die Telefonnotiz aus.**

Telefonnotiz

Name Frau / Herr ....

Kontakt Telefon ....

Weitere Informationen:

- ....
  ....
- ....
  ....
- ....
  ....

Das ist wichtig für die Kollegen.

3.02 **f** **Hören Sie noch einmal zur Kontrolle. Ergänzen Sie, was fehlt.**

4 Wortschatztraining

a Machen Sie ein Wortbild wie im Beispiel.

Wählen Sie ein Thema unten.
Zeichnen Sie das Bild auf ein großes Blatt Papier.
Sammeln Sie dazu Wörter und schreiben Sie sie in die Form.
Sie können schreiben, wie Sie wollen.

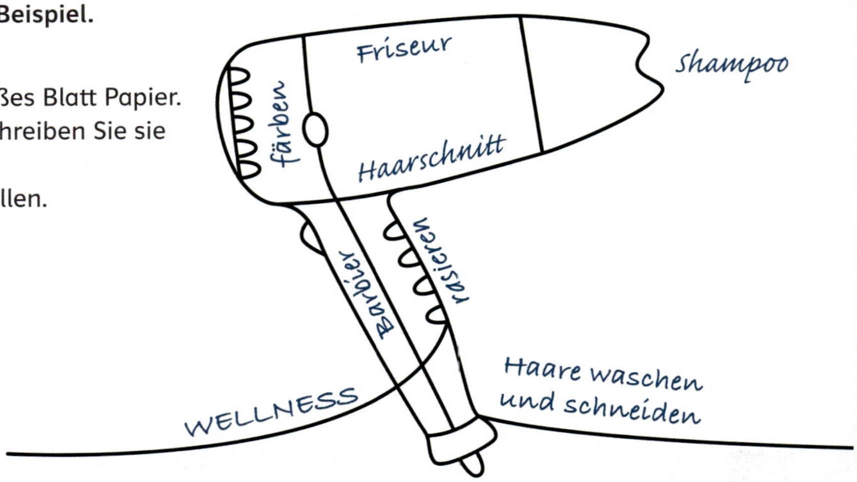

Arbeitsschutz

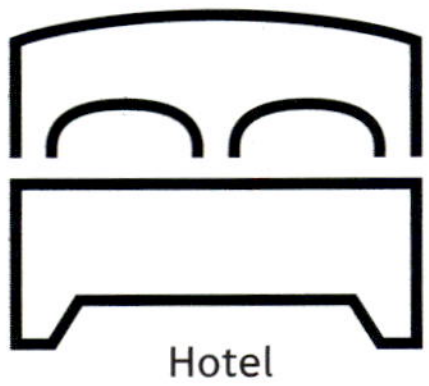
Hotel

(Ihre Idee)

Handwerk

Pflege

b Wie ist der Wortakzent? Sprechen Sie die Wörter laut und sortieren Sie sie. Zu jedem Beispiel gibt es noch drei weitere Wörter. Vergleichen Sie im Kurs.

~~Beruf~~ Apartment Vorschlag Problem Kollege Pause
~~Hausmeister~~ Reinigung Gehalt Hotel Sicherheit
~~Bestellung~~ Chefin ~~Antwort~~ Bewerbung Arbeitszeit

o O
Beruf, ...

O o
Antwort, ...

o O o
Bestellung, ...

O o o
Hausmeister, ...

c Finden Sie noch mehr Wörter zu den Beispielen.

Erfahrung geht genauso wie Bestellung.

Und Sauberkeit wie Sicherheit.

Service

A

B

C

D

E

F

G

H

1 Hotelpersonal

a Welche Berufe haben die Menschen auf den Fotos? Ordnen Sie zu.

der Hotelmanager E   die Mitarbeiterin im Housekeeping ▢   der Küchenhelfer ▢   der Rezeptionist ▢
die Mitarbeiterin im Frühstückservice ▢   die Köchin ▢   der Nachtportier ▢   der Hausmeister ▢

b Wer macht was? Ordnen Sie den Tätigkeiten die Berufe von oben zu.

1. ist verantwortlich für Reparaturen im Hotel ....B....
2. begrüßt die Gäste ....
3. erstellt die Speisekarte und kocht für die Gäste ....
4. ist zuständig für die Reinigung von Zimmern ....
5. kümmert sich um das Frühstück für die Gäste ....
6. ist zuständig für die Sicherheit in der Nacht ....
7. ist im Hotel der Chef ....
8. sorgt für die Sauberkeit in der Küche ....

c Wer hat Kontakt zu den Gästen? Wer arbeitet im Hintergrund? Sprechen Sie.

Der Rezeptionist hat Kontakt zu den Gästen. Er muss immer freundlich sein.

d Arbeiten Sie gerne mit Kunden und Kundinnen oder arbeiten Sie lieber im Hintergrund? Sprechen Sie.

Ich arbeite lieber im Hintergrund, weil …

Sprechen über Berufe im Hotel sprechen; von einem Produkt erzählen; über Verhalten im Problemfall sprechen | **Hören** Kundengespräche | **Lesen** Kurznachrichten von Kollegen und Kolleginnen; Hotelbewertungen; E-Mails von Kunden und Kundinnen | **Schreiben** eine Bewertung; auf E-Mails von Kunden und Kundinnen reagieren

2 An der Rezeption

3.03 **a Hören Sie den Dialog. Welches Bild passt? Kreuzen Sie an.**

A ☐

B ☐

C ☐

3.03 **b Hören Sie noch einmal. Welche Antwort ist richtig? Kreuzen Sie an.**

1. Was möchte die Kundin?
   ☐ einen Parkplatz für ihr Auto ☐ ein Zimmer mit Balkon nicht zum Parkplatz
2. Was bietet das Hotel an?
   ☐ ein Zimmer mit Balkon zum Parkplatz ☐ ein Zimmer mit Balkon zur Straße
3. Was ist das Ergebnis von dem Gespräch?
   ☐ Die Kundin bucht das Zimmer zum Parkplatz. ☐ Die Kundin weiß es noch nicht.

3.03 **c Hören Sie noch einmal. Welche Antwort passt? Kreuzen Sie an: (a) oder (b)?**

1. Die Kundin
   (a) findet das Zimmer zu teuer.
   (b) möchte im Zimmer Sport machen.
2. Das Zimmer liegt
   (a) weit weg vom Parkplatz.
   (b) nah beim Parkplatz.

3.04 **d Hören Sie noch einen Dialog. Notieren Sie.**

Was möchte die Kundin? ....

Was bietet das Hotel an? ....

Was ist das Ergebnis von dem Gespräch? ....

....

3.04 **e Hören Sie auch diesen Dialog noch einmal. Welche Antwort passt? Kreuzen Sie an: (a) oder (b)?**

1. Die Kundin möchte
   (a) im Zimmer feiern.
   (b) eine Party für ihre Tochter organisieren.
2. Im Keller vom Hotel
   (a) haben sehr viele Leute Platz.
   (b) gibt es eine Karaoke-Anlage.

UND SIE?

Sie übernachten in einem Hotel. Was ist für Sie besonders wichtig? Sprechen Sie.

Für mich ist eine große Badewanne wichtig.

3 Heute Nacht ist viel passiert.

a Lesen Sie die Nachrichten. Kreuzen Sie an: richtig oder falsch?

① Die Frau aus Zimmer 207, die ein Kinderbett bestellt hat, hat angerufen. Das Bett ist okay, aber sie braucht noch eine Decke. Sag bitte Maia vom Housekeeping Bescheid.

② Herr Baumgart hat angerufen. Das ist der Gast, der seinen Schlafanzug vergessen hat. Er möchte, dass wir ihm ein Paket schicken. Er übernimmt die Versandgebühren. Kannst du dich darum kümmern?

③ Das Ehepaar, das heute Nacht angereist ist, möchte jetzt nicht gestört werden. Die Kolleginnen, die Zimmer 412 aufräumen, können das erst nach 12 Uhr machen.

	R	F
1. Die Frau ist mit dem Kinderbett zufrieden.	☐	☐
2. Der Gast will seinen Pyjama geschickt bekommen.	☐	☐
3. Das Ehepaar möchte bis 12 Uhr schlafen.	☐	☐

b Lesen Sie noch einmal. Welche Antwort passt? Kreuzen Sie an: ⓐ oder ⓑ?

1. Was soll der Rezeptionist tun?
   ⓐ ein Kinderbett in Zimmer 207 stellen.
   ⓑ die Mitarbeiterin vom Housekeeping informieren.
2. Was will der Gast tun?
   ⓐ ein Paket schicken.
   ⓑ die Kosten bezahlen.
3. Was soll der Zimmerservice tun?
   ⓐ das Zimmer vor 12 Uhr nicht betreten.
   ⓑ die Gäste vor 12 Uhr wecken.

c Ergänzen Sie die Tabelle mit den Sätzen aus den Nachrichten in 3a.

FOKUS **Relativpronomen im Nominativ** Ⓖ

Hauptsatz	Nebensatz		Hauptsatz
Die Frau,	die *ein Kinderbett bestellt*	hat,	hat …
Der Gast,	der	hat,	hat …
Das Ehepaar,	das	,	möchte …
Die Kolleginnen,	die	,	können …

d Ergänzen Sie die Relativpronomen *der, das, die*.

1. Der Kunde, *der* .... gestern ein Zimmer gebucht hat, möchte seine Reservierung ändern.
2. Das Zimmer, ... gerade renoviert wird, hat einen großen Balkon.
3. Die Kolleginnen, ... das Frühstück servieren, müssen früh aufstehen.
4. Die Frau, ... sich beschweren will, möchte mit dem Chef sprechen.

e Spielen Sie. Fragen Sie wie im Beispiel und antworten Sie.

Wie heißt der Mann, der gerne an die Tafel schreibt?

Saed. Wie heißt die Frau, die neben Zeinep sitzt?

4 Kundenbewertungen sind so wichtig!

a Lesen Sie die Bewertungen auf einer Hotel-Seite. Wie viele Sterne hat die Person gegeben? Markieren Sie die Sterne und vergleichen Sie im Kurs.

Corinna
Schweiz

Gemütliches Hotel mit super freundlichem Personal. Die Lage ist zentral und trotzdem ruhig. Sehr gut ist, dass das Frühstück sehr reichhaltig und gesund ist. Toller Service!!! Und ein Pluspunkt für das schöne, große Badezimmer. Der Preis ist auch ok. Gerne wieder!

☆☆☆☆☆

Rita
Deutschland

Wir waren jetzt schon dreimal in diesem Hotel und haben uns immer wohl gefühlt. Aber dieses Mal waren wir sehr enttäuscht. Das Zimmer war nicht sauber. Auf dem Boden waren noch Fussel und Hundehaare! Das ist nicht schön. Leider hat auch der Fernseher nicht funktioniert! Nie wieder.

☆☆☆☆☆

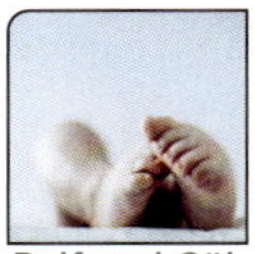

Rolf und Gül
Deutschland

Mir hat das Zimmer echt gut gefallen. Es ist sehr schön modern eingerichtet. Wir haben ein Babybett dazu gebucht. Leider hatte es nur eine dünne Decke. Am nächsten Tag war aber alles in Ordnung. Ein Minuspunkt für das etwas einfache Frühstück.

☆☆☆☆☆

b Lesen Sie die Bewertungen noch einmal. Kreuzen Sie an: richtig oder falsch?

	R	F
1. Corinna hat sich im Hotel sehr wohl gefühlt.	☐	☐
2. Sie will nicht mehr in diesem Hotel übernachten.	☐	☐
3. Rita war noch nie in diesem Hotel.	☐	☐
4. Sie war mit der Sauberkeit überhaupt nicht zufrieden.	☐	☐
5. Rolf und Gül haben ein Kinderbett bestellt.	☐	☐
6. Sie haben das Frühstück schlecht bewertet.	☐	☐

UND SIE?

Schreiben Sie eine Bewertung. Wählen Sie:

ein Hotel ⟷ oder ⟷ **ein Restaurant** ⟷ oder ⟷ **Ihre Sprachschule**

Sterne: ★★★★☆
Wir waren gestern im „Piccolo". Das Essen war sehr lecker, aber der Service war nicht gut.

Das gefällt mir: …
Es gibt …
Sehr gut ist, dass …
Ein Pluspunkt für …
… war alles in Ordnung
Gerne wieder.

Das gefällt mir nicht: …
Leider funktioniert … nicht.
… ist nicht schön.
Wir waren sehr enttäuscht.
Ein Minuspunkt für …
Nie wieder!

5 Der Staubsauger

3.05 **a Hören Sie das Gespräch zwischen Hasan und seiner Kollegin Stella. Was ist das Problem? Kreuzen Sie an: ⓐ oder ⓑ?**

ⓐ Der Staubsauger ist zu alt.
ⓑ Der Staubsauger funktioniert nicht gut.

3.05 **b Hören Sie noch einmal. Was passt? Kreuzen Sie an.**

1. Der Zimmerservice hat nicht vergessen, das Zimmer ☐ zu putzen ☐ abzuschließen.
2. Es ist wichtig, die Zimmer ☐ zu dekorieren ☐ perfekt zu reinigen.
3. Mira hat versucht, den Staubsauger ☐ zu reparieren ☐ zu verkaufen.
4. Hasan schlägt vor, einen neuen Staubsauger ☐ auszuleihen ☐ zu kaufen.
5. Stella bittet Hasan, den Manager ☐ zu fragen ☐ anzurufen.
6. Der Manager hat heute keine Zeit, ☐ mit seiner Frau ☐ mit Hasan zu sprechen.

c Markieren Sie in 5b die Ausdrücke, nach denen der Infinitiv mit *zu* steht.

G

Der Infinitiv mit *zu* steht nach:

Es ist schön/schwer/leicht/wichtig, …
Ich habe (keine) Lust/Zeit, …
Es macht (keinen) Spaß, …
Ich verspreche / fange an / vergesse, …

3.06 **d Hören Sie das Gespräch. Über welches Produkt sprechen die Kolleginnen?**

A

Handstaubsauger

B

Bodenstaubsauger

C

Saugroboter

3.06 **e Hören Sie das Gespräch noch einmal und kreuzen Sie an: ⓐ oder ⓑ?**

1. Wann hat Mira den Staubsauger gekauft?	ⓐ vor einem Monat	ⓑ letzte Woche
2. Wie groß ist er?	ⓐ nicht groß	ⓑ sehr groß
3. Wie sieht er aus?	ⓐ rot	ⓑ schwarz
4. Was ist besonders praktisch?	ⓐ das kurze Kabel	ⓑ das lange Kabel
5. Was gefällt ihr an dem Staubsauger?	ⓐ Er ist schwer.	ⓑ Er ist leicht.

UND SIE?

Schreiben Sie eine Produktbeschreibung. Wählen Sie: ein Produkt, das Sie vor Kurzem gekauft haben, oder ein Produkt, das Sie gerne verwenden.

Ich habe vor einem Monat eine Küchenmaschine gekauft.

Ich habe … ein/e … gekauft.
Ich brauche … für …
… sieht so aus: …
… besteht aus: …
… ist so groß: …
Ich finde es toll, dass …

6 Ein Gast beschwert sich.

a Lesen Sie die E-Mail. Wer hat sie geschrieben? Kreuzen Sie an.

 ☐

 ☐

 ☐

Mein Schreiben vom 18.4.

Sehr geehrte Damen und Herren,

ich wohne seit drei Monaten in Ihrem Hotel in Apartment 2B. Vor drei Wochen habe ich Sie auf ein Problem aufmerksam gemacht. Leider haben Sie weder reagiert noch etwas repariert. Hier noch einmal meine dringende Bitte: In der Dusche ist schwarzer Schimmel, weil der Duschkopf tropft und die Dusche immer nass ist. Das ist sehr unangenehm, ungesund und stinkt. Reparieren Sie bitte die Dusche und entfernen Sie den Schimmel bis nächsten Sonntag. Sonst muss ich mir ein anderes Hotel suchen.

Mit freundlichen Grüßen
Lothar Langer

b Lesen Sie und beantworten Sie die Fragen. Sprechen Sie.

1. Wer wohnt in Apartment 2B?
2. Wie lange wohnt er schon dort?
3. Wann hat er die erste E-Mail geschrieben?
4. Was ist das Problem?
5. Was soll das Hotel tun?
6. Was tut Herr Langer, wenn das Hotel nicht reagiert?

c Lesen Sie noch einmal. Kreuzen Sie an: (a) oder (b)?

1. Der Duschkopf
   (a) ist defekt.
   (b) ist verschmutzt.

2. Bis zum Wochenende
   (a) will Herr Langer ausziehen.
   (b) soll das Hotel die Dusche reparieren.

UND SIE?

Sie haben ein Problem. Was machen Sie? Tauschen Sie sich aus.

Sie beschweren sich.

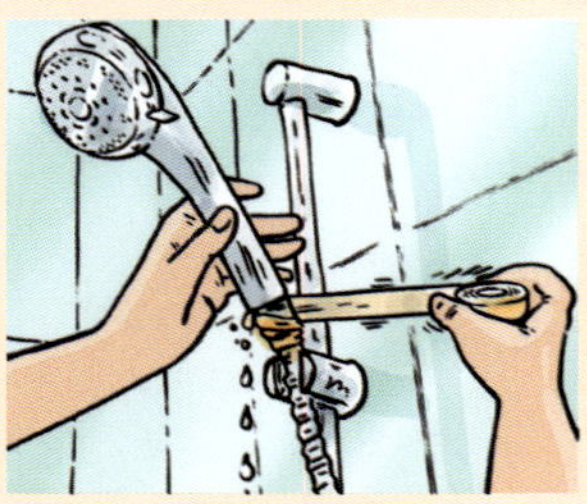
Sie reparieren selbst.

Sie besprechen alles mit einer Freundin.

Sie ignorieren das Problem.

7 Hasan schreibt an Herrn Langer.

a Warum hat das Hotel die Dusche nicht repariert? Überlegen Sie 1–3 Gründe und schreiben Sie sie auf Kärtchen. Vergleichen Sie im Kurs.

Das Hotel hat die erste E-Mail nicht bekommen.

Das Hotel hat die Dusche in Apartment 3B repariert.

?

b Was kann das Hotel jetzt machen? Überlegen Sie Problemlösungen.

c Hasan schreibt zurück. Welcher Ausdruck ⓐ, ⓑ oder ⓒ passt am besten in die Lücken?

Sehr geehrter Herr Langer,

wir sind Ihnen sehr (1) ...., dass Sie uns über das Problem in Ihrem Apartment informiert haben. Wir bedauern sehr, dass wir nicht sofort (2) .... haben. Der Grund dafür ist, dass wir Ihre Mail vom 18.4. nicht erhalten haben. Im April hatten wir Internet-Probleme. Es kann sein, dass Ihre (3) .... nicht angekommen ist. Wir verstehen Ihren Ärger und schlagen Ihnen folgende (4) .... vor: Sie können sofort in ein neues, großes Apartment umziehen. Der Preis bleibt für Sie gleich. Unser Personal (5) .... Ihnen beim Umzug.
Wir (6) ...., dass Sie mit dem Vorschlag einverstanden sind.
Für weitere Fragen stehen wir Ihnen gerne zur Verfügung.

Mit freundlichen Grüßen
Hasan Mohammed

1.	2.	3.	4.	5.	6.
ⓐ dankbar	ⓐ gekommen	ⓐ Brief	ⓐ Angebot	ⓐ kommt	ⓐ hoffen
ⓑ freundlich	ⓑ gearbeitet	ⓑ E-Mail	ⓑ Lösung	ⓑ hilft	ⓑ meinen
ⓒ höflich	ⓒ geantwortet	ⓒ Schreiben	ⓒ Vorschlag	ⓒ plant	ⓒ sagen

d Wählen Sie einen anderen Grund für das Problem und eine neue Problemlösung. Schreiben Sie selbst eine Antwort an Herrn Langer.

*Sehr geehrter Herr Langer,
vielen Dank, dass ...*

Vielen Dank, dass Sie uns über das Problem informiert haben.
Wir bedauern sehr, dass ...
Der Grund dafür ist, dass ...
Wir schlagen Ihnen folgende Lösung vor: ...
Für weitere Fragen stehen wir Ihnen gerne zur Verfügung.
Vielen Dank für Ihr Verständnis.

ÜBUNGEN

1 Hotelpersonal

Man spricht *-er* am Silbenende und *-r* nach langem Vokal wie ein schwaches ***a***.

3.07 **a Aussprache: Wörter auf *-er* und *-r* – Hören Sie und sprechen Sie nach.**

1. Manager • Küchenhelfer • Hausmeister • Zimmer • sauber • sicher
2. wir • für • war • hier • nur • vor

b Wer macht was? Schreiben Sie die Wörter richtig.

(1) Ich erstelle die Speisekarte und koche für die Gäste. — die Köchin

(2) Ich sorge für Sauberkeit in der Küche. — der K_ _ _ _ _ _ _ _ _ _ _

(3) Wir kümmern uns um das Frühstück für die Gäste. — der F_ _ _ _ _ _ _ _ _ _ _ _ _ _ _ _

(4) Ich bin für die Sicherheit in der Nacht verantwortlich. — der N_ _ _ _ _ _ _ _ _ _ _

(5) Wir sind für die Reinigung von den Zimmern zuständig. — das H_ _ _ _ _ _ _ _ _ _ _

3.08 **c Hören Sie die Sätze aus 1b. Sprechen Sie nach.**

d Nomen und Adjektiv – was passt zusammen? Ordnen Sie zu.

1. Sauberkeit — e)
2. Sicherheit
3. Verantwortung
4. Freundlichkeit
5. Selbstständigkeit
6. Gesundheit
7. Zuständigkeit

a) freundlich
b) zuständig
c) selbstständig
d) sicher
e) sauber
f) verantwortlich
g) gesund

e Welches Adjektiv aus 1d passt? Ergänzen Sie die Sätze.

1. Der Hausmeister ist für Reparaturen *zuständig*.
2. In der Küche muss es immer .... sein.
3. Die Gäste sollen sich auch nachts .... fühlen.
5. Zu den Gästen muss man immer .... sein.
4. Das Personal ist dafür ...., dass die Zimmer sauber sind.

2 An der Rezeption

a Welche Antwort passt? Kreuzen Sie an: (a) oder (b)?

1. Haben Sie ein Zimmer mit Badewanne?
   (a) Ja, das kostet 45 Euro mehr. (b) Das Frühstück kostet 10 Euro.
2. Wann kann man frühstücken?
   (a) Ab 18 Uhr. (b) Von 7 bis 10 Uhr.
3. Ich möchte ein Zimmer mit Balkon.
   (a) Leider haben wir keine Parkplätze.
   (b) Tut mir leid, wir haben keine Balkone.
4. Haben Sie auch ein billigeres Zimmer?
   (a) Ja, das hat aber kein Bad. (b) Nein, hier darf man nicht rauchen.

3 Heute Nacht ist viel passiert.

a Verbinden Sie. Schreiben Sie Sätze.

1. Das ist das Ehepaar. Das Ehepaar möchte heute um 8 Uhr frühstücken.
Das ist das Ehepaar, das heute um 8 Uhr frühstücken möchte.

2. Hier ist die Frau. Die Frau hat ihren Koffer vergessen.
.... ( ).

3. Das ist der Gast. Der Gast will bezahlen.
.... ( ).

4. Da ist die Mitarbeiterin. Die Mitarbeiterin kann Ihnen helfen.
.... ( ).

5. Gleich kommt der Kollege. Der Kollege repariert Ihre Lampe.
.... ( ).

b Die Gäste haben viele Wünsche. Ergänzen Sie die Relativsätze.

1. Die Frau, die so spät angereist ist, möchte heute nicht frühstücken.
(Sie ist so spät angereist.)
2. Der Mann, ..., bekommt die Rechnung per E-Mail.
(Er hat seine Kreditkarte vergessen.)
3. Die Gäste, ..., möchten nicht gestört werden.
(Sie haben eine Party gefeiert.)
4. Die Kunden, ..., brauchen einen Parkplatz.
(Sie kommen mit dem Auto.)

c Schreiben Sie die Sätze.

1. Sind das die Zimmer, … renoviert / gerade / werden / ?
2. Ist das der Gast, … ein Taxi / hat / bestellt / ?
3. Ist das die Familie, … braucht / ein Kinderbett / ?
4. Ist das die neue Mitarbeiterin, … heute / hilft / in der Küche / ?
5. Sind das die Gäste, … möchten / sprechen / mit dem Chef / ?

Sind das die Zimmer, die gerade renoviert werden?

3.09–11 **d Hören Sie die Gespräche. Was sollen die Angestellten machen? Kreuzen Sie an: (a) oder (b)?**

1. Was soll der Hausmeister machen?
   (a) die Dusche reparieren — (b) die Frau anrufen
2. Was soll Miriam machen?
   (a) eine große Gruppe begrüßen — (b) ein Kinderbett holen
3. Was soll die Mitarbeiterin machen?
   (a) Salat und Gemüse waschen — (b) Muhammed suchen

e Bitten und Wünsche – Ergänzen Sie die Sätze.

stellst — fragen — kochen — bringen — macht

(A) Johan und Maja, zwei Zimmer sind schon frei. Bitte .... sie schnell sauber.

(B) Herr Meran, können Sie heute bitte nur Gerichte mit Gemüse, Reis und Nudeln ....?

(C) Max, ... du bitte noch ein Kinderbett in Zimmer 301?

(D) Kannst du bitte Sergei ....? Er hat heute Zeit.

(E) Sagst du dem Zimmerservice Bescheid? Sie sollen Handtücher in 203 ....

f Welche Situation passt zu welcher Bitte in 3e? Ordnen Sie zu.

1. [C] Die Meiers haben dieses Mal ihre kleine Tochter dabei.
2. ☐ Frau Gonzalez hat sich beschwert. Es fehlen Handtücher in ihrem Zimmer.
3. ☐ Wir haben heute eine große Gruppe, die kein Fleisch isst.
4. ☐ Die Gäste in den Zimmern 119 und 121 sind schon abgereist.
5. ☐ Kuni ist krank. Hoffentlich kann jemand die Vertretung machen.

4 Kundenbewertungen sind so wichtig!

a Lesen Sie die Bewertungen. Ist die Bewertung positiv oder negativ? Kreuzen Sie an.

		👍	👎
 Mia67	Wir waren in diesem Jahr wieder in unserem Lieblingshotel. Dieses Mal gibt es einen Pluspunkt für das neue Schwimmbad.	☐	☐
 stylz	Wir haben zum ersten Mal Urlaub im Winter gebucht. Nie wieder! Wir waren sehr enttäuscht, weil die Heizung nicht funktioniert hat.	☐	☐
 JaneO	Das Hotel hat ein sehr freundliches Personal. Auch das Frühstück war reichhaltig und gesund.	☐	☐
 Der Andy	Unser erster Urlaub mit Kind – und dann das: Keine Möglichkeit, Essen für das Baby warm zu machen! Sogar das Kinderbett haben wir zu spät bekommen.	☐	☐
 torve	Der Service in diesem Hotel ist schrecklich. Zuerst war das Zimmer nicht fertig. Und dann war es nicht richtig sauber. Auch die Dusche hat nicht funktioniert.	☐	☐

b Welche Aussage passt am besten? Kreuzen Sie an: (a), (b) oder (c)?

1. (a) Leider war das Essen schlecht.
   (b) Ein Pluspunkt für das leckere Essen.
   (c) Leider gibt es im Hotel kein Frühstück.

2. (a) Der Zimmerservice ist super.
   (b) Die Decke auf unserem Bett war schmutzig.
   (c) Wir waren mit der Sauberkeit sehr zufrieden.

3. (a) Das Hotel ist sehr gemütlich.
   (b) Wir haben uns geärgert, weil der Fernseher kaputt war.
   (c) Sehr gut ist, dass wir abends fernsehen konnten.

4. (a) Ein Pluspunkt für das tolle Frühstück.
   (b) Wir waren enttäuscht, weil das Hotel kein Essen anbietet.
   (c) Ein Minuspunkt, weil der Aufzug nicht funktioniert hat.

c Lesen Sie die Aussagen. Ist die Person zufrieden 😊 oder unzufrieden ☹?

1. Wir waren im letzten Jahr im Hotel Superfein. Es war sehr teuer. Leider hat der Aufzug nicht funktioniert und das Essen war nicht frisch. Nie wieder! ☹
2. Das Hotel am See hat uns gut gefallen. Es war ruhig und sehr sauber. Gerne wieder! ....
3. Das Hotel hat leider keinen Parkplatz. Aber wir haben einen Gutschein fürs Parken bekommen. Das war super! ....
4. Vor allem das Frühstück war toll. Ich kann viele Sachen nicht essen. Aber die Mitarbeiterin im Frühstücksservice hat mir geholfen. Das war sehr nett! ....

3.12 **d Aussprache: *-(e)r* – Hören Sie und sprechen Sie nach.**

1. Das Zimmer war super! Sehr sauber und sehr ruhig! Gerne wieder!
2. Viel zu teuer! Wir sind überhaupt nicht zufrieden! Nie wieder!
3. Toller Service! Sogar besser als vorher! Der Urlaub war wunderbar!

5 Der Staubsauger

a Schreiben Sie die Sätze mit *zu*.

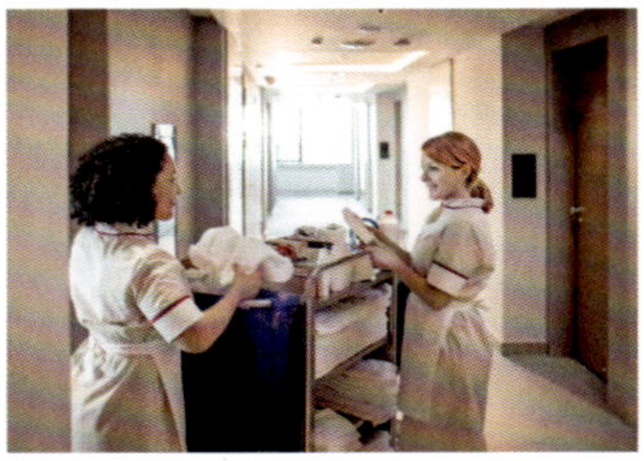

1. Es ist wichtig, das Bad gut zu putzen.
   (Bad gut putzen)
2. Es macht Spaß, ...
   (einen Saugroboter benutzen).
3. Der Manager hat keine Zeit, ...
   (die Gäste begrüßen)
4. Der Zimmerservice hat vergessen, ...
   (die Betten in 103 machen)
5. Der Hausmeister schlägt vor, ...
   (den Staubsauger reparieren)

b **Ist das Verb trennbar oder nicht? Schreiben Sie die Verben in der richtigen Form.**

~~anrufen~~ aufräumen verbieten aushelfen anbieten übernachten

1. Der Rezeptionist darf nicht vergessen, den Kunden anzurufen.
2. Die Kundin freut sich darauf, wieder im gleichen Zimmer ....
3. Es ist wichtig, den Gästen frisches Obst ....
4. Der Manager bittet Marco, heute im Frühstücksservice ....
5. Unsere Gäste finden es richtig, das Rauchen auf den Zimmern ....
6. Das Housekeeping hat versprochen, das Zimmer erst später ....

zu übernachten • anzubieten • auszuhelfen • zu verbieten • aufzuräumen

c **Und Sie? Schreiben Sie Sätze. Vergleichen Sie im Kurs.**

Es ist wichtig,	meine Wohnung aufräumen
Ich habe keine Lust,	mich mit Freunden treffen
Es macht mir Spaß,	Obst und Gemüse essen
Ich vergesse immer,	den Urlaub früh buchen
Es ist schwer,	ein Zimmer im Hotel reservieren
Ich versuche meistens,	…
Es ist schön,	

Es macht mir Spaß, mich mit Freunden zu treffen.

d **Eine Produktbeschreibung – Ergänzen Sie die Sätze.**

Minuspunkt ~~gekauft~~ für Gäste schwarz und modern

anbieten an der Maschine praktisch

Vor drei Monaten haben wir diese Kaffeemaschine (1) gekauft. Sie sieht sehr gut aus, (2) .... Wir brauchen sie oft (3) .... Ich finde es toll, dass wir jetzt verschiedene Arten von Kaffee (4) .... können. Besonders (5) .... ist, dass man Milch heiß machen kann. Unseren Freunden gefällt (6) ...., dass sie sogar Kakao macht. Ein (7) .... für das viel zu kurze Kabel. Außerdem war die Maschine sehr teuer.

6 Ein Gast beschwert sich.

a Was passt? Kreuzen Sie an.

1. ein Problem ▢ beheben ▢ reparieren
2. eine Unterkunft ▢ suchen ▢ antworten
3. auf etwas aufmerksam ▢ geben ▢ machen
4. nicht auf ein Problem ▢ reagieren ▢ reparieren
5. eine kaputte Dusche ▢ reparieren ▢ beheben
6. um ein anderes Zimmer ▢ bitten ▢ beheben
7. am Abend im Hotel ▢ reparieren ▢ ankommen

b Ergänzen Sie die E-Mail. Schreiben Sie die Verben im Perfekt.

~~ankommen~~ machen reagieren funktionieren reparieren

Guten Tag,

ich bin gestern in Ihrem Hotel (1) angekommen und wohne in Zimmer 301.
Leider hat heute Morgen die Dusche nicht (2) .... Ich habe Sie heute beim Frühstück darauf aufmerksam (3) ....
Sie haben aber bis heute Abend weder (4) ...., noch haben Sie die Dusche (5) ....
Jetzt bitte ich Sie, mir sofort ein anderes Zimmer zu geben.

Mit freundlichen Grüßen
Maria Gutierrez

7 Hasan schreibt an Herrn Langer.

a Was passt nicht? Streichen Sie durch.

1. Wir haben Ihre Beschwerde erhalten / ~~gegeben~~.
2. Danke, dass Sie uns über das Problem bekommen / informiert haben.
3. Leider haben wir Ihre Beschwerde zu spät gesehen / gelagert.
4. Der Grund / Vorschlag dafür ist, dass wir ein Internet-Problem hatten.
5. Wir verstehen Ihren Ärger / Grund und geben Ihnen ein neues Zimmer.
6. Wir hoffen, dass Sie mit dem Vorschlag reagiert / einverstanden sind.

b Was passt zusammen? Ordnen Sie zu.

1. Wir bedauern, dass
2. Der Grund dafür ist, dass
3. Das tut uns
4. Vielen Dank, dass
5. Wir bitten um
6. Wir schlagen Ihnen folgende Lösung vor:
7. Für weitere Fragen

a) Sie uns über das Problem informiert haben.
b) Sie mit unserem Service nicht zufrieden waren.
c) wir aktuell zu wenig Personal haben.
d) sehr leid.
e) Sie bekommen von uns einen Preisnachlass.
f) stehen wir gerne zur Verfügung.
g) Ihr Verständnis.

Lernwortschatz

1 Hotelpersonal

der Hotelmanager, – / die Hotelmanagerin, -nen
das Housekeeping (Sg.)
der Küchenhelfer, – / die Küchenhelferin, -nen
der Rezeptionist, -en / die Rezeptionistin, -nen
der Frühstücksservice, -s
der Koch, ¨-e / die Köchin, nen
der Nachtportier, – / die Nachtportierin, -nen
der Hausmeister, – / die Hausmeisterin, -nen
verantwortlich für
zuständig für
der Hintergrund, ¨-e (*im Hintergrund arbeiten*)

2 An der Rezeption

nah
die Anlage, -n
die Karaoke-Anlage, -n
die Badewanne, -n

3 Heute Nacht ist viel passiert.

das Kinderbett, -en
die Decke, -n
der Schlafanzug, ¨-e
übernehmen
die Versandgebühr, -en
das Ehepaar, -e
anreisen
erst
der Pyjama, -s
die Kosten (Pl.)
betreten
die Reservierung, -en
servieren

4 Kundenbewertungen sind so wichtig!

die Bewertung, -en
der Stern, -e
gemütlich
die Lage (Sg.)
zentral
reichhaltig
der Pluspunkt, -e
enttäuscht
der Boden, ¨
der Fussel, –
die Hundehaare (Pl.)
echt
eingerichtet
das Babybett, -en
der Minuspunkt, -e
bewerten
lecker

5 Der Staubsauger

der Staubsauger, –
dekorieren
ausleihen
das Kabel, –
bestehen aus

6 Ein Gast beschwert sich.

das Schreiben, –
das Apartment, -s
aufmerksam
reagieren auf
der Schimmel (Sg.)
der Duschkopf, ¨-e
tropfen
unangenehm
ungesund
stinken
defekt
verschmutzt
besprechen
ignorieren

7 Hasan schreibt an Herrn Langer.

erhalten
der Ärger (Sg.)
zur Verfügung stehen

Mein Deutsch nach Kapitel 7

Das kann ich:

über Berufe im Hotel sprechen

Schreiben Sie drei Berufe im Hotel auf.

1. ....

2. ....

3. ....

von einem Produkt erzählen

Was ist es?
Wie sieht es aus?
Aus was besteht es?
Wie groß ist es?
...

Erzählen Sie von einem Produkt, das Sie gekauft haben.

Also, ich habe vor Kurzem eine/n ... gekauft.

Wie sieht er/es/sie aus?

eine Kundenbewertung schreiben

ein Restaurant
ein Cafe
ein Hotel
ein Geschäft

Schreiben Sie eine kurze Bewertung und vergeben Sie Sterne.

....

....

....

☆☆☆☆☆

über Verhalten im Problemfall sprechen

Was machen Sie, wenn Sie ein Problem haben? Sprechen Sie.

Wenn ich ein Problem habe, kann ich nicht schlafen. Und du?

Ich ...

auf E-Mails von Kunden und Kundinnen reagieren

Lösung
Verständnis
Problem
Ärger

Ergänzen Sie.

1. Wir bedauern, dass es ein .... gibt.
2. Wir verstehen Ihren ....
3. Wir schlagen Ihnen folgende .... vor.
4. Vielen Dank für Ihr ....

Das kenne ich:

G

Relativsätze

Hauptsatz 1 | **Hauptsatz 2**

Das ist Herr Baum. Er (hat) seine Uhr (vergessen).

Hauptsatz | **Nebensatz**

Das ist Herr Baum, der seine Uhr (vergessen) (hat).

Relativpronomen im Nominativ

der — Der Gast, der angerufen hat, ...
das — Das Ehepaar, das abgereist ist, ...
die — Die Frau, die ein Kinderbett will, ...
die — Die Kolleginnen, die heute putzen, ...

Infinitiv mit *zu* nach bestimmten Ausdrücken

Hauptsatz	Infinitiv mit *zu*
Es ist wichtig,	das Zimmer perfekt zu reinigen.
Ich habe keine Lust,	den Staubsauger zu reparieren.
Ich habe vergessen,	den Manager anzurufen.

Es ist schön/schwer/leicht/wichtig, ...
Ich habe (keine) Lust/Zeit, ...
Es macht (keinen) Spaß, ...
Ich verspreche / fange an / vergesse, ...

BSK-Spezial G – Gastronomie

Mitarbeiterin → Vorgesetzter

1 Arbeitsanweisungen und Erklärungen verstehen

a Jasna bei der Arbeit – Sehen Sie die Bilder an. Was sehen Sie? Sprechen Sie.

A ☐

B ☐
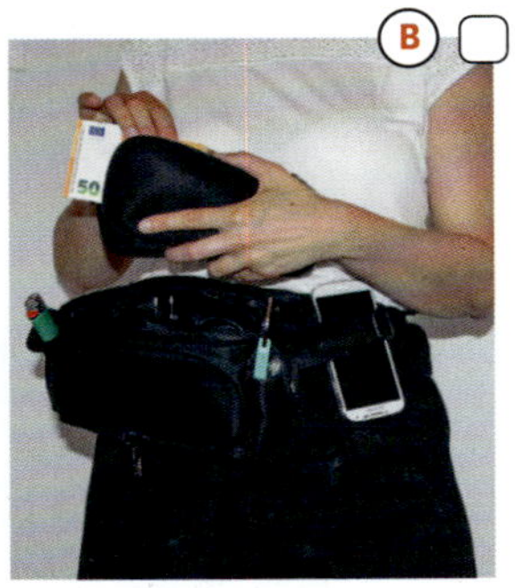

C ☐

D ☐

Die Frau in Bild A will das Geschirr in die Küche bringen.

3.13 **b Jasnas Aufgaben – Was sagt ihr Chef, Herr Bauer? Hören Sie und bringen Sie die Fotos in die richtige Reihenfolge.**

3.13 **c Hören Sie noch einmal. Ergänzen Sie dann die Anweisungen von Herrn Bauer.**

die Bestellung ~~Ihre Bistroschürze~~ die Speisekarte Geschirr das Bestellaufnahmegerät die Tische

1. Bitte waschen und bügeln Sie *Ihre Bistroschürze* .... täglich.
2. Lernen Sie .... auswendig.
3. Tragen Sie .... in Ihrer Gürteltasche.
4. Lesen Sie dem Gast .... immer noch einmal vor.
5. Räumen Sie schmutziges .... schnell ab.
6. Machen Sie .... sauber, wenn Sie Zeit haben.

d Jasna hat nicht alles gut verstanden und fragt nach. Ordnen Sie die Redemittel zu.

Das erlebt Jasna:
1. Herr Bauer spricht zu schnell. — f
2. Jasna hat ein Wort nicht verstanden.
3. Jasna weiß nicht. Was muss sie tun?
4. Sie möchte etwas noch einmal hören.
5. Jasna will etwas genauer wissen.
6. Jasna weiß nicht: Hat sie alles richtig verstanden?

Das fragt sie:
a) Habe ich Sie richtig verstanden?
b) Was soll ich jetzt tun?
c) Können Sie das genauer sagen?
d) Was bedeutet …?
e) Können Sie das bitte wiederholen?
f) Könnten Sie etwas langsamer sprechen?

e Rollenspiel – Spielen Sie Dialoge. Schreiben Sie Kärtchen. Person A gibt Anweisungen. Person B fragt nach.

Papier: in den Papierkorb werfen	Kaffee: aus der Küche holen	Speisekarte: mir geben	Chef: sofort anrufen	Ihre Idee

Werfen Sie das Papier bitte in den Papierkorb. **oder** Wirf das Papier bitte in den Papierkorb.

Was bedeutet Papierkorb?

Wortschatz **Ergänzen Sie. Die Wörter rechts helfen.**

1. **Als was** kann man im Restaurant arbeiten?
   a) als Kellner
   b) als K..........
   c) als B..........
2. **Wo** arbeitet man im Restaurant?
   a) im S..........
   b) an der T..........
   c) in der K..........
3. **Was** braucht die Kellnerin?
   a) ein ....
   b) einen ....
   c) eine S..........
   d) eine G..........

Strukturen a **Ergänzen Sie die Sätze.**

Das sagt der Chef:	**Das denkt Jasna:**
1. Tragen Sie sehr bequeme Schuhe.	Ich soll sehr bequeme Schuhe tragen.
2. Waschen und bügeln Sie Ihre Schürze täglich.	Ich soll meine Schürze täglich ....
3. Lernen Sie die Speisekarte auswendig.	Ich .... die Speisekarte ....
4. Nehmen Sie leere Teller mit in die Küche.	Ich ....
5. Tragen Sie das Geld in Ihrer Gürteltasche.	....

Strukturen b **Schreiben Sie die Anweisungen in der Du-Form.**

1. Trag sehr bequeme Schuhe. 2. Wasch und ...

3.13 **Redemittel** **Jasna (J) und Herr Bauer (B) sind einverstanden. Lesen Sie die Redemittel. Wer sagt das? Kreuzen Sie an. Hören Sie dann noch einmal zur Kontrolle.**

	J	B		J	B
1. Prima. Tun Sie das.	☐	☒	5. Richtig.	☐	☐
2. Das mach ich.	☐	☐	6. Okay. Immer freundlich bleiben.	☐	☐
3. Ah, gut!	☐	☐	7. Das verstehe ich.	☐	☐
4. Alles klar.	☐	☐	8. Super. Sie lernen schnell.	☐	☐

Strategie **Auswendig lernen**
Wie kann Jasna die Speisekarte auswendig lernen? Sammeln Sie Tipps.

abräumen
hier: das Geschirr vom Tisch in die Küche bringen

auswendig lernen
etwas so lange lernen und wiederholen, bis man es aus dem Kopf sagen kann

das Bestellaufnahmegerät, -e

die Bistroschürze, -n

der Geldbeutel, –

die Gürteltasche, -n

der Koch, ¨-e / die Köchin, -nen

der Service
die Arbeit für die Kunden

die Theke, -n

2 Bestellungen aufnehmen und weitergeben

a Franziska erklärt Jasna das Bestellaufnahmegerät. Was sagt sie? Ordnen Sie zu.

1. Hier wählt man die Artikel aus.
2. Hier erstellt man die Rechnung und wählt aus: Bezahlung bar oder mit Karte.
3. Hier wählt man den Tisch aus.
4. Hier gibt man die Menge an.
5. Hier gibt man einen Kommentar ein.
6. Hier sieht man, wie viel Geld man zurückgeben muss.

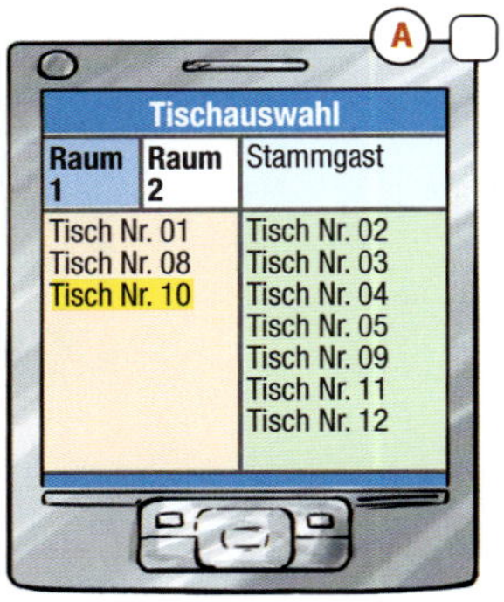

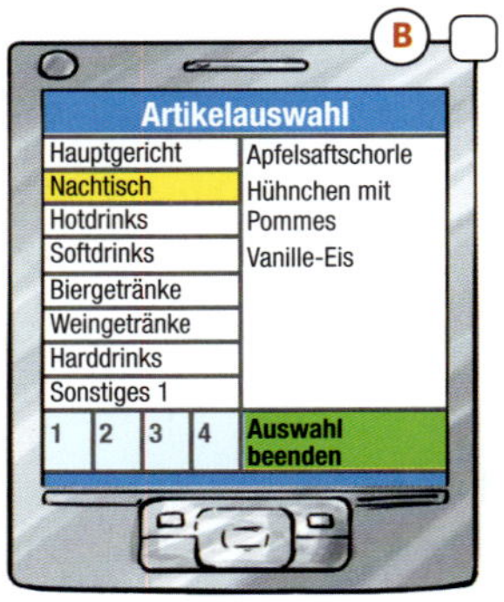

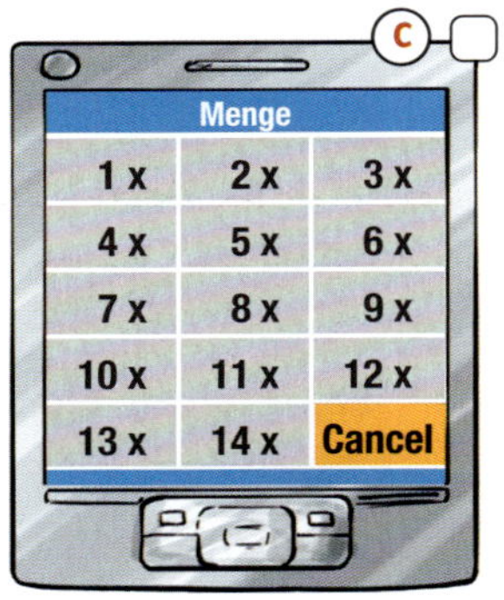

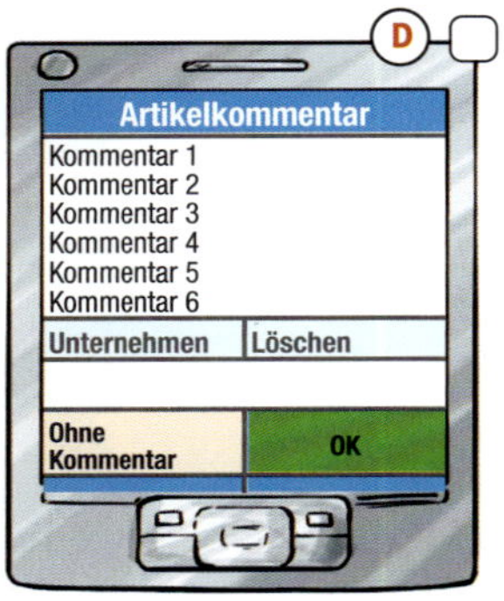

b Lesen und sprechen Sie die Dialoge. Welche „Seite" im Bestellaufnahmegerät muss Jasna bei jedem Dialog wählen?

☐ **Dialog 1**
- ● Kann ich Ihnen schon etwas zu trinken bringen?
- ○ Ja, gerne. Ich möchte eine Apfelsaftschorle.
- ▲ Ich bitte auch.
- ● Kommt gleich.

☐ **Dialog 2**
- ● Haben Sie schon gewählt?
- ○ Ja, ich nehme das Hühnchen mit Pommes. Bitte extra viel Mayonnaise zu den Pommes.
- ● Gerne.

☐ **Dialog 3**
- ● Wir möchten zahlen.
- ○ Zusammen oder getrennt?
- ● Ich zahle zusammen. Kann ich mit EC-Karte zahlen?
- ○ Natürlich.

c Verteilen Sie die Rollen und spielen Sie Restaurant.

Rolle Bedienung:
Sie fragen nach den Wünschen und schreiben die Bestellung auf.
Sie geben die Wünsche weiter an die Küche und Theke.

Rolle Kunde/Kundin:
Sie bestellen Speisen und Getränke bei der Bedienung.

Rolle Mitarbeiter/in Küche:
Sie bekommen den Zettel von der Bedienung. Sie lesen die Bestellungen (Essen). Sie fragen nach.

Rolle Mitarbeiter/in Theke:
Sie nehmen die Wünsche von der Bedienung mündlich auf (Getränke). Sie fragen nach.

Wortschatz **Welches Wort passt nicht? Streichen Sie es durch.**

1. eine Bestellung	~~kassieren~~	aufnehmen	aufschreiben
2. den Artikel	auswählen	zurückgeben	ausdrucken
3. die Rechnung	erstellen	kaufen	ausdrucken
4. Geld	aufnehmen	kassieren	zurückgeben
5. einen Kommentar	schreiben	eingeben	bringen

Redemittel **Früher war es anders. Ordnen Sie die Sätze zu.**

früher

1. Früher haben wir die Bestellungen mit der Hand aufgeschrieben.
2. Wenn ein Gast etwas extra wollte, haben wir das in der Küche gesagt.
3. Früher mussten wir die Preise zusammenrechnen.
4. Früher mussten wir zur Kasse gehen und die Rechnung ausdrucken.
5. Früher haben die Gäste immer bar bezahlt.

heute

a) Jetzt druckt das Gerät die Rechnung aus.
b) Jetzt geben wir Bestellungen in das Bestellaufnahmegerät ein.
c) Jetzt können die Gäste auch mit Kreditkarte bezahlen.
d) Jetzt erstellt das Gerät die Rechnung.
e) Jetzt geben wir einen Kommentar in das Bestellaufnahmegerät ein.

Lesen **Was müssen Sie im Bestellaufnahmegerät anklicken? Sehen Sie die Abbildungen auf Seite 182, 2a an. Kreuzen Sie an: ⓐ, ⓑ oder ⓒ?**

1. Ein Gast bestellt ein Dessert.
   ⓐ Vorspeisen ⓑ Hauptgericht ☒ Nachtisch
2. Zwei Damen möchte einen heißen Tee und einen heißen Kakao.
   ⓐ Hotdrinks ⓑ Softdrinks ⓒ Harddrinks
3. Zwei Gäste möchten ein Glas Wein.
   ⓐ 1x ⓑ 2x ⓒ 3x
4. Ein Gast zahlt mit einem 20-Euro-Schein.
   ⓐ bar ⓑ EC-Karte ⓒ Kreditkarte
5. Ein Gast braucht keine Rechnung.
   ⓐ Rechnung ausdrucken: Ja ⓑ Rechnung ausdrucken: Nein

Strategie **Andere Sprachen zum Verstehen nutzen**

a **Welche Wörter in 2a kennen Sie aus anderen Sprachen?**

Ich verstehe natürlich Wörter wie Hotdrinks und Softdrinks.

Kreditkarte heißt auf Türkisch kredi kartı. Das kann ich leicht verstehen.

b **Finden Sie im Internet eine Speisekarte in einer Sprache, die Sie nicht sprechen. Lesen Sie die Speisekarte. Welche Wörter verstehen Sie?**

der Artikel, –
Das kann man in einem Geschäft kaufen. (*hier:* im Restaurant)
→ die Artikel auswählen

eine Bestellung aufnehmen

Geld kassieren
→ Geld zurückgeben
→ die Geldrückgabe

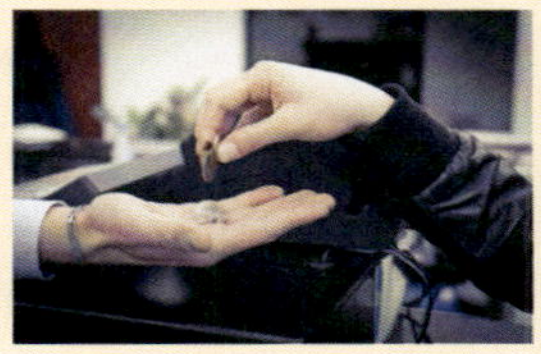

der Kommentar, -e
etwas, was man noch sagen will
→ den Kommentar eingeben

die Menge, -n
hier: eine Zahl; wie viele Artikel man bestellt
→ die Menge eingeben

die Rechnung erstellen

die Rechnung ausdrucken

3 Über Arbeitszeiten verhandeln

3.14 **a Hören Sie das Gespräch zwischen Herrn Bauer, Franziska und Jasna. Kreuzen Sie an: richtig oder falsch?**

	R	F
1. Jasna möchte in der Spätschicht arbeiten.	☐	☐
2. Sie arbeitet von Freitag bis Sonntag im Service.	☐	☐
3. Franziska arbeitet nicht gerne am Tresen.	☐	☐

3.14 **b Hören Sie das Gespräch noch einmal und tragen Sie die Dienste von Franziska und Jasna in den Dienstplan ein.**

Service

Mittwoch	*Donnerstag*	*Freitag*	*Samstag*	*Sonntag*
10:00–17:00	10:00–17:00	10:00–17:00	10:00–17:00	10:00–17:00
Margot	Franziska	....	....	....
17:00–24:00	17:00–24:00	17:00–24:00	17:00–24:00	17:00–24:00
Tom	Tom	Tom	....	Tom

Tresen

Mittwoch	*Donnerstag*	*Freitag*	*Samstag*	*Sonntag*
10:00–17:00	10:00–17:00	10:00–17:00	10:00–17:00	10:00–17:00
Klaus	Klaus	....	....	....
17:00–24:00	17:00–24:00	17:00–24:00	17:00–24:00	17:00–24:00
Danny	Danny	Danny	Danny	Danny

Küche

c Terminabsprache – Ordnen Sie jeder Frage eine positive und eine negative Antwort zu. Es gibt mehrere Möglichkeiten.

1. Können Sie auch in der Woche arbeiten?
   ☺ Ja, da kann ich.
   ☹ ....
2. Wer kann am 3. Oktober den Tresen machen? Das ist ein Feiertag.
   ☺ ....
   ☹ ....
3. Machen Sie am Samstag die Spätschicht im Service?
   ☺ ....
   ☹ ....

☺
Ja, da kann ich.
Na klar! Kein Problem.
Ich kann das machen.

☹
Nein, da habe ich keine Zeit.
Tut mir leid. Das geht leider nicht.
Da kann ich leider nicht.

d Rollenspiele – Spielen Sie Dialoge.

Ihr Kollege ist krank. Ihr Chef fragt: Können Sie auch am Wochenende arbeiten? Das passt Ihnen schlecht, weil …

Sie haben schon oft die Schicht mit Ihrer Kollegin getauscht. Jetzt möchte sie schon wieder tauschen. Sie hat einen wichtigen Termin bei …

Sie besprechen mit Ihrer Chefin den Dienstplan. Sie arbeiten gerne in der Spätschicht, aber am Freitag geht das auf keinen Fall, weil …

Wortschatz **Finden Sie Gegensätze. Arbeiten Sie mit dem Wörterbuch.**

1. morgens abends
2. der Werktag ....
3. die Frühschicht ....
4. die Ruhezeit ....

Lesen a **Jasna liest im Internet einen Artikel über das Arbeitszeitgesetz. Lesen Sie den Text. Welche Überschrift passt wo?**

Der Acht-Stunden-Tag — Wer arbeitet, braucht Pausen — Andere Leute schlafen … — Am Sonntag ist frei

Das Arbeitszeitgesetz (ArbZG)

Was heißt Arbeitszeit? Arbeitszeit ist die Zeit zwischen dem Beginn und dem Ende der Arbeit, aber ohne die Ruhepausen – so sagt das Gesetz.

....

Für alle Arbeitnehmer gilt an Werktagen (Mo–Sa) eine Arbeitszeit von maximal 8 Stunden (nur als Ausnahme: 10 Stunden). Für Überstunden müssen Sie Zeit frei bekommen.

....

Bei einer Arbeitszeit von 6 bis 9 Stunden muss man 30 Minuten (oder zweimal 15 Minuten) Ruhepause haben. Bei einer Arbeitszeit von mehr als 9 Stunden muss man 45 Minuten (oder dreimal 15 Minuten) Ruhepause haben. Niemand darf mehr als 6 Stunden ohne Ruhepause arbeiten.

....

Nachtarbeit ist von 23:00 Uhr bis 6:00 Uhr (ohne Ruhepause). Die tägliche Nachtarbeitszeit darf nicht länger als 8 Stunden sein (Ausnahme: 10 Stunden).

....

Arbeiten am Sonntag und an Feiertagen ist normalerweise nicht erlaubt. (Ausnahme: Arbeitnehmer z. B. in der Gastronomie dürfen an Sonn- und Feiertagen arbeiten. Die Arbeitszeit: 8 Stunden, nur als Ausnahme: 10 Stunden.)

Lesen b **Sie den Text noch einmal. Kreuzen Sie an: richtig oder falsch?**

	R	F
1. In Deutschland gilt eine normale Arbeitszeit von acht Stunden am Tag.	☒	☐
2. Man kann auch Pausen von 15 Minuten nehmen.	☐	☐
3. Man spricht von Nachtarbeit, wenn jemand von 21:00–24:00 Uhr arbeitet.	☐	☐
4. Eine Bedienung darf auch am Samstag und Sonntag arbeiten.	☐	☐

Strategie **Schwierige Texte verstehen**

Stellen Sie Fragen zum Text. Fragen und antworten Sie im Kurs.

Darf man sieben Stunden ohne Ruhepause arbeiten?

Wie lange ist die normale Nachtarbeitszeit?

der Arbeitgeber, – / die Arbeitgeberin, -nen
Bei dieser Person oder Institution arbeiten andere Menschen.

der Arbeitnehmer, – / die Arbeitnehmerin, -nen
Diese Person bekommt Arbeit von einem Arbeitgeber.

die Ausnahme, -n
Es gibt eine Regel, aber sie passt nicht immer.

der Dienst, -e
berufliche Arbeit
→ der Dienstplan

der Feiertag, -e
An diesem Tag arbeitet man nicht.

die Frühschicht (Sg.)
Die Arbeitszeit beginnt am Morgen.
→ die Schicht tauschen

die Nachtarbeit

die Ruhepause, -n
In dieser Zeit arbeitet man nicht.
→ die Ruhezeit, -en

die Spätschicht (Sg.)
Die Arbeitszeit beginnt am Abend.

der Werktag, -e
der Arbeitstag, alle Tage von Montag bis Samstag

Vorgesetzter – Mitarbeiterin

4 Ein Problem ansprechen und eine Lösung finden

a Sehen Sie das Foto an. Was meinen Sie?

Was passiert am Tisch?

War der Gast zufrieden?

Was denkt Franziska?

Was wird sie tun?

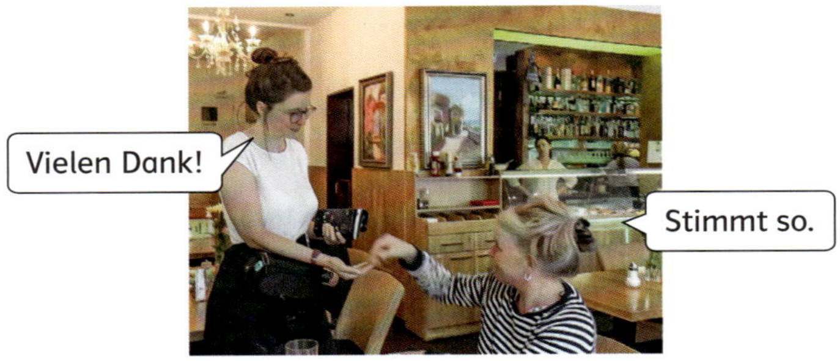

3.15 **b Hören Sie das Gespräch.**
Kreuzen Sie an: richtig oder falsch?

	R	F
1. Franziska ist unzufrieden.	☒	☐
2. Franziska bekommt am Tresen Trinkgeld.	☐	☐
3. Sie will einen höheren Stundenlohn.	☐	☐
4. Der Chef will eine Lösung für das Problem finden.	☐	☐
5. Er will mit den Mitarbeitern eine Vereinbarung treffen.	☐	☐
6. Nur die Mitarbeiter im Service sollen ein Trinkgeld bekommen.	☐	☐

3.15 **c Hören Sie noch einmal. Welche Sätze hören Sie genau? Kreuzen Sie an.**

- ☒ 1. Ich muss mal mit Ihnen reden.
- ☐ 2. Es ist wichtig!
- ☐ 3. Um was geht's denn?
- ☐ 4. Ich hab da ein Problem.
- ☐ 5. Ich brauche das Geld wirklich.
- ☐ 6. Nein, das geht so nicht.
- ☐ 7. Können wir das später besprechen?
- ☐ 8. Jetzt aber immer mit der Ruhe!
- ☐ 9. So geht es nicht weiter.
- ☐ 10. Da müssen wir eine Lösung finden.
- ☐ 11. Ich habe eine Idee.
- ☐ 12. Das finde ich gut.

d Sortieren Sie die Redemittel aus 4c in die Tabelle.

ein Problem ansprechen	auf ein Problem reagieren
Ich muss mal mit Ihnen sprechen.	

e Sehen Sie die Bilder an. Welches Problem haben die Leute? Spielen Sie das Gespräch mit dem Chef / der Chefin.

Wortschatz **Verbinden Sie Nomen und Verben.**

1. ein Problem	a) verteilen
2. einen Stundenlohn	b) bekommen
3. eine Lösung	c) haben
4. das Trinkgeld	d) treffen
5. die Mitarbeiter	e) finden
6. eine Vereinbarung	f) informieren

Lesen a **Lesen Sie die Vereinbarung. Wie verteilt der Chef das Trinkgeld? Kreuzen Sie an: ⓐ, ⓑ oder ⓒ?**

Vereinbarung über Trinkgelder

zwischen

Franziska di Lorenzo .... und Jürgen Bauer ....

– nachfolgend „Arbeitnehmer/in" – *– nachfolgend „Arbeitgeber/in" –*

Die Partner treffen folgende Vereinbarung:

1. Wenn ein Arbeitnehmer / eine Arbeitnehmerin Trinkgeld bekommt, schreibt er/sie das nach der Schicht in die Liste „Trinkgeld" und legt das Geld in einen Briefumschlag.
2. Am Ende vom Tag rechnen wir die Trinkgelder zusammen und verteilen die Summe auf alle Arbeitnehmer/innen:
   Ein Drittel vom Geld bekommen die Arbeitnehmer/innen in der Küche.
   Ein Drittel vom Geld bekommen die Arbeitnehmer/innen hinter dem Tresen.
   Ein Drittel vom Geld bekommen die Arbeitnehmer/innen im Service.
3. In jeder Gruppe (Küche, Tresen, Service) verteilen die Arbeitnehmer/innen das Trinkgeld nach Köpfen. Wenn ein/e Arbeitnehmer/in an diesem Tag nur wenige Stunden gearbeitet hat, bekommt er/sie nur einen Teil vom Geld.

....	....	....
Ort/Datum	Unterschrift Arbeitgeber/in	Unterschrift Mitarbeiter/in

	Service	Küche	Tresen
ⓐ	50%	25%	25%
ⓑ	50%	50%	
ⓒ	33,3%	33,3%	33,3%

Lesen b **Lesen Sie noch einmal. Welche Lösung (ⓐ, ⓑ oder ⓒ) passt am besten? Markieren Sie.**

1. Die Arbeitnehmer/innen sollen
   ⓐ kein Trinkgeld mehr bekommen.
   ⓑ das Trinkgeld nach ihrer Arbeit aufschreiben.
   ⓒ Herrn Bauer einen Teil vom Trinkgeld geben.
2. Die Gruppen (Küche, Tresen, Service)
   ⓐ diskutieren über die Verteilung.
   ⓑ geben Herrn Bauer einen Teil vom Trinkgeld.
   ⓒ bekommen gleich viel vom Trinkgeld.

Strategie **Geschlechtergerechtigkeit in der Sprache**
Finden Sie in der Vereinbarung über Trinkgelder alle Formen, die Mann und Frau bedeuten.

Arbeitnehmer/in = Arbeitnehmer und Arbeitnehmerin

der Briefumschlag, ¨-e

das Drittel, -
33,3 %

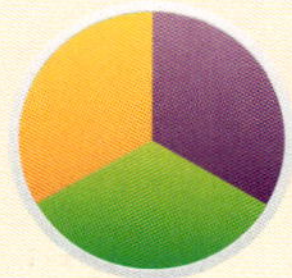

die Hälfte, -n
50 %

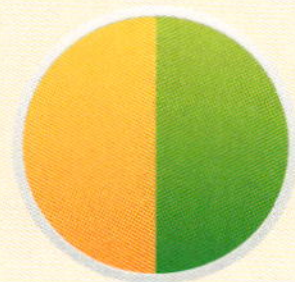

die Lösung, -en
eine gute Idee bei einem Problem

der Stundenlohn (Sg.)
Geld für eine Stunde Arbeit

das Trinkgeld, -er

die Vereinbarung, -en
eine Regel für alle

verteilen
jedem einen Teil geben

das Viertel, -
25 %

5 Szenario – Gastronomie

		Rolle A	Rolle B	Rolle C
		Sie sind Herr* Kaufer. Sie sind Gast im Restaurant. Sie haben wenig Zeit. Sie wollen schnell essen und dann zurück zur Arbeit gehen.	Sie sind Frau* Bachs, die Bedienung. Sie haben heute besonders viel zu tun, weil Ihre Kollegin krank ist.	Sie sind Frau* Steig. Sie sind Chefin im Restaurant „Zur Post". Sie wissen, dass die Bedienung heute im Stress ist.
Schritt 1	Gespräch zwischen Gast und Bedienung	Sie warten schon lange im Restaurant. Sie rufen die Bedienung und wollen endlich bestellen. Sie sind nicht sehr freundlich.	Sie haben so viel zu tun. Ihnen ist alles zu viel. Sie sagen, dass der Gast warten soll. Sie sind nicht sehr freundlich.	
Schritt 2	Gespräch zwischen Gast und Chefin	Sie wollen mit der Chefin sprechen. Sie sagen ihr, dass die Bedienung sehr unfreundlich ist. Das geht so nicht! Sie wollen Ihr Essen sofort.		Sie stellen sich vor. Sie sagen, dass Sie die Chefin sind und fragen, was das Problem ist. Sie fragen, was der Gast essen und trinken möchte. Sie entschuldigen sich.
Schritt 3	Gespräch zwischen Chefin und Bedienung		Jetzt haben Sie ein Problem mit der Chefin! Sie sagen, dass Sie heute alleine arbeiten müssen. Sie sind gestresst und müde.	Sie sprechen mit der Bedienung. Sie soll freundlicher zu den Gästen sein, auch wenn sie im Stress ist.
Schritt 4	Gespräch zwischen Gast und Bedienung	Sie haben Ihr Essen bekommen. Das finden Sie gut. Sie fragen, ob Sie gleich bezahlen können.	Sie bringen dem Gast Essen und Getränk. Sie sind sehr freundlich und wünschen einen guten Appetit.	
Schritt 5	Gespräch zwischen Gast und Bedienung	Sie bezahlen und geben der Bedienung ein gutes Trinkgeld.	Sie kassieren und bedanken sich für das Trinkgeld.	

* Hinweis: Frau oder Herr? Sie können die Rollen jederzeit ändern.

Sich selbstständig machen 8

die Erzieherin

der Lehrer

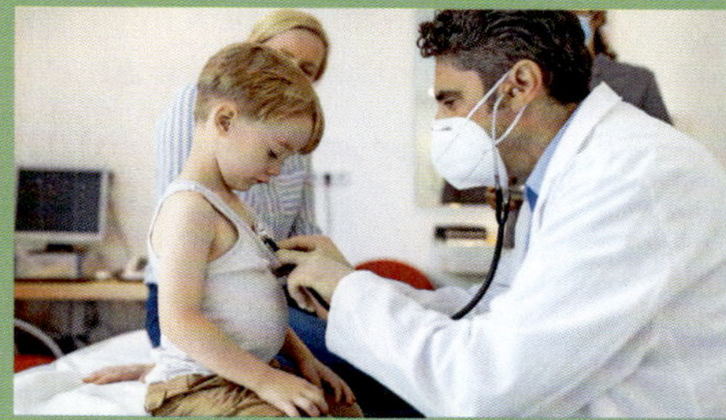
der Kinderarzt

die Tagesmutter

die Mutter

die Sportlehrerin

1 Arbeiten mit Kindern

a Sehen Sie die Fotos an. Wo arbeiten die Menschen? Sprechen Sie.

in einer Kita   zu Hause   in einer Schule   in einer Praxis   in einem Verein   …

b Was meinen Sie? Lesen Sie die Fragen und sprechen Sie über die Personen in den Fotos.

Wer
- ist angestellt und bekommt jeden Monat dasselbe Gehalt?
- bekommt keinen Lohn für seine/ihre Arbeit?
- ist selbstständig und schreibt eine Rechnung für seine/ihre Arbeit?
- hat für seinen/ihren Beruf studiert?
- hat eine Ausbildung gemacht?
- braucht für die Arbeit keine Ausbildung?

3.16 **c Hören Sie. Was erfahren Sie über die Situation von Rima? Sprechen Sie.**

Rima ist eine Mutter. Vielleicht ist sie die Mutter auf dem Foto oben.

3.16 **d Hören Sie noch einmal. Was sind Rimas Ziele? Kreuzen Sie an.**

1. ☐ Arbeit finden
2. ☐ Geld verdienen
3. ☐ nette Kollegen und Kolleginnen haben
4. ☐ ihre Erfahrungen als Mutter nutzen
5. ☐ mit Kindern arbeiten
6. ☐ etwas Neues lernen

e Was sind Ihre Ziele? Sprechen Sie.

Sprechen über Berufe mit Kindern sprechen; über persönliche Ziele sprechen; über Arbeitssuche in unterschiedlichen Ländern sprechen; Fragen an den Arbeitsberater / die Arbeitsberaterin stellen; den Zweck von Handlungen ausdrücken; seine Meinung zu Selbstständigkeit äußern | **Hören** ein Gespräch in der Arbeitsagentur; Meinungen über Selbstständigkeit | **Lesen** einen Informationstext aus dem Internet; Anzeigen | **Schreiben** über Arbeitssuche in unterschiedlichen Ländern, eine Kurznachricht

2 Arbeitssuche

a Wie kann man in Deutschland Arbeit finden? Sehen Sie die Bilder an und ordnen Sie die Beschreibungen zu.

A ☐

die Arbeitsagentur

B [1]

mit Freunden sprechen

C ☐

das Stellengesuch

D ☐

die Online-Jobbörse

E ☐

die Jobmesse

F ☐

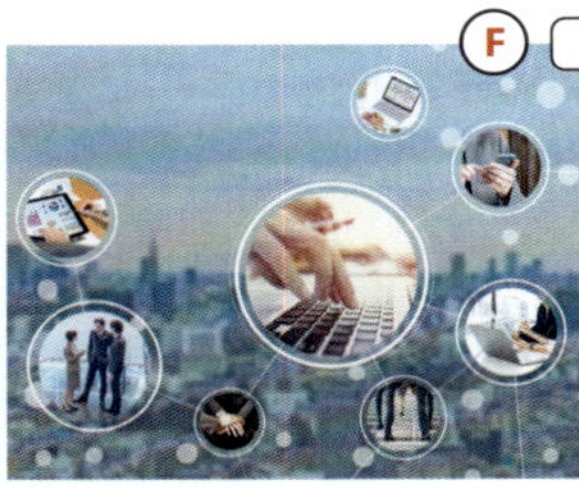

Soziale Netzwerke

G ☐

die Initiativbewerbung

H ☐

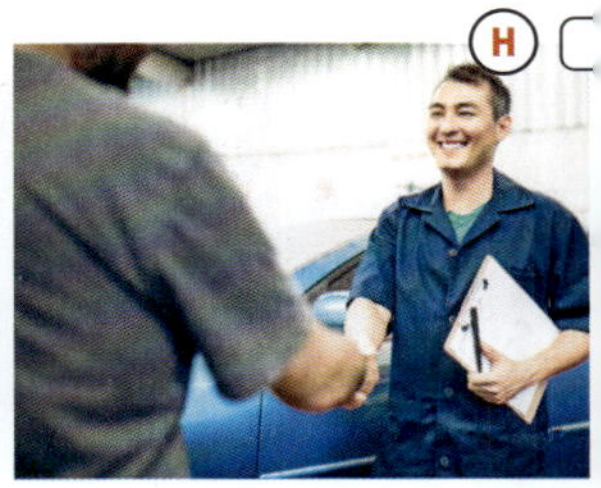

vorbeigehen und fragen

1. Viele Menschen finden Arbeit, weil sie mit Freunden über die Arbeitssuche sprechen.
2. Die Arbeitsagentur vermittelt Arbeitsstellen.
3. Im Internet gibt es Jobbörsen mit Stellenangeboten von vielen Firmen.
4. Viele Menschen finden über ein Online-Netzwerk eine Stelle.
5. Bei einer Jobmesse kommt man mit Arbeitgebern in Kontakt und kann direkt Fragen stellen.
6. Man kann eine Anzeige schreiben und sie z. B. im Supermarkt aufhängen.
7. Man kann bei einer Firma vorbeigehen und nach Arbeit fragen.
8. Manchmal hilft es, wenn man einfach eine Bewerbung an eine Firma schickt.

b Was kennen Sie noch? Sprechen Sie.

Viele Leute bekommen auch eine Stelle, wenn sie erst ein Praktikum machen.

UND SIE?

Sprechen Sie über Arbeitssuche. Wählen Sie: Deutschland oder ein anderes Land.

In meinem Heimatland gibt es keine Arbeitsagentur. Man schickt einfach eine Bewerbung an eine Firma. Wenn die Firma Interesse hat, wird man zu einem Vorstellungsgespräch eingeladen. …

Ich kenne es so: …
In meinem Land funktioniert es so wie / anders als in Deutschland. …
Wenn man bei uns Arbeit finden will, muss man …

Schreiben Sie an einen Freund oder eine Freundin. Erzählen Sie, wie die Arbeitssuche in Deutschland oder in einem anderen Land funktioniert.

3 Rimas Gespräch in der Arbeitsagentur

3.17 **a Hören Sie den Dialog zwischen Rima und dem Sachbearbeiter. Welche Antwort passt? Kreuzen Sie an: (a) oder (b)?**

1. Rima würde gerne
   (a) als Erzieherin arbeiten.
   (b) eine Ausbildung machen.
2. Der Sachbearbeiter
   (a) bietet Rima einen Job als Tagesmutter an.
   (b) kann Rima unterstützen, Tagesmutter zu werden.

3.17 **b Hören Sie noch einmal. Kreuzen Sie an: richtig oder falsch?**

	R	F
1. Rima möchte wissen, wie lange die Ausbildung dauert.	☐	☐
2. Der Sachbearbeiter fragt, wie alt sie ist.	☐	☐
3. Er fragt Rima, ob sie als Tagesmutter arbeiten möchte.	☐	☐
4. Rima weiß nicht, was eine Tagesmutter macht.	☐	☐
5. Rima fragt, ob es einen Online-Kurs gibt.	☐	☐

c Lesen Sie die Sätze in 3b noch einmal und ergänzen Sie die Tabelle.

FOKUS Indirekte Fragen (G)

Hauptsatz mit W-Frage	Hauptsatz + Nebensatz
Wie lange (dauert) die Ausbildung?	Rima möchte wissen, wie lange die Ausbildung (dauert).
Was (macht) eine Tagesmutter?	Sie fragt, was eine Tagesmutter ( ).
Hauptsatz mit Ja/Nein-Frage	
(Möchten) Sie als Tagesmutter arbeiten?	Er fragt Rima, ob sie als Tagesmutter arbeiten ( ).
(Gibt) es einen Online-Kurs?	Sie fragt, ob es .... ( ).

d Was möchte Rima noch wissen? Formulieren Sie indirekte Fragesätze.

1. Was soll ich machen?
2. Was macht eine Tagesmutter?
3. Muss ich einen Kurs machen?
4. Wie teuer ist der Kurs?
5. Verdiene ich als Tagesmutter genug?
6. Was sagen die Kinder dazu?

Rima weiß nicht, ...
Sie fragt, ...
Sie möchte wissen, ...
Sie überlegt, ...

Rima weiß nicht, was sie machen soll.

UND SIE?

Sie haben bald einen Termin beim Jobcenter oder bei der Arbeitsagentur. Was möchten Sie wissen? Was können Sie fragen?

Ich möchte wissen, ob mein Mann einen Deutschkurs besuchen kann.

4 Rima informiert sich weiter.

a **Lesen Sie den Text. Welche Überschrift passt wo? Ordnen Sie zu.**

1. Persönliche Voraussetzungen
2. Gesetzliche Bestimmungen
3. Unsere Empfehlung
4. Fachliche Voraussetzungen

Soll ich mich selbstständig machen? Ich weiß nicht. Ich informiere mich mal im Internet.

Sich als Tagesmutter oder Tagesvater selbstständig machen?

Eine Tagesmutter oder ein Tagesvater betreut Kinder in kleinen Gruppen.

....:

Für diese Arbeit musst du sehr zuverlässig, geduldig und liebevoll sein. Die Kinder sollen sich bei dir wohlfühlen. Und du musst auch belastbar sein und gut mit den Eltern umgehen können.

....:

Du brauchst Kenntnisse in Erster Hilfe, Ernährung und Kinderentwicklung. Diese Kenntnisse sind wichtig, damit die Kinder sicher sind und gesund bleiben.

....:

Damit du Kinder betreuen darfst, benötigst du auch eine Pflegeerlaubnis vom Jugendamt. Das ist eine gesetzliche Pflicht, deshalb kommt das Jugendamt und kontrolliert: Ist die Tagesmutter oder der Tagesvater für die Arbeit geeignet? Sind die Räume sauber und kindgerecht?

....:

Mach eine Fortbildung, um dich auf den Beruf vorzubereiten.
Der „Tagesmutter-Kurs“ dauert bei uns 160 Stunden.

Weiter zur Tagesmutter-Qualifizierung

b **Lesen Sie den Text noch einmal und ergänzen Sie Rimas Checkliste.**

Checkliste Tagesmutter

So muss ich sein:	*Diese Kenntnisse brauche ich:*
– *zuverlässig*	– *Erste Hilfe*
–	– ....
–	– ....
–	–
Das brauche ich vom Jugendamt:	*Diese Fortbildung kann ich machen:*
–	– ....

UND SIE?

Wer betreut in Ihrer Familie die Kinder, wenn die Eltern nicht da sind?

Bei uns wohnen die Großeltern im Haus und …

5 Wozu braucht man das?

a Lesen Sie die Gedankenblasen. Kreuzen Sie an: richtig oder falsch?

Ich muss geduldig sein, damit die Kinder gerne bei mir sind.

Die Räume müssen schön sein, damit die Eltern zufrieden sind.

Ich mache einen Tagesmutter-Kurs, um den Beruf zu lernen.

Soll ich mich wirklich selbstständig machen? Ich brauche eine Pflegeerlaubnis, um als Tagesmutter arbeiten zu können.

	R	F
1. Rima braucht Geduld für die Kinder.	☐	☐
2. Sie will, dass das Jugendamt zufrieden ist.	☐	☐
3. Sie will keine Fortbildung machen.	☐	☐
4. Rima weiß noch nicht genau, was sie machen soll.	☐	☐

b Lesen Sie Rimas Gedanken noch einmal und ergänzen Sie die Tabelle.

G

damit* und *um zu

gleiches Subjekt: *damit* oder *um … zu*
verschiedene Subjekte: *damit*

G

FOKUS *damit* und *um zu*

Hauptsatz	Nebensatz
Ich muss geduldig sein,	damit die Kinder gerne bei mir (sind).
Ich mache einen Tagesmutter-Kurs,	damit ich den Beruf ( ).
Ich brauche eine Pflegeerlaubnis,	damit ich als Tagesmutter arbeiten kann.
	um als Tagesmutter arbeiten zu ( ).

c Was braucht man als Tagesmutter? Ordnen Sie zu.

1. Man muss geduldig und liebevoll sein,
2. Man braucht eine Pflegeerlaubnis,
3. Die Räume müssen sauber sein,
4. Man braucht viele Stifte,
5. Man muss Lebensmittel einkaufen,

a) um das Mittagessen zu kochen.
b) damit die Kinder sich wohlfühlen.
c) damit die Kinder malen können.
d) um als Tagesmutter zu arbeiten.
e) damit man eine Pflegeerlaubnis bekommt.

d Schreiben Sie die Sätze aus 5c.

Man muss geduldig und liebevoll sein, …

UND SIE?

Was machen Sie wozu?

Ich koche viel Gemüse, damit meine Familie gesund bleibt.

Ich lerne Deutsch, um …

6 Rima liest Anzeigen.

3.18 **a Hören Sie. Was möchte Rima? Kreuzen Sie an.**

1. ☐ sich vielleicht selbstständig machen
2. ☐ ihre Wohnung renovieren
3. ☐ mehr Geld haben
4. ☐ mit Menschen arbeiten
5. ☐ als Kellnerin arbeiten

b Welche Anzeigen passen zu Rimas Situation? Zwei Anzeigen passen nicht.

1. C Rima sucht günstige Räume. Renovierung ist kein Problem.
2. ☐ Rima möchte mit Kindern arbeiten, hat aber keine Ausbildung.
3. ☐ Rima kann gut mit Menschen umgehen und will vielleicht im Hotel arbeiten.
4. ☐ Rima denkt auch an eine Halbtagsstelle mit festen Arbeitszeiten.

(A)
Gewerbefläche für Kindertagespflege
Gesucht ab sofort: Zwei große Räume und Nebenräume • mindestens 100 qm • eigene Küche • Spielplatz in der Nähe oder eigener Garten • Stellplätze vor der Tür • barrierefrei • Renovierungsarbeiten kein Problem   Mehr …

(B)
Rezeptionist m/w/d
Du hast noch nie im Hotel gearbeitet? Starte deine Karriere bei uns • Wir bieten interessante Aufgaben und gute Bezahlung • Dein Profil: Empathie • interkulturelle Kompetenz • Engagement • Flexibilität • Einstieg ab sofort möglich   Mehr …

(C)
Gewerbeimmobile nähe Einkaufspark
105 qm • renovierungsbedürftig • Halle, Büro, Nebenraum, Küche, 2 Toiletten und Keller • viele Fenster • PVC • ebenerdig und barrierefrei • Parkplatz vor der Haustür • großer Garten hinter dem Haus • 400,– plus NK • 1 Monat mietfrei • Frei ab sofort.   Mehr …

(D)
Kinderliebe Haushälterin (m/w/d) im Privathaushalt in Vollzeit (35–40 Stunden) gesucht
für unseren 4-Personen-Privathaushalt • Abholung der Kinder aus Schule und Kindergarten und Nachmittagsbetreuung • Arbeitszeiten von montags bis donnerstags von 9–17 Uhr – freitags von 9–15 Uhr • Voraussetzung ist Erfahrung mit kleinen Kindern.   Mehr …

(E)
Fashionberater (m/w/d)
Gesucht für unsere Boutique • Teilzeit-Anstellung • Mo.–Fr. 13:00 bis 19:30 Uhr • Ihre Aufgaben: kompetente Beratung • Warenpräsentation, Pflege, Verteilung im Verkaufsraum sowie Lager • Ihr Profil: serviceorientiertes Auftreten   Mehr …

(F)
Tagespfleger/in
Unsere kleine Kita sucht Verstärkung! • auch ohne Berufserfahrung • Ihre Aufgaben: Betreuung von Kindern im Krippen-Bereich • Kooperation mit den Eltern • Voraussetzung: abgeschlossene Berufsausbildung zum Kinderpfleger (m/w/d) • Eigenverantwortliche Arbeitsweise   …

c Welche Anzeigen passen nicht zu Rimas Situation? Sprechen Sie.

7 Meinungen zur Selbstständigkeit

a **Was bedeutet für Sie Selbstständigkeit? Sammeln Sie im Kurs.**

3.19 **b** **Hören Sie, was Rimas Familie und Freunde denken. Findet die Person Selbstständigkeit gut oder nicht? Kreuzen Sie an.**

Rimas Mutter
☺ 😐 ☹

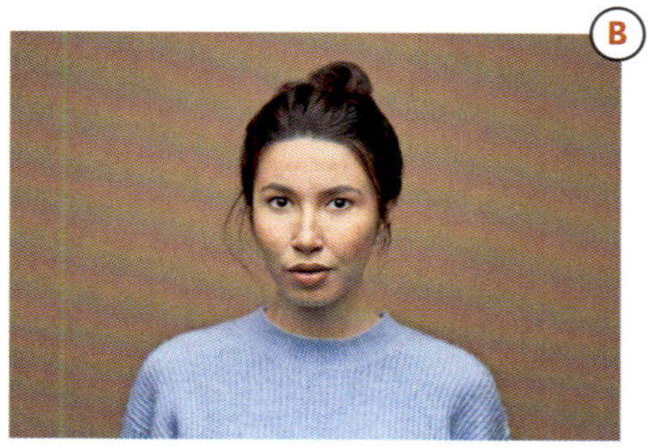

Rimas Freundin
☺ 😐 ☹

Rimas Vater
☺ 😐 ☹

3.19 **c** **Hören Sie noch einmal. Zu jeder Person A–C passt nur eine Aussage. Notieren Sie A, B oder C.**

1. Als Selbstständige kann man leicht Geld verdienen. ....
2. Selbstständigkeit hat gute und schlechte Seiten. ....
3. Als Selbstständige hat man keinen Chef oder keine Chefin. ....A....
4. Wenn man sich selbstständig macht, hat man immer hohe Kosten. ....
5. Selbstständigkeit ist immer eine richtige Entscheidung. ....
6. Selbstständige müssen rund um die Uhr arbeiten. ....

d **Lesen Sie. Wer hat das geschrieben? Rima, Rimas Freundin, Papa?**

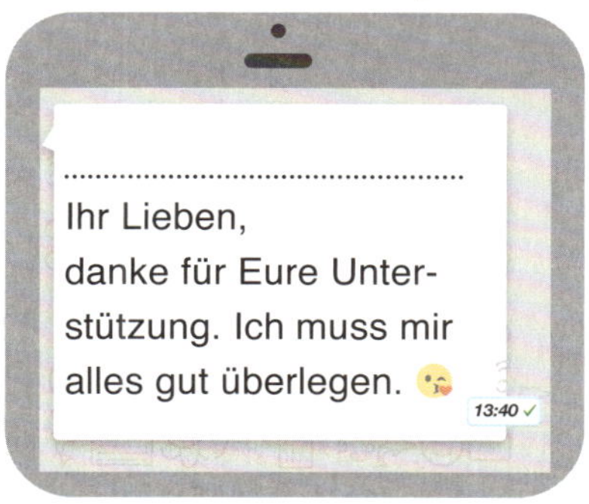

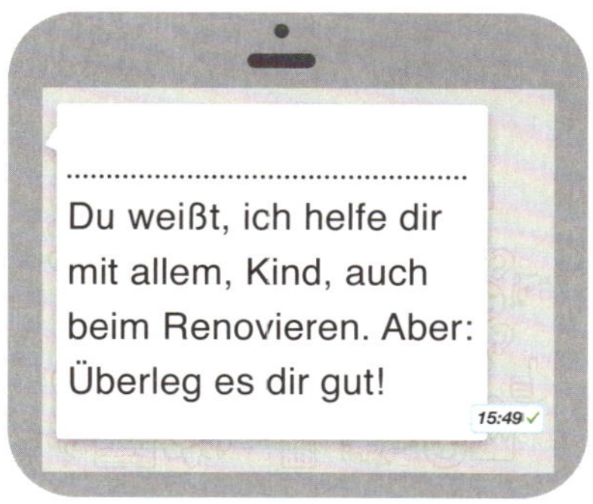

e **Was raten Sie Rima? Schreiben Sie ihr eine kurze Nachricht.**

UND SIE?

Sprechen Sie über Selbstständigkeit. Wählen Sie: Sie selbst ⟷ oder ⟷ eine andere Person.

> Ich hatte früher ein Schuhgeschäft. Hier hätte ich auch gerne einen Laden.

> Für mich ist das nichts, weil …

ÜBUNGEN

1 Arbeiten mit Kindern

a Was passt nicht? Streichen Sie durch.

1. Erzieherin • ~~Mutter~~ • Lehrerin
2. Gehalt • Lohn • Rechnung
3. angestellt • selbstständig • zu Hause
4. studieren • eine Ausbildung machen • verdienen
5. im Büro • in der Praxis • im Wohnzimmer

b Was passt zusammen? Verbinden Sie.

1. etwas alleine	a) sein
2. mit Kindern	b) schreiben
3. eine Ausbildung	c) nutzen
5. selbstständig	d) arbeiten
6. eine Rechnung	e) schaffen
7. seine Erfahrungen für etwas	g) machen

3.20 **c Aussprache: Lange und kurze Vokale: Hören Sie und sprechen Sie nach.**

1. Kita – Kinder
2. Schule – Mutter
3. Lehrer – Geld
4. Erfahrung – Praxis
5. Lohn – bekommen

3.21 **d Aussprache: Vokale – Welche Regel passt? Ordnen Sie zu. Hören Sie zur Kontrolle.**

Beispiele	Regel
1. essen • schaffen • Stelle	a) Ein h nach dem Vokal macht diesen lang.
2. Idee • Paar • Meer	b) Das i wird lang gesprochen, wenn ie steht.
3. verdienen • studieren • Ziele	c) Doppelte Vokale werden lang gesprochen.
4. Jahr • Lohn • Unternehmen	d) Wenn zwei gleiche Konsonanten nach dem Vokal stehen, ist dieser kurz.

2 Arbeitssuche

a Wie heißt das? Schreiben Sie das Wort und den Artikel.

1. Dort bekommt man Beratung und Stellenangebote, wenn man arbeitslos ist:
   die Arbeitsagentur .... (BAREITSTAGENRU)
2. Das kann man schreiben und an eine Firma schicken, auch wenn es gerade kein Stellenangebot gibt:
   .... (WERINITIVBETIABUNG)
3. Hier findet man im Internet viele Stellenangebote:
   .... (STELON-LENBÖRLINESE)
4. Hier präsentieren sich Firmen und suchen Mitarbeiter:
   .... (MESJOSEB)
5. So eine Anzeige kann man schreiben, wenn man selbst eine Stelle sucht:
   .... (BUCHJOGES)

Initiativbewerbung • Online-Stellenbörse • Jobmesse • Jobgesuch

b **Welches Verb passt nicht? Streichen Sie durch.**

1. eine Stelle — ~~fragen~~ • suchen • finden
2. ein Stellengesuch — schreiben • fragen • aufhängen
3. bei einer Firma — schicken • anrufen • vorbeigehen
4. nach Arbeit — schreiben • fragen • suchen

c **Wie kann man eine Stelle finden? Bilden Sie Sätze. Vergleichen Sie im Kurs.**

Man kann		
in Online-Jobbörsen	eine Stelle	sprechen
bei der Arbeitsagentur	ein Praktikum	schreiben
auf Jobmessen	mit der Sachbearbeiterin	schicken
bei einer Firma	Freunde nach einem Job	fragen
im Verein	Unternehmen	machen
…	…	suchen
		kennenlernen
		…

Man kann in Online-Jobbörsen eine Stelle suchen.

d **Was ist bei einer Initiativbewerbung wichtig? Ergänzen Sie die Sätze.**

informieren — Stellenangebot — ~~bewerben~~ — möchte — Ansprechpartner — Einladung

Tipps für die Initiativbewerbung

Wenn man sich bei einem ganz bestimmten Arbeitgeber *bewerben* möchte, aber es gerade kein .... gibt, kann man eine Initiativbewerbung schicken. Man sollte sich im Internet sehr gut über das Unternehmen .... Wichtig ist auch, dass man den richtigen .... findet. Außerdem sollte man schreiben, warum man dort arbeiten .... Mit etwas Glück bekommt man dann eine .... zu einem Vorstellungsgespräch.

e **Was ist, wenn …? Schreiben Sie Sätze mit *wenn*.**

1. Man (sucht) eine Arbeit:
   Wenn man eine Arbeit (*sucht*), dann muss man sich überall informieren.
2. Man hat eine interessante Stelle gefunden:
   ...., dann kann man sich bewerben.
3. Man hat zu wenig Erfahrung:
   ...., dann kann man ein Praktikum machen.
5. Man kann keinen Job finden:
   ...., dann kann man bei der Arbeitsagentur einen Termin machen.

3 Rimas Gespräch in der Arbeitsagentur

a Fragen im Jobcenter – Ergänzen Sie das Fragewort.

~~was~~ wo wann welche wie

1. Was .... brauchen Sie, Frau Akram?
2. .... lange haben Sie schon gearbeitet?
3. .... würden Sie jetzt gerne arbeiten?
4. .... Kenntnisse haben Sie?
5. .... sind Ihre Kinder geboren?

b Schreiben Sie indirekte Fragen mit den Fragen aus 3a.

Die Mitarbeiterin im Jobcenter möchte von Frau Akram wissen,

1. was sie braucht ....
2. ....
3. ....
4. ....
5. ....

c Frau Akram fragt nach. Schreiben Sie die indirekten Fragen mit *ob*.

1. Gibt es einen Kurs am Vormittag?
   Ich möchte wissen, ob es einen Kurs am Vormittag .... (gibt).
2. Ist der Kurs auch in Teilzeit möglich?
   Können Sie mir sagen, ... ( )?
3. Muss ich den Kurs bezahlen?
   Außerdem möchte ich wissen, ... ( ).
4. Gibt es eine Kinderbetreuung?
   Ich habe noch nicht verstanden, ... ( ).
5. Kann man nach dem Kurs sofort arbeiten?
   Wissen Sie, ... ( )?

d **Höflich nachfragen im Café – Schreiben Sie indirekte Fragen.**

Können Sie mir sagen, ...

Wissen Sie, ...

Darf ich Sie fragen, ...

Ich möchte gerne wissen, ...

Wo ist die Toilette?
Gibt es das ohne Zucker?
Wie viel kostet das?
Wie lange haben Sie geöffnet?
Wem gehört diese Tasche hier?

4 Rima informiert sich weiter.

a **Lesen Sie den Text: Wo steht welche Information? Notieren Sie den Buchstaben.**

1. Das lerne ich: B
2. Hier kann ich nach dem Kurs arbeiten: ....
3. Diese Voraussetzungen brauche ich: ....
4. Diese Fortbildung kann ich machen: ....

Sie lieben Mode? Werden Sie Modeberater/in!

(A) Möchten Sie beruflich mit Mode zu tun haben? Dann ist unser 12-wöchiger Kurs genau das Richtige für Sie. Der Kurs findet in unseren modernen Schulungsräumen in der Stadtmitte statt. Auf dem Firmengelände gibt es auch Parkplätze für die Teilnehmer und Teilnehmerinnen.

(B) Die Fortbildung vermittelt theoretische und praktische Kenntnisse zu den Themen: Kleidung und Frisur, Farbe und Materialien, Kundengespräche, Beraten und Verkaufen, Waren präsentieren.

(C) Sie benötigen für die Teilnahme eine abgeschlossene Ausbildung, zum Beispiel als Friseur/in. Sie sollten Erfahrung mit Mode haben. Wenn Sie gerne mit Menschen arbeiten, dazu noch kreativ und kundenorientiert sind, dann ist der Kurs etwas für Sie!

(D) Nach dem Abschluss können Sie als Modeberater/in zum Beispiel in Kaufhäusern oder Boutiquen arbeiten. Sie können auch als selbstständige/r Berater/in privaten Kunden Ihre Dienstleistungen anbieten. Melden Sie sich jetzt an und starten Sie Ihren Job in der aufregenden Welt der Mode!

b **Lesen Sie den Text in 4a noch einmal. Kreuzen Sie an: richtig oder falsch?**

	R	F
1. Der Kurs zum/zur Modeberater/in dauert 12 Wochen.	☐	☐
2. Der Kurs findet in einer Schule statt.	☐	☐
3. Im Kurs lernt man, wie man mit Kunden spricht und Mode verkauft.	☐	☐
4. Man muss sportlich und lustig sein, wenn man diesen Kurs machen will.	☐	☐
5. Nach dem Kurs kann man nur in Geschäften arbeiten.	☐	☐

c **Persönliche Voraussetzungen – Ordnen Sie zu.**

Sie ...	Dann sind Sie ...
1. machen Ihre Arbeit immer gut und pünktlich?	a) belastbar
2. können auch unter Zeitdruck viele Sachen auf einmal bearbeiten?	b) kreativ
3. können gut zuhören und immer wieder Dinge erklären?	c) zielstrebig
4. haben Ihre Ziele und Pläne immer vor Augen?	d) zuverlässig
5. mögen Kinder und können gut mit ihnen umgehen?	e) geduldig
6. haben viele Ideen und finden oft gute Lösungen?	f) liebevoll

3.22 **d** **Aussprache – Hören Sie. Markieren Sie: lang _ oder kurz .?**

1. Sie lieben Mode? Werden Sie Beraterin für Mode!
2. Ich möchte gerne wissen, wie lange der Laden geöffnet ist.
3. Sie können gut zuhören und immer wieder Dinge erklären?

5 Wozu braucht man das?

a Schreiben Sie Sätze mit *um … zu* wie im Beispiel.

1. Ich mache eine Ausbildung. Ich habe später einen guten Beruf.
   Ich mache eine Ausbildung, um später einen guten Beruf zu haben.
2. Ich arbeite in Teilzeit. Ich kann nachmittags meine Kinder betreuen.
   ………………………………………… .
3. Wir möchten Geld verdienen. Wir können uns ein Auto kaufen.
   ………………………………………… .
4. Paula lernt Deutsch. Sie hat bessere Chancen im Job.
   ………………………………………… .

b Etwas für andere tun – Schreiben Sie die Sätze mit *damit*.

1. ● Maia, wozu gehst du so viel arbeiten?
   ○ Damit meine Familie mehr Geld hat.
   (mehr Geld / hat / meine Familie)

2. ● Leni, wozu arbeitest du hier im Café?
   ○ ………………………………………… .
   (mein Bruder / bei der Arbeit / frei nehmen / kann).

3. ● Marcello und Felipe, wozu braucht ihr jetzt unbedingt eure Handys?
   ○ ………………………………………… .
   (unsere Eltern / anrufen / uns / können)

4. ● Frau Schultz, wozu verkaufen Sie so viele Sachen?
   ○ ………………………………………… .
   (mein Mann / muss / nicht so viel aufräumen)

c Organisation ist alles! Wo passt auch *um… zu*? Kreuzen Sie an. Schreiben Sie dann die Sätze.

	um … zu
1. Ich gehe pünktlich los, damit ich den Bus nicht verpasse.	☒
2. Ich lege meine Sachen am Abend bereit, damit ich nichts vergesse.	☐
3. Ich bereite das Frühstück vor, damit meine Kinder morgens gut in den Tag starten.	☐
4. Ich plane, was ich abends koche, damit ich nicht zu viel im Supermarkt einkaufe.	☐
5. Bei der Arbeit bin ich sehr zielstrebig, damit meine Chefin zufrieden ist.	☐
6. Ich bin sehr zuverlässig, damit ich meine Kunden nicht verliere.	☐

Ich gehe pünktlich los, um den Bus nicht zu verpassen.

6 Rima liest Anzeigen.

a Was bedeuten die Abkürzungen? Ordnen Sie zu.

1. qm
2. NK
3. Mo – Fr
4. m/w/d

a) männlich / weiblich / divers
b) Quadratmeter
c) Nebenkosten (Kosten für Wasser., Strom, Müll, Gas)
d) Montag bis Freitag

(1 – b)

b **Welche Wörter passen zu Räumen, welche zu Jobs? Ordnen Sie zu.**

Miete · Bezahlung · ~~viele Fenster~~ · Teilzeit · Erfahrung · Renovierung · barrierefrei · Aufgaben

Räume	Jobs
viele Fenster	

c **Welcher Raum passt zu Leon? Lesen Sie die Anzeigen. Machen Sie Notizen wie im Beispiel. Kreuzen Sie die passende Anzeige an.**

Leon möchte sich im Sommer mit einer Fahrradwerkstatt selbstständig machen. Er sucht einen oder zwei Räume mit ca. 70 qm, im Erdgeschoss und in guter Lage. Er kann 800 € bezahlen.

① ☐ **Ab sofort frei**
Gewerberäume für Handwerk oder Ähnliches, 68 qm, Renovierung durch den Mieter, 2 Monate mietfrei, Kaltmiete 900 €/Monat.
Tel.: 0423456778

Größe √
Lage
Miete

② ☐ **Räume zu vermieten ab August**
2 kleine Räume, 30 und 35 qm im Stadtzentrum zu vermieten, 2. Etage, Hofnutzung möglich, kein Aufzug. Miete 800 €.
Kontakt: immoF@milpt.com

③ ☐ **Gewerbeimmobilien frei**
Kleine Werkstatt ab Juli frei, Werkzeuge und Material können übernommen werden, Erdgeschoss, Hinterhof, Miete ca. 600 € kalt.
Kontakt: Lohmann Immobilien, Tel. 042347699

7 Meinungen zur Selbstständigkeit

a **Welches Wort passt? Schreiben Sie.**

hohe · möchte · neue · treffen · ~~verantwortlich~~ · überlegen · andere

Forum Selbstständigkeit – diskutieren, fragen und Hilfe bekommen!

Leon2544	Ich repariere Fahrräder und möchte mich mit einer eigenen Werkstatt selbstständig machen, aber ich habe noch keine Erfahrungen mit der Selbstständigkeit. Soll ich es tun?
Lucas R.	Selbstständig? Nichts für mich. Du bist wirklich immer für alles (1) verantwortlich und musst viele Entscheidungen (2) ....
Maria 455	Ich mag die Freiheit und kann (3) .... Ideen ausprobieren. Keiner hat etwas dagegen. Ich (4) .... nicht mehr angestellt sein.
Biene	Hast du geschaut, ob es in deiner Stadt viele (5) .... Fahrradläden gibt? Wenn nicht, dann mach dich selbstständig.
Holger	Du musst dir alles gut (6) .... und brauchst einen Plan. Und du brauchst Geld. Man hat erst einmal (7) .... Kosten. Also ich möchte das nicht.

b **Wer ist für, wer ist gegen Selbstständigkeit? Schreiben Sie die Namen in die Tabelle.**

dafür	dagegen
	Lucas R.

Lernwortschatz

1 Arbeiten mit Kindern

der Erzieher, – / die Erzieherin, -nen
der Kinderarzt, ¨-e / die Kinderärztin, -nen
die Tagesmutter, ¨- / der Tagesvater, ¨-
der Sportlehrer, – / die Sportlehrerin, -nen
die Kindertagesstätte, -n
das Gehalt, ¨-er
nutzen

2 Arbeitssuche

die Arbeitsagentur (Sg.)
das Stellengesuch, e
die Jobbörse, -n
die Jobmesse, -n
die sozialen Netzwerke (Pl.)
die Initiativbewerbung, -en
vorbeigehen
die Arbeitsstelle, -n
das Stellenangebot, -e
aufhängen
das Vorstellungsgespräch, -e

3 Rimas Gespräch in der Arbeitsagentur

der Sachbearbeiter, – /
die Sachbearbeiterin, -nen
der Online-Kurs, -e
das Jobcenter, –

4 Rima informiert sich weiter.

gesetzlich
die Bestimmung, -en
die Empfehlung, -en
fachlich
betreuen
geduldig
liebevoll
belastbar
die Erste Hilfe (Sg.)
die Ernährung (Sg.)
die Entwicklung (Sg.)
die Pflegeerlaubnis, (Sg.)
das Jugendamt, ¨-er
geeignet
kindgerecht
die Fortbildung, -en

5 Wozu braucht man das?

malen

6 Rima liest Anzeigen

die Renovierung (Sg.)
die Halbtagsstelle, -en
die Gewerbefläche, -n
die Kindertagespflege (Sg.)
der Nebenraum, ¨-e
der Stellplatz, ¨-e
barrierefrei
die Karriere (Sg.)
das Profil, -e
die Empathie, –
interkulturell
die Kompetenz, -en
der Einstieg (Sg.)
die Gewerbeimmobilie, -n
renovierungsbedürftig
ebenerdig
die Haustür, -en
mietfrei
der Haushälter, – / die Haushälterin, -nen
der Privathaushalt, -e
die Abholung (Sg.)
die Nachmittagsbetreuung, -
der Fashionberater, – /
die Fashionberaterin, -nen
die Warenpräsentation (Sg.)
der Verkaufsraum, ¨-e
serviceorientiert
die Verstärkung (Sg.)
die Krippe, -n
der Krippen-Bereich
die Kooperation, -en
der Kinderpfleger, – / die Kinderpflegerin, -nen
eigenverantwortlich
die Arbeitsweise, -n

7 Meinungen zur Selbstständigkeit

sich überlegen
das Schuhgeschäft, -e

Mein Deutsch nach Kapitel 8

Das kann ich:

über Berufe mit Kindern sprechen

Wer? Wo? Fragen und antworten Sie.

Wer arbeitet in einer Kita?

Wo arbeitet …?

über Arbeitssuche sprechen

Nennen Sie drei Möglichkeiten, wie man in Deutschland eine Arbeit finden kann.

1. ……………………………………………
2. ……………………………………………
3. ……………………………………………

Fragen zum Arbeiten in Deutschland stellen

Ergänzen Sie diese Fragen. Fragen Sie dann Ihren Partner / Ihre Partnerin.

Ich möchte wissen, wie …
Ich frage mich, wo …
Ich überlege, ob …

Informationen aus Anzeigen entnehmen

Tagespflegeperson gesucht
- Vollzeit oder Teilzeit
- Hauptsache: ein Mensch mit Herz für Kinder
- Voraussetzung: Erfahrung mit Kindern unter 3
- Qualifizierung zur Kindertagespflege
- Berufserfahrung erwünscht, aber nicht notwendig
- Einstieg ab sofort möglich

Lesen Sie die Anzeige links. Beantworten Sie die Fragen:

1. Kann man auch halbtags arbeiten?
2. Was ist dem Arbeitgeber sehr wichtig?
3. Muss man Erfahrung als Tagespflegeperson haben?
4. Wann kann man anfangen?

meine Meinung zu Selbstständigkeit äußern

Seiten Kosten Uhr Chef

Ergänzen Sie den Dialog. Sprechen Sie dann.

● Selbstständigkeit hat gute und schlechte …………………….
○ Gut ist, dass man sein eigener ………………… ist.
● Aber man muss rund um die ………………… arbeiten.
○ Und man hat erst einmal hohe ……………………….

Das kenne ich:

G

Indirekte Fragesätze

Hauptsatz	Hauptsatz und Nebensatz
Wie lange (dauert) die Ausbildung?	Rima möchte wissen, wie lange die Ausbildung (dauert).
Was (macht) eine Tagesmutter?	Sie fragt, was eine Tagesmutter (macht).
(Möchten) Sie als Tagesmutter arbeiten?	Er fragt Rima, ob sie als Tagesmutter arbeiten (möchte).
(Gibt es) einen Online-Kurs?	Sie fragt, ob es einen Online-Kurs (gibt).

damit* und *um zu

Hauptsatz	Nebensatz
Ich muss geduldig sein,	damit die Kinder gerne bei mir (sind).
Rima macht einen Tagesmutter-Kurs,	damit sie den Beruf (lernt).
	um den Beruf zu (lernen).

BSK-Spezial H – Existenzgründung

1 Fragen zur Existenzgründung beantworten

a Bruno Morel will sich selbstständig machen und informiert sich im Internet. Welche Suchwörter könnte er eingeben?

mein eigenes Geschäft

3.23 **b Bruno macht einen Test im Internet. Hören Sie und kreuzen Sie an.**

Test: Sind Sie ein Unternehmertyp?

	Ja. (2 Punkte)	Es geht. (1 Punkt)	Nein. (0 Punkte)
1. Haben Sie eine Berufsausbildung und/oder praktische Erfahrung in der Branche, in der Sie sich selbstständig machen wollen?	☐	☐	☐
2. Sind Sie gewohnt, Ziele zu verfolgen, ohne dass Ihnen jemand sagt, was Sie tun sollen?	☐	☐	☐
3. Sind Sie körperlich fit? Waren Sie in den letzten Jahren immer gesund?	☐	☐	☐
4. Haben Sie Familienangehörige, die Sie bei der Existenzgründung unterstützen können/wollen? Steht Ihr Partner / Ihre Partnerin hinter Ihnen?	☐	☐	☐
5. Sind Sie bereit, 60 und mehr Stunden in der Woche zu arbeiten, wenigstens am Anfang?	☐	☐	☐
6. Wollen Sie riskieren, über einige Zeit kein regelmäßiges Einkommen zu haben?	☐	☐	☐
7. Ein Leben als Unternehmer/in bringt viele Unsicherheiten mit sich. Glauben Sie, dass Sie auch Misserfolge gut aushalten können?	☐	☐	☐
8. Halten Sie Stress-Situationen gut aus?	☐	☐	☐
9. Haben Sie Führungserfahrung?	☐	☐	☐
10. Besitzen Sie eine kaufmännische Ausbildung und/oder Erfahrungen in diesem Bereich?	☐	☐	☐
11. Haben Sie genügend Startkapital, also Geld für die Anfangszeit?	☐	☐	☐

c Und Sie? Machen Sie den Test für sich selbst.

d Führen Sie ein Interview und stellen Sie Fragen wie in 1b.

Bist du / Sind Sie gewohnt, … zu … ?
Bist du / Sind Sie bereit, … zu … ?
Willst du / Wollen Sie riskieren, … zu … ?
Hältst du / Halten Sie … gut aus?
Kommst du / Kommen Sie mit … zurecht?
Hast du / Haben Sie Führungserfahrung?
Besitzt du / Besitzen Sie … ?

Wortschatz **Ergänzen Sie. Die Wörter rechts helfen.**

Bruno stellt sich viele Fragen zur (1) E*xistenzgründung* .... Ist er ein (2) U ....? Kann er die (3) U .... aushalten, wenn er kein festes monatliches (4) E .... hat? Hat er genug (5) S .... für die Anfangszeit? Kann er Mitarbeiter einstellen, auch wenn er noch keine (6) F .... hat? So viele Fragen.

Strukturen **Erweitern Sie die Infinitivsätze wie im Beispiel. Es gibt mehrere Möglichkeiten.**

1. Bruno will sich selbstständig machen. Er ist bereit, … zu arbeiten.
2. Nadja hat vier Kinder. Sie ist gewohnt, … zu kochen.
3. Harry macht eine Fortbildung. Er hofft, … zu lernen.
4. Bei ihrem neuen Job hat Fatma die Möglichkeit, … zu verdienen.

Er ist bereit, viel zu arbeiten.
Er ist bereit, für sein Geschäft viel zu arbeiten.
Er ist bereit, auch am Wochenende für sein Geschäft viel zu arbeiten.

Berufssprache **Welches Verb passt?**

haben aushalten sammeln machen ~~verfolgen~~

1. ein Ziel *verfolgen* ....
2. sich selbstständig ....
3. ein regelmäßiges Einkommen ....
4. Unsicherheiten ....
5. Erfahrungen ....

Lesen **Bruno schreibt seinem Freund Hairi kurz über das Ergebnis des Tests. Lesen Sie das Ergebnis und schreiben Sie seine Nachricht weiter.**

Wichtig: *Der Test kann Ihnen nur erste Hinweise geben. Suchen Sie deshalb auch andere Möglichkeiten der Klärung, z. B. durch Gespräche mit Beratern oder den Besuch von Seminaren. Sprechen Sie mit möglichst vielen Menschen über Ihr Interesse an der Existenzgründung.*

0 bis 6 Punkte Wollen Sie sich wirklich selbstständig machen? Überlegen Sie sich das noch einmal. Ihr Ergebnis zeigt, dass Sie besser als Angestellte/r arbeiten können.

7 bis 14 Punkte Das Ergebnis zeigt nicht deutlich, ob Sie gut als Selbstständige/r arbeiten können. Vielleicht sollten Sie doch besser angestellt arbeiten? Informieren Sie sich weiter und lassen Sie sich unbedingt beraten.

15 bis 22 Punkte Sie sind ein Unternehmertyp! Das zeigt das Ergebnis. Sie sind motiviert und bringen auch die Voraussetzungen mit, die Sie für die Selbstständigkeit brauchen. Nutzen Sie aber auf alle Fälle die angebotenen Informations- und Beratungsmöglichkeiten.

Lieber Hairi,
ich habe den Online-Test „Sind Sie ein Unternehmertyp?" gemacht.
Ich hatte 14 Punkte. Das bedeutet, dass …
Ich soll …

das Einkommen (Sg.) Geld, das man für seine Arbeit, aber auch für Vermietung etc. bekommt

der Erfolg, -e Man erreicht sein Ziel. Eine Sache gelingt.
→ erfolgreich
Gegenteil: Misserfolg

die Existenzgründung, -en die Gründung von einem Unternehmen, um sich selbstständig zu machen
→ der Existenzgründer / die Existenzgründerin

die Führungserfahrung, -en praktische Erfahrung als Vorgesetzte/r

kaufmännisch auf Kauf und Verkauf bezogen
Eine kaufmännische Aufgabe ist z. B. die Buchführung.

der Misserfolg, -e Man hat sein Ziel nicht erreicht.
Gegenteil: Erfolg

riskieren etwas machen, was gefährlich sein kann und wofür man Mut braucht
→ das Risiko

das Startkapital (Sg.) Geld für den Anfang, wenn man sich selbstständig machen will

der Unternehmer, – / die Unternehmerin, -nen eine Person, die ihr eigenes Unternehmen leitet

der Unternehmertyp (Sg.) jemand, der ein eigenes Unternehmen gut leiten kann

Existenzgründer – Beraterin

2 Sich beraten lassen

a Bruno schreibt einige Fragen im Expertenforum. Lesen Sie die Forumsbeiträge und die Informationen rechts und ergänzen Sie die Sätze.

Frage
Ich bin IT-System-Elektroniker und möchte mich mit einem Computerreparatur-Service selbstständig machen, erst mal in Teilzeit. Die Frage ist: Ist das machbar? Was für ein Unternehmen muss ich gründen? Was muss ich dabei beachten? Meine Zielgruppe sind Privatpersonen, die Probleme mit ihrem PC haben.

Antwort
Lassen Sie sich auf alle Fälle beraten. Gründungsberatungen gibt es z. B. bei der BA oder bei der IHK vor Ort. Ich empfehle Ihnen auch, ein Seminar zur Existenzgründung zu besuchen. Dort bekommen Sie das Basiswissen, das Sie für die Existenzgründung brauchen.

BA steht für „Bundesagentur für Arbeit".

IHK IHK steht für „Industrie- und Handelskammer".
Die IHK unterstützt die Unternehmen in einer Region.

1. Bruno will …
2. Seine zukünftigen Kunden …
3. Der Experte empfiehlt ihm …

3.24 **b Hören Sie das Gespräch von Bruno mit der Gründungsberaterin Frau Geisler. Was ist richtig? Kreuzen Sie an.**

1. Wer kann sich in Deutschland selbstständig machen?
   - (a) nur deutsche Staatsbürger
   - (b) nur EU-Bürger
   - (c) Bürger aus Nicht-EU-Ländern mit einer besonderen Aufenthaltserlaubnis
2. Was sind Brunos „Hausaufgaben"? Was soll er tun?
   - (a) sich eine Geschäftsidee überlegen
   - (b) zur Bank gehen
   - (c) den Markt erkunden und eine Marktlücke finden

3.24 **c Hören Sie noch einmal. Welche Antwort gibt Bruno auf die Fragen von Frau Geisler? Verbinden Sie.**

Das fragt Frau Geisler:
1. Was ist Ihre Geschäftsidee?
2. Haben Sie Unterstützung von Ihrer Familie?
3. Welche Qualifikation haben Sie? Welche Erfahrungen und Kenntnisse?
4. Wer sind Ihre zukünftigen Kunden?
5. Wie unterscheidet sich Ihr Angebot vom Angebot der Konkurrenz?
6. Haben Sie genügend Startkapital für Ihr Unternehmen?
7. Wann wollen Sie mit Ihrem Geschäft starten?

Das antwortet Bruno:
a) Ich kenne die Konkurrenz noch nicht so gut.
b) Ich bin ausgebildeter IT-System-Elektroniker.
c) Ich spreche Privatpersonen an.
d) Meine Frau hilft mir.
e) Nächstes Jahr im Januar möchte ich anfangen.
f) Ich arbeite erst einmal halbtags bei meiner Firma weiter. So bin ich finanziell abgesichert.
g) Ich mache einen Computer-Reparaturservice auf.

d Spielen Sie Beratungsgespräche zu folgenden Gründungsideen. Verwenden Sie die Redemittel aus 2c.

Restaurant

Friseursalon

Katzenpension

Ihre Idee

Wortschatz **Verbinden Sie die Gegenteile. Die Wörter rechts helfen.**

1. das eigene Angebot — c)
2. angestellt
3. die Arbeitssuche
4. die Geschäftsleute (Pl.)
5. das Expertenwissen
6. das Eigenkapital
7. die Vollzeit

a) selbstständig
b) der Kredit
c) das Konkurrenzangebot
d) das Basiswissen
e) die Arbeitsvermittlung
f) die Teilzeit
g) die Privatpersonen

Lesen **Bruno informiert sich im Internet über einen Kredit. Lesen Sie und kreuzen Sie an.**

Die Finanzplanung

Jede Bank verlangt eine Finanzplanung, bevor sie einem Gründer oder einer Gründerin einen Kredit gibt. Junge Unternehmer/innen müssen sorgfältig berechnen, wie viel Geld sie wirklich brauchen. Viele neu gegründete Unternehmen scheitern nämlich am Geld: In den ersten Monaten gibt es die erwarteten Gewinne noch nicht, aber viele Ausgaben, z. B. für die Miete, die Werbung, den angeschafften PKW.

Sind Sie nicht sicher, was alles zur Finanzplanung gehört? Dann sollten Sie einen Gründungsberater fragen oder ein vor Ort angebotenes Seminar besuchen.

>> In diesem Dokument finden Sie Hilfen für Ihre Finanzplanung.

>> Häufig gestellte Fragen

1. Junge Unternehmer
   (a) müssen gut kalkulieren.
   (b) machen am Anfang Gewinne.
   (c) denken nur an das Geld.

2. Eine gute Finanzplanung ist wichtig,
   (a) wenn die Miete hoch ist.
   (b) damit man einen Kredit bekommt.
   (c) weil man sparen muss.

Berufssprache a **Partizip II als Adjektiv – Lesen Sie noch einmal: Wie steht es im Text?**

1. das Unternehmen, das jemand neu gegründet hat
2. der PKW, den man angeschafft hat
3. die Gewinne, die jemand erwartet hat
4. ein Seminar, das jemand angeboten hat
5. Fragen, die Leute häufig gestellt haben

1. das neu gegründete Unternehmen

Berufssprache b **Adjektive auf *-bar*. Ergänzen Sie das passende Adjektiv. Kennen Sie noch andere Wörterauf *-bar*?**

~~machbar~~ realisierbar erreichbar lesbar sichtbar

1. Man kann die Aufgabe machen. Sie ist *machbar*.
2. Man kann diese Idee realisieren. Sie ist ....
3. Man kann die Schrift nicht gut lesen. Sie ist nicht gut ....
4. Man kann das Ziel erreichen. Es ist ....
5. Man kann den Fehler sehen. Er ist ....

Ich kenne noch „ansprechbar“: Man kann eine Person ansprechen.

die Arbeitsvermittlung, -en das Zusammenbringen von Arbeitssuchenden und Arbeitgebern

das Basiswissen (Sg.) die wichtigsten Kenntnisse in einem Bereich

die Finanzierung (Sg.) *hier:* die Gründung mit Geld möglich machen → die Finanzplanung

die Geschäftsleute (Pl.) Plural zu Geschäftsmann und Geschäftsfrau

die Gründungsberatung, -en Information und Beratung zu Fragen, wenn man ein Unternehmen gründet

kalkulieren genau rechnen, wie viel man ausgibt, einnimmt und verdient

die Konkurrenz (Sg.) Firmen oder Personen, die einer Firma, einem Laden usw. Kunden wegnehmen können

der Kredit, -e Geld, das man geliehen bekommt

die Qualifikation, -en *hier:* Ausbildung, Erfahrungen, Kenntnisse

scheitern nicht erfolgreich sein

die Zielgruppe, -n *hier:* die Gruppe von Menschen, die man ansprechen und denen man etwas verkaufen will

3 Dienstleister vergleichen

a Sehen Sie das Foto an. Formulieren Sie Brunos Fragen.

Welche Firmen gibt es noch in meiner Branche?

Firmen in meiner Branche?
die Konkurrenz?
eine Marktlücke?
das Besondere an meinem Angebot?
die Kunden?

b Bruno erkundet die Konkurrenz – Lesen Sie seine Notizen und beantworten Sie die Fragen.

Namen + Webseite	**PC-Löwe** www.pc-loewe.de	**Firma H. Kurosh** www.kuroshh.de	**Computer-Hilfe** www.comhlf.de
Zielgruppe	Firmen und Privatkunden	Privatkunden	Privatleute und Firmen
Preise	30 Minuten 29,– € je 10 weitere Minuten 8,90 €	35,– € pro angefangene Stunde + 22,– € Anfahrt	ab 69,– € / Std. inkl. An- und Abfahrt
Dienstleistungen			
PC-Reparatur	ja	ja	PC-Check-up
Fernwartung	ja	nein	ja
Vor-Ort-Service	nein	ja	ja
Datenrettung	500 GB-Festplatte: 129,90 €	ja	ja
Internet-Einrichtung	ja	ja	ja
IT- und Smartphone-Sicherheit	nein	nein	nein
Webdesign	nein	ja	ja
telefonischer Kundendienst	nein Öffnungszeiten 9:00–18:00 Uhr	werktags 8:00 bis 18:00 Uhr Notdienst 18:00–22:00 Uhr	Hotline 24 Std.

1. Welche Firma hat die niedrigsten Preise?
2. Wer kommt ins Haus?
3. Wer repariert einen PC aus der Ferne?
4. Wer gestaltet Seiten im Internet?
5. Wer ist im PC-Notfall Tag und Nacht erreichbar?
6. Wer berät zu Smartphone-Sicherheit?

Wir haben zwei Baumärkte verglichen. Der Baumarkt X ist besser mit dem Bus erreichbar. Außerdem …

c Wählen Sie eine Branche und vergleichen Sie die Firmen in Ihrer Stadt. Berichten Sie im Kurs. Was ist das Besondere an dem jeweiligen Angebot?

Sportgeschäft

Baumarkt

Friseursalon

Ihre Idee

Firmen vergleichen
… ist billiger/größer/moderner.
… ist besser erreichbar.
… hat bessere Produkte / einen besseren Service.
Das Besondere daran ist, dass …

Wortschatz a **Ergänzen Sie. Die Wörter rechts helfen.**

Probleme mit dem Computer kennt jeder. Wenn man seine Daten verloren oder gelöscht hat, dann hilft nur eine (1) D*atenrettung*.......... Viele Firmen bieten bei Problemen eine (2) H.......... oder einen (3) N.......... an. Oft ist das Problem über eine (4) F.......... zu lösen. Dazu muss der Experte nicht zu einem nach Hause kommen. Er stellt über das Internet eine Verbindung her. Manchmal ist aber ein (5) V.......... nötig.

Wortschatz b **Internetsprache Englisch – Verbinden Sie. Welche Wörter kennen Sie noch?**

1. Internetgestaltung	a) Website
2. eine Seite im Internet	b) Hotline
3. Dienstleistung	c) Check-up
4. telefonischer Kundendienst	d) Webdesign
5. Kontrolle	e) IT-Security
6. Internet-Sicherheit	f) Message
7. Nachricht	g) Service

Ich kenne viele Wörter, zum Beispiel „Software". Aber ich weiß nicht: Gibt es dafür überhaupt ein deutsches Wort?

Berufssprache **Adjektive als Nomen – Ergänzen Sie. Es gibt viele Möglichkeiten. Vergleichen Sie im Kurs.**

das Besondere — das Schöne — das Interessante — ~~das Spezielle~~ — das Schlechte — das Gute

1. Ich komme auch zu Ihnen in die Firma. Das ist *das Spezielle*.......... an meinem Angebot.
2. Dieses Geschäft ist rund um die Uhr geöffnet. Das ist das .... daran.
3. Was ist das .... an diesen Dienstleistungen?
4. Die Webseite der Firma ist chaotisch. Das ist das .... daran.
5. Das .... an Ihrem Angebot ist der Preis. Er ist niedrig.
6. Das .... an dieser Firma ist, dass sie bundesweit tätig ist.

Schreiben **Bruno hat viele Fragen und informiert sich im Forum. Schreiben Sie für Bruno den Forumsbeitrag. Schreiben Sie etwas zu den folgenden Punkten:**

- Geschäftsidee Computerreparatur
- häufig PC-Probleme?
- Erwartungen an einen PC-Service?
- Tipps für die Gründung?

Forum Suche

Hallo, ich schreibe euch hier, weil …

die Datenrettung, -en Wiederherstellung von verlorenen Daten auf dem PC

die Fernwartung, -en Ein Experte löst PC-Probleme, ohne dass er persönlich beim Kunden ist.

die Hotline, -s Hier bekommt man Hilfe und Auskunft per Telefon. ≈ telefonischer Kundendienst

der Kundendienst, -e Ein Betrieb/Geschäft bietet seinen Kunden Betreuung, z. B. Informationen, Hilfe.

die Marktlücke, -n Dienstleistungen oder Produkte, die es noch nicht auf dem Markt gibt

der Notdienst, -e *hier:* Hilfe, wenn man ein Problem mit dem PC hat, z. B. am Wochenende und an Feiertagen

der Vor-Ort-Service, -s *hier:* Ein IT-Experte / eine Expertin kommt ins Haus und hilft bei PC-Problemen.

das Webdesign, -s die Gestaltung von Webseiten für das Internet

4 Kriterien für Weiterbildungsangebote diskutieren

a **Bruno weiß nichts über Buchhaltung und sucht eine kaufmännische Weiterbildung. Lesen Sie die Anzeigen. Welches ist das passende Angebot für ihn?**

(A)

Sie wollen sich selbstständig machen? Sie haben noch keine originelle Geschäftsidee?
Kommen Sie zum Gründungsideen-Workshop!
Die eintägige Veranstaltung hilft Ihnen, Gründungsideen und überzeugende Konzepte zu entwickeln. Wir überlegen uns gemeinsam mögliche Produkte, Dienstleistungen oder Problemlösungen für Ihr Unternehmen.
Wo? Zentrum für Existenzgründungen,
Offenbacher Allee 544 – 60386 Frankfurt, Tel: 0 69 / 2 78 33 …

(B)

Kaufmännisches Basiswissen für Existenzgründer

Unterrichtsform: Vollzeit
Dauer: 12 Wochen
Zielgruppe: alle, die sich selbstständig machen wollen

Das lernen Sie:
- Finanzbuchhaltung
- Personalabrechnung
- kaufmännischer Schriftverkehr
- Steuern
- Marketing

Abschluss: Zertifikat
Teilnehmerzahl: max. 16
Termine/Orte: hier

(C)

IHK-Seminar Grundlagen der Existenzgründung

Jeden 1. Mittwoch im Monat von 8:30 Uhr bis ca. 15:30 Uhr in der IHK

Schwerpunkte sind:
- Wie melde ich mein Unternehmen an?
- gesetzliche Grundlagen
- Unternehmenskonzepte
- Finanzierung und öffentliche Fördermittel

Kosten: 50 Euro (inkl. Infomaterial)

Klicken Sie auf Termine, um sich anzumelden.

b **Lesen Sie die Anzeigen noch einmal und beantworten Sie die Fragen.**

1. Welche Veranstaltung dauert am längsten?
2. Wo bekommt man Ideen für die Gründung?
3. Bei welcher Veranstaltung bekommt man ein Zertifikat?

c **Schreiben Sie weitere Fragen und beantworten Sie sie.**

Welches Seminar findet in der Industrie- und Handelskammer statt?

d **Was ist für Sie wichtig bei einer Weiterbildung? Lesen Sie die Liste und kreuzen Sie an.**

	Das ist wichtig für mich:
1. Das Seminar ist kostenlos oder kostet nicht viel.	☐
2. Das Seminar findet am Wochenende statt.	☐
3. Es gibt nicht so viele Teilnehmer/innen.	☐
4. Das Thema ist für mich interessant.	☐
5. Der Seminarort ist in meiner Nähe.	☐
6. Man bekommt wichtige Informationen in kurzer Zeit.	☐
7. Das Seminar dauert lange und man lernt alles, was wichtig ist.	☐
8. Man bekommt gute Materialien.	☐
9. Man bekommt ein Zertifikat.	☐

e **Sprechen Sie. Begründen Sie Ihre Wahl.**

Zeit | Kosten | Ort | Teilnehmerzahl
Thema | Dauer | Materialien | Zertifikat

Für mich ist wichtig, dass man ein Zertifikat bekommt, weil Zertifikate in Deutschland so wichtig sind.

Wortschatz a **Erstellen Sie gemeinsam eine Mindmap zum Thema „Existenzgründung".**

Wortschatz b **Ergänzen Sie. Die Wörter rechts helfen.**

Hier geht es um Geld:

1. Geld für die Gründung = die Finanzierung
2. Geld vom Staat = ...
3. Geld für den Staat = ...

Hier geht es um Weiterbildung:

4. Hier findet das Seminar statt. = ...
5. Das bekommt man zum Lesen. = ... (Pl.)
6. eine Bescheinigung zum Abschluss = ...

Berufssprache **Partizip I als Adjektiv – Verbinden Sie.**

1. die passende Weiterbildung — b)
2. die arbeitssuchende Person
3. die folgenden Punkte
4. der lernende Mensch
5. das lang dauernde Seminar
6. die diskutierenden Teilnehmer
7. das überzeugende Konzept

a) der Mensch, der lernt
b) die Weiterbildung, die passt
c) die Person, die Arbeit sucht
d) das Seminar, das lang dauert
e) die Teilnehmer, die diskutieren
f) die Punkte, die folgen
g) das Konzept, das überzeugt

Schreiben **Sie interessieren sich für den Gründungsideen-Workshop in 4a. Schreiben Sie den Weiterbildungsanbieter an und bitten Sie um Informationen. Berücksichtigen Sie die folgenden Punkte:**

- Grund für das Schreiben
- Termine und Dauer
- Kosten
- Teilnehmerzahl

die Finanzbuchhaltung, -en die Buchhaltung

die Förderung, -en Unterstützung, Hilfe

die öffentlichen Fördermittel Geld vom Staat

die Grundlage, -n alles, was man unbedingt wissen muss
→ gesetzliche Grundlagen

das Konzept, -e eine Idee, ein Plan oder Programm, *hier:* für das Unternehmen, das man gründen will

das Material, -ien *hier:* schriftliche Informationen, die man bei einem Seminar bekommt

originell ungewöhnlich, neu, auch witzig

die Personalabrechnung, -en Bezahlung der Mitarbeiter in einem Betrieb

der Seminarort, -e der Ort, wo ein Seminar oder ein Workshop stattfindet

die Steuer, -n Geld, das die Bürger dem Staat zahlen

der Schriftverkehr (Sg.) der Austausch von Briefen oder E-Mails

überzeugen jemand anderen dazu bringen, dass er meiner Meinung ist

überzeugend Etwas wird gut, sinnvoll, richtig gefunden: ein überzeugender Vorschlag, ein überzeugendes Argument usw.

das Zertifikat, -e eine Bescheinigung zum Abschluss einer Weiterbildung

5 Existenzgründung

		Rolle A	Rolle B	Rolle C
		Sie sind Herr* Schuck, Altenpfleger beim Pflegedienst „Mobile Hilfe“.	Sie sind Frau* Weisel, Altenpflegerin, und ebenfalls beim Pflegedienst „Mobile Hilfe“ beschäftigt.	Sie sind Frau* Harder. Als Gründungsberaterin unterstützen Sie Menschen, die sich selbstständig machen wollen.
Schritt 1	Gespräch zwischen Kollege und Kollegin über ihre Arbeit beim mobilen Pflegedienst. Die Idee zur Existenzgründung entsteht.	Die Arbeit mit den alten Menschen gefällt Ihnen sehr, aber Sie sind mit der Bezahlung nicht zufrieden. Vielleicht sollten Sie sich selbstständig machen?	Sie arbeiten schon viele Jahre im Pflegedienst und würden gerne etwas Neues machen. Aber alleine? Machen Sie Ihrem Kollegen den Vorschlag, zusammen einen Pflegedienst zu eröffnen.	
Schritt 2	Fortsetzung des Gesprächs am nächsten Tag. Beide sind sich noch nicht sicher.	Sie haben nachgedacht. Sie finden die Idee zwar toll, sind aber unsicher. Haben Sie ausreichend Startkapital?	Sie sind eine ausgebildete und erfahrene Altenpflegerin, aber reicht das aus? Kann man die Leitung eines Unternehmens lernen?	
Schritt 3	Telefongespräch zwischen Altenpflegerin und Gründungsberaterin		Sie telefonieren mit einer Gründungsberaterin. Was hält sie von der Gründungsidee? Was rät sie Ihnen?	Sie stellen viele Fragen. Sie finden die Gründungsidee zwar interessant, aber die Qualifikation von beiden Pflegekräften reicht noch nicht aus. Raten Sie zu einer Weiterbildung zur Pflegedienstleitung.
Schritt 4	Telefongespräch zwischen Kollege und Kollegin	Sie finden den Vorschlag, eine Weiterbildung zur Pflegedienstleitung zu machen, sehr gut. Schlagen Sie vor, dass Sie beide den Kurs gemeinsam besuchen.	Berichten Sie Herrn Schuck vom Telefongespräch mit Frau Harder. Stimmen Sie seinem Vorschlag zu.	
Schritt 5	Internetrecherche	Recherchieren Sie im Internet nach einer für Sie passenden Weiterbildung zur Pflegedienstleitung. Machen Sie Notizen.		

* Hinweis: Frau oder Herr? Sie können die Rollen jederzeit ändern.

HALTESTELLE

1 Spielen und wiederholen

Schlangen und Leitern – Spielen und sprechen Sie.

Stellen Sie Ihre Spielfigur unten auf Start. Würfeln Sie und lösen Sie die Aufgabe auf dem Feld – alleine oder mit einem Partner / einer Partnerin. Wer ist zuerst am Ziel?

Sie kommen zu einer Leiter: Gehen Sie die Leiter hinauf.

Sie kommen zum Kopf von der Schlange: Gehen Sie zurück zum Ende von der Schlange.

ZIEL

START 1

2 **Spielen Sie das Gespräch.** Ein Freund sucht einen Job. Sie möchten ihm helfen und geben ihm einige Tipps.

3 **Was ist Ihre Meinung?** Können Frauen und Männer gut zusammenarbeiten?

4

5 **Spielen Sie ein Gespräch in der Arbeitsagentur.** Sie: … Sachbearbeiter/in: …

6

7 **Sprechen Sie** auf den Anrufbeantworter. Sie können heute nicht zur Arbeit kommen, weil …

8

9 **Erzählen Sie** von einem besonderen oder lustigen Ereignis bei der Arbeit.

10

11 **Was ist Ihre Meinung?** Bewerten Sie ein Restaurant, ein Café oder ein Hotel.

12

13 **Was ist Ihre Meinung** zur Mittagspause? Finden Sie eine lange oder eine kurze Pause besser?

14

15 **Erzählen Sie** von einer Person. Warum ist diese Person wichtig für Sie?

16

17 **Spielen Sie das Gespräch.** Sie haben einen Fehler bei der Arbeit gemacht und möchten sich bei Ihrer Chefin entschuldigen.

18

19 **Spielen Sie das Gespräch.** Ihr Kollege hat eine Bitte. Er möchte … Aber Sie können ihm nicht helfen. Warum nicht?

20

21 **Erzählen Sie** von einem Produkt, das Sie gekauft haben. Was gefällt Ihnen besonders?

22

23 **Was sagen Sie zu einem Freund,** der sich selbstständig machen will?

24

25 **Erzählen Sie.** Bei welcher Firma möchten Sie gerne ein Praktikum machen?

26

27 **Spielen Sie das Gespräch.** Sie arbeiten an der Rezeption von einem Hotel. Ein Gast hat ein Problem.

28 **Erzählen Sie.** Was möchten Sie nach dem Kurs machen? Nennen Sie drei Wünsche.

2 Zusammen zur Prüfung – Mit Kolleginnen und Kollegen sprechen

a Teilen Sie die Klasse in Gruppe A und Gruppe B. Sprechen Sie über das Thema „Wochenende".

Wechseln Sie ab:
1. Jemand aus Gruppe A fragt oder sagt etwas.
2. Jemand aus Gruppe B sagt etwas dazu.
3. Eine andere Person aus Gruppe A sagt etwas.
4. Usw.

Alle sollen etwas sagen.

b Bilden Sie 4er-Gruppen mit zwei Paaren. Verteilen Sie die Aufgaben.

Aufgabe für Paar 1:
Sprechen Sie mit Ihrem Partner / Ihrer Partnerin über eines von den Themen unten.
Wichtig: Beide stellen Fragen und beantworten Fragen.

Aufgabe für Paar 2:
Beobachten Sie Paar 1: Fragen und antworten alle beide?
Sagen Sie nach dem Gespräch, wie es war.

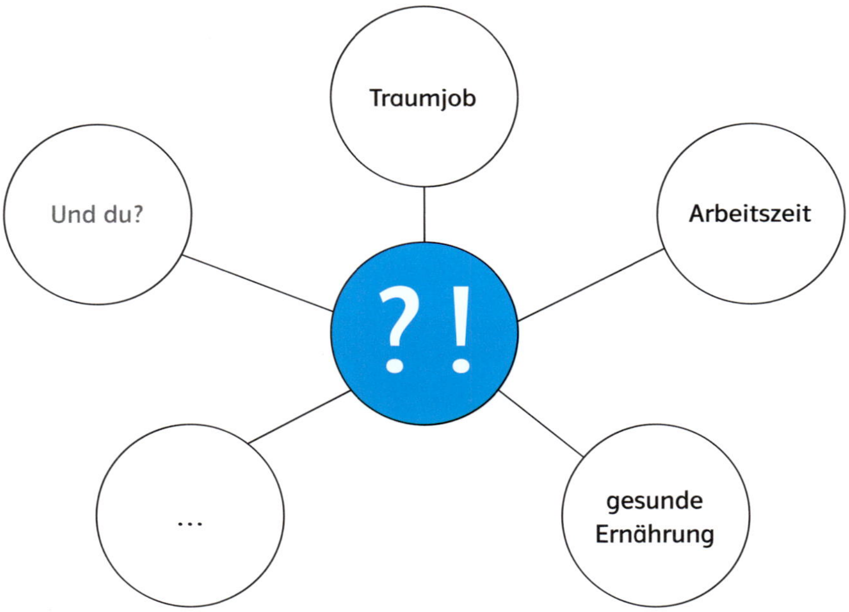

Was ...?
Wann ...?
Wo ...?
Wie findest du ...?
Was hältst du von ...?
Hast du auch ...?
...

c Wechseln Sie die Rollen. Paar 1 beobachtet. Paar 2 spricht nun über ein anderes Thema aus 2b. Achten Sie auf Fragen und Antworten.

Über welches Thema sollen wir sprechen?

d Finden Sie einen neuen Partner / eine neue Partnerin. Sprechen Sie über ein anderes Thema.

3 Über ein Thema sprechen

a Sie hören oder halten eine Präsentation. Sie sollen danach über die Präsentation sprechen. Lesen Sie die Punkte in der Tabelle und klären Sie. Auf was soll man achten?

Sie/Er	Ja. ☺	Ein bisschen. 😐	Nein. ☹
hat frei gesprochen.			
hat deutlich gesprochen.			
hat Sprechpausen gemacht.			
hat die Zuhörer angesehen.			
hat das Thema verständlich erklärt.			
hat viele verschiedene Punkte angesprochen.			
hat viele Begründungen und Beispiele gegeben.			
ist gut mit der Zeit (2 Minuten) hingekommen.			

Frei sprechen, das bedeutet: nicht auswendig lernen.

b Eine Präsentation – Verteilen Sie diese Aufgaben.

Aufgabe für eine Person:
Sie haben schon Präsentationen geübt. Wählen Sie ein Thema. Präsentieren Sie Ihr Thema.

Ich möchte über das Thema „ein berufliches Vorbild“ sprechen.

Aufgabe für alle anderen:
Hören Sie zu. Kreuzen Sie die Punkte in der Tabelle oben an.

ein berufliches Vorbild
berufliche Entwicklung
Wunschberuf
ein Produkt
eine Firma
Arbeitssuche

c Sprechen Sie und vergleichen Sie in der Gruppe. Sprechen Sie über Ihre Fragebögen. Was war gut? Was kann verbessert werden?

Ich finde, sie hat frei gesprochen. Was meint ihr?

d Jede Gruppe sagt, was gut war und worauf die Person achten soll.

Du hast sehr schön gesprochen.

Schau die Zuhörer noch öfter an.

e Wiederholen Sie die Punkte b–d. Eine andere Person präsentiert.

TESTTRAINING

ca. 10 Min.

Lesen Teil 1 – Informationen aus Stellenanzeigen entnehmen

Sie lösen fünf Zuordnungsaufgaben.
Sie suchen für fünf Personen jeweils eine passende Stellenanzeige.
Es gibt acht Stellenanzeigen, drei Stellenanzeigen passen also nicht. Sie dürfen jede Stellenanzeige nur einmal verwenden.

→ Lesen Sie die Informationen 1–5 und markieren Sie die Schlüsselwörter, z. B. Laura möchte in Vollzeit im Verkauf arbeiten.

Arbeiten Sie dann in zwei Schritten:

→ Lesen Sie die Stellenanzeigen a–h. Notieren Sie neben jeder Stellenanzeige die Nummern oder die Namen der Personen, die in Frage kommen. Manchmal gibt es mehrere Möglichkeiten, aber nur eine ist richtig.

→ Lesen Sie dann die ausgewählten Stellenanzeigen ganz genau und überprüfen Sie, ob alle Informationen wirklich passen. Manche Anzeigen passen nur zum Teil zu einer Person und sind nicht richtig.

→ Beachten Sie: In 1–5 und in den Stellenanzeigen gibt es oft Schlüsselwörter, die etwas Ähnliches bedeuten. Es kann aber auch sein, dass die Wörter in der Information und in der Stellenanzeige identisch sind, die Stellenanzeige aber nicht zur Information passt.

Lesen Sie die Informationen zu den Personen 1–5 und die Anzeigen a–h.
Welche Anzeige passt zu welcher Person?

1 Julia Lebedeva ist ausgebildete medizinische Fachangestellte und sucht eine Arbeit in Teilzeit.
2 Enisa Skudra möchte ein paar Stunden täglich arbeiten. Sie kann nur vormittags.
3 Zehra Güven möchte einen Friseursalon in zentraler Lage eröffnen.
4 Ali Omer sucht einen Nebenverdienst für die Abendstunden.
5 Marcel Hartmann ist Konditor und sucht ein Ladenlokal mit Parkmöglichkeiten.

a Arztpraxis
Medicina, Berlin
Zuverlässige und gründliche Reinigungskraft (m/w/d) auf Minijob-Basis gesucht, die uns dreimal in der Woche am frühen Abend unterstützt. • Vorerfahrungen in der Reinigung, insbesondere im medizinischen Bereich sind von Vorteil. • Arbeitstage Montag, Mittwoch und Freitag

mehr ...

b Friseur (m/w/d)
Augsburg
Für die Eröffnung unseres neuen Salons suchen wir dringend eine/n Friseur/in mit Berufserfahrung. Sie sollten die gängigen Kenntnisse für den Damen- und Herrenbereich mitbringen, insbesondere aber vertraut sein mit Farbe und Strähnen. • überdurchschnittliche Bezahlung • Vollzeit

mehr ...

c **Konditorei**
Konditorei Moretti, Düsseldorf
Wir suchen Verkaufstalente (m/w/d) zur Verstärkung unserer Teams in Düsseldorf. • Erfahrungen im Verkauf oder eine Ausbildung im Bäckereifach sind prima, aber nicht Voraussetzung. • Wir bringen Ihnen alles Notwendige bei. • Vollzeit • Bereitschaft, auch am Wochenende zu arbeiten

mehr ...

d **Schönes Ladenlokal**
Duisburg
in direkter Innenstadtlage von Duisburg • Fußgängerzone • 112 Quadratmeter • zwei große Schaufenster • renoviert • WC • kleine Küche und Multifunktionsraum • viele Wasseranschlüsse vorhanden • Nettokaltmiete: EUR 1431,20 zuzüglich 19% gesetzliche Mehrwertsteuer

mehr ...

e **Modeverkäufer (m/w/d)**
Boutique Chic, Leverkusen
Du hast ein Gespür für die neuesten Trends, bist modeaffin und das sieht man Dir an? • Dann haben wir genau das Richtige für Dich. • Für unsere Boutique suchen wir eine/n Verkäufer/in auf Aushilfsbasis • deine Aufgaben: Kundenberatung, Sortimentspflege, Warenpräsentation • Arbeitszeiten Mo–Fr von 09:00 bis 12:00 Uhr.

mehr ...

f **Attraktive Ladenfläche**
Nürnberg
in Haupteinkaufsstraße im Nürnberger Süden • ideal für Gastronomie, Imbiss, Handel mit Lebensmitteln • Verkaufsraum 50 qm • Küche und Kühlraum • kleines, abgetrenntes Büro • Toilette • Genügend Parkplätze befinden sich direkt vor dem Objekt.

mehr ...

g **MFA / Arzthelfer/in (m/w/d)**
Kinderarztpraxis am Theater, Aachen
Kinderarztpraxis sucht eine/n nette/n und engagierte/n Kollegen / Kollegin für 20 Stunden/Woche. Zum Aufgabenbereich gehören administrative Aufgaben, Labor und Blutentnahme. Wir erwarten eine Ausbildung im medizinischen Bereich und einige Jahre Berufserfahrung.

mehr ...

h **Kinderbetreuung**
privat, Limburg
Wir suchen eine Person, die unsere Tochter donnerstags und freitags um 14 Uhr bei der Tagesmutter und unseren Sohn um ca. 15 Uhr im Kindergarten abholt und bis ca. 16 Uhr betreut. Die Kinder sind 1 und 3 Jahre alt.

mehr ...

ca. 10 Min.

Lesen Teil 2 – Sich über Weiterbildungsmöglichkeiten informieren

Sie lesen einen Text. Dazu gibt es vier Multiple-Choice-Aufgaben.

→ Lesen Sie die Aufgaben und markieren Sie wichtige Schlüsselwörter.

→ Lesen Sie dann den Text und markieren Sie: Welche Textstellen passen zu den Aufgaben?

→ Lesen Sie die einzelnen Textstellen nochmal ganz genau.

→ Lösen Sie die Aufgaben und überprüfen Sie Ihre Lösungen.

Lesen Sie den Text. Welche Antwort a, b oder c passt am besten?

Erste Hilfe: Aus- und Fortbildung für betriebliche Ersthelfer/innen

In jedem Betrieb ist es Pflicht, ausreichend aus- und fortgebildete Ersthelfer/innen zu haben.

Als ausgebildete/r Ersthelfer/in haben Sie im Betrieb die Aufgabe, bei einem Notfall erkrankte oder verletzte Kolleg/innen zu versorgen, bis der Rettungsdienst kommt.

Die Ausbildung zum / zur Ersthelfer/in besteht aus einer eintägigen Grundschulung (Erste-Hilfe-Lehrgang) mit neun Lerneinheiten von jeweils 45 Minuten. Sie erwerben die notwendigen Kenntnisse, um bei fast jedem Notfall in Freizeit und Beruf Erste-Hilfe-Maßnahmen durchführen zu können.

Um Ersthelfer/in zu bleiben, müssen Sie spätestens alle zwei Jahre eine Erste-Hilfe-Fortbildung besuchen. Diese umfasst ebenfalls neun Lerneinheiten im Umfang von jeweils 45 Minuten. Im Kurs werden die wichtigsten lebensrettenden Maßnahmen wiederholt und vertieft.

Möchten Sie Ersthelfer/in werden? Eine gute Entscheidung.
Zuerst sollten Sie sich im Betrieb melden. Ihr/e Arbeitgeber/in meldet Sie dann zur Ausbildung an und informiert Sie über Ort und Zeit.

Sie können sich aber auch selbst anmelden. Dazu benötigen Sie eine schriftliche Bestätigung von Ihrem / Ihrer Arbeitgeber/in, dass Sie in Ihrem Unternehmen als betriebliche/r Ersthelfer/in eingesetzt werden sollen.

Die Teilnahme ist für Sie kostenlos. Die Ausbildungskosten werden in der Regel von der zuständigen Berufsgenossenschaft (BG) übernommen.

Haben Sie Fragen? Dann rufen Sie uns einfach an! Wir beraten Sie gerne!

1 Der Erste-Hilfe-Lehrgang ist für
- **a** den / die Arbeitgeber/in.
- **b** den Rettungsdienst.
- **c** Mitarbeiter/innen im Betrieb.

2 Die Grundschulung
- **a** besteht aus 45 Lerneinheiten.
- **b** dauert einen Tag.
- **c** findet täglich statt.

3 Die Erste-Hilfe-Fortbildung
- **a** ist für Anfänger ohne Vorkenntnisse.
- **b** ist für den Notfall.
- **c** muss man alle zwei Jahre besuchen.

4 Die Teilnahme ist
- **a** für Betriebsmitarbeiter/innen kostenlos.
- **b** in der Regel kostenpflichtig.
- **c** ohne Anmeldung möglich.

ca. 10 Min.

Lesen Teil 3 – Einweisungen verstehen

Sie lesen zwei Texte. Zu jedem Text gibt es zwei Multiple-Choice-Aufgaben.

→ Lesen Sie die Aufgaben 1 und 2 und markieren Sie wichtige Schlüsselwörter.

→ Lesen Sie dann den 1. Text und markieren Sie: Welche Textstellen passen zu den Aufgaben?

→ Lesen Sie die einzelnen Textstellen nochmal ganz genau.

→ Lösen Sie die Aufgaben und überprüfen Sie Ihre Lösungen.

→ Lesen Sie anschließend die Aufgaben 3 und 4 und gehen Sie wie oben beschrieben vor.

Lesen Sie die Texte. Welche Antwort a oder b passt am besten?

Herzlich willkommen auf dem Bio-Hofgut Natur Pur

Herzlich willkommen! Wir freuen uns, dass Sie ab heute Mitglied unseres Teams sind. Als Familienbetrieb bewirtschaften wir den Bauernhof seit 1985. Im Jahr 1988 haben wir das Bio-Zertifikat erhalten. Wir erzeugen verschiedene Bio-Produkte und verkaufen sie auf unserem Hof. Neben dem Hofmarkt mit Obst, Gemüse und anderen landwirtschaftlichen Produkten befinden sich dort eine Metzgerei und eine Bäckerei. Zusätzlich betreiben wir im Hofbereich ein Restaurant, ein Café sowie ein Gästehaus. Wir glauben fest daran, dass in der Natur die besten Rezepte für ein schönes und langes Leben liegen. Deshalb ist unser Hofgut der ideale Ort für Familienurlaub mit viel Spaß und Erholung. Während die Eltern Ruhe finden, gibt es für unsere kleinen Gäste viel zu entdecken: Sie können Frühstückseier selbst einsammeln und unsere Tiere streicheln.
Auf Ihre tatkräftige Unterstützung freuen wir uns sehr.

1 Das Unternehmen
- **a** existiert seit 1985.
- **b** ist seit 1985 ein Bio-Betrieb.

2 Das Bio-Hofgut
- **a** bietet alles für einen entspannten Urlaub.
- **b** verkauft nur vegetarische Produkte.

Aufenthalt auf dem Firmengelände

Am ersten Arbeitstag erhalten Sie einen Dienstausweis. Dieser berechtigt Sie zum Betreten des Firmengeländes innerhalb der Normalarbeitszeit. Sie müssen ihn ständig mit sich führen und dem Pförtner beim Betreten und Verlassen des Firmengeländes zeigen.
Sie dürfen das Firmengelände nur während der Arbeitszeiten betreten. Außerhalb der Arbeitszeiten brauchen Sie eine schriftliche Genehmigung Ihres / Ihrer Vorgesetzten. Nach Arbeitsende müssen Sie das Gelände verlassen.
Sie dürfen sich ausschließlich in den vereinbarten Bereichen, in den Sozialräumen und der Kantine aufhalten. Das Betreten anderer Betriebsbereiche ist nur nach Absprache mit Ihrem / Ihrer Vorgesetzten möglich.
Der Dienstausweis berechtigt Sie auch zum Parken auf dem Firmengelände. Die Parkplätze für Mitarbeiter/innen sind gekennzeichnet. Wenn Sie außerhalb der reservierten Flächen parken, wird Ihr Fahrzeug kostenpflichtig abgeschleppt. Auf dem Firmengelände müssen Sie die Straßenverkehrsordnung (StVO) berücksichtigen und im Schritttempo fahren. Die erlaubte Höchstgeschwindigkeit beträgt 10 km/h. Der Dienstausweis ist nicht übertragbar.

3 Sie müssen den Dienstausweis
- **a** Ihren Vorgesetzten zeigen.
- **b** immer dabeihaben.

4 Auf dem Firmenparkplatz
- **a** dürfen Sie nur für kurze Zeit parken.
- **b** müssen Sie langsam fahren.

ca. 10 Min.

Lesen Teil 4 – Aufgaben und Aufgabenverteilung nachvollziehen

Sie lesen fünf Nachrichten. Zu jeder Nachricht gibt es eine Richtig-/Falsch-Aufgabe.

→ Lesen Sie zuerst die Aufgabe und stellen Sie sich die Situation vor.

→ Lesen Sie dann den Text und markieren Sie Schlüsselwörter.

→ Entscheiden Sie, ob die Aussage richtig oder falsch ist.

Nicht alle Informationen sind wichtig!

Lesen Sie die Texte. Zu jedem Text gibt es eine Aufgabe. Ist die Aussage richtig oder falsch?

Guten Morgen Tülay,
es gibt eine Planänderung. Die Teambesprechung ist abgesagt worden. Sie findet erst nächste Woche statt. Wir müssen stattdessen zu einem Kunden in der Bahnhofstraße 19 fahren, Fenster und Bad reinigen. Ich hole dich um 9:30 Uhr in der Firma ab und wir fahren zusammen hin. Denk bitte an den neuen WC-Reiniger.
Gruß, Elisabeth

1 Tülay soll das Reinigungsmittel für die Toilette mitnehmen. richtig / falsch?

Hallo Sonja,
morgen um 14:00 Uhr kommt eine Lieferung. Ich kann sie leider nicht annehmen, weil ich einen Termin beim Betriebsrat habe. Kannst du bitte die Lieferung genau kontrollieren und alle Formulare unterschreiben? Die Bestellung findest du im Ordner. Wenn du Fragen hast, kannst du mich anrufen. Ich danke dir.
Viele Grüße, Thomas

2 Thomas fährt morgen zu einem Lieferanten. richtig / falsch?

Lieber Tim,
eine Kundin hat heute Morgen angerufen. Sie braucht Beratung, denn sie möchte ihre Küche mit umweltfreundlicher Farbe streichen. Da ist mir eingefallen, dass Du schon Erfahrung mit diesen Bio-Farben gesammelt hast und diese Aufgabe übernehmen kannst. Ruf sie bitte zurück, ich leite dir den Kontakt weiter. Das Angebot können wir dann zusammen schreiben.
Danke und liebe Grüße,
Kathrin

3 Kathrins Kundin möchte umweltfreundliche Farben kaufen. richtig / falsch?

Liebe Antonia,
heute feierst du dein 10-jähriges Dienstjubiläum in unserer Firma. Dazu möchte ich dir herzlich gratulieren. Du bist eine Bereicherung und Inspiration für uns alle. Außerdem bringst du immer den besten Kuchen mit ins Büro und erzählst die lustigsten Witze. Alles Gute und bleib uns noch lange erhalten.
LG
Angelo

4 Angelo gratuliert Antonia zum neuen Job. richtig / falsch?

Hallo Marcel,
hier auf der Baustelle ist gerade etwas passiert. Ich habe mich geschnitten und muss sofort zum Arzt. Es geht mir gut, aber die Wunde muss versorgt werden. Ich weiß nicht, wie lange es dauert. Fangt schon mit der Besprechung an, wartet nicht auf mich, denn der Arzt wird mich bestimmt krankschreiben. Meine Unterlagen liegen auf dem Schreibtisch. Ich halte euch auf dem Laufenden.
Viele Grüße, Christian

5 Christian hat sich verletzt. richtig / falsch?

ca. 5 Min.

Lesen und Schreiben Teil 1 – E-Mails von Kunden verstehen

Sie lesen eine E-Mail von einem Kunden / einer Kundin und lösen zuerst zwei Multiple-Choice-Aufgaben.
→ Lesen Sie die Aufgaben 1 und 2 und markieren Sie wichtige Schlüsselwörter.
→ Lesen Sie dann den Text und markieren Sie: Welche Textstellen passen zu den Aufgaben?
→ Lesen Sie die einzelnen Textstellen nochmal ganz genau.
→ Lösen Sie die Aufgaben und überprüfen Sie Ihre Lösungen.

Ihre Firma erhält eine Nachricht von einem Kunden.

Erhalten: gestern 8:32 Uhr
Von: Helge Maier
An: info@elektro-service.de
Betreff: Drucker funktioniert nicht

Sehr geehrte Damen und Herren,
seit drei Tagen funktioniert unser Drucker nicht. Heute um 16:00 Uhr sollte Ihr Techniker kommen. Jetzt ist es schon 17 Uhr und bis jetzt war kein Techniker da! Bitte kümmern Sie sich darum, dass so schnell wie möglich ein Techniker kommt und den Drucker repariert.
Denken Sie auch daran, dass wir um 18 Uhr schließen!
Außerdem kann man seit gestern auch den Scanner im zweiten Stock nicht mehr einschalten (Modell KanoScan 212).
Der Techniker sollte sich dringend auch darum kümmern.

Mit freundlichen Grüßen
Helge Maier

Notizen für die Antwort an Herrn Maier:
– Gründe für die Probleme
– Problemlösung

Welche Lösung (a oder c) passt am besten?

1 Der Drucker
a ist beim Techniker.
b muss noch repariert werden.

2 Herr Maier
a beschwert sich.
b möchte einen neuen Scanner.

ca. 15 Min.

Lesen und Schreiben Teil 2 – Auf E-Mails von Kunden reagieren

Sie beantworten dann die E-Mail ausführlich. Für die Antwort bekommen Sie Notizen.
→ Lesen Sie die E-Mail noch einmal und markieren Sie den Grund des Schreibens: was möchte der Kunde / die Kundin?
→ Lesen Sie die Punkte auf dem Notizzettel. Jeder Punkt ist wie eine Frage, die Sie beantworten müssen. Schreiben Sie zu jedem Punkt mindestens zwei Sätze.
→ Schreiben Sie die E-Mail nach folgendem Muster: Anrede, Einleitung, Ihre Antworten auf Punkt 1 und 2, Schlusssatz und Gruß.

3 Schreiben Sie eine E-Mail an den Kunden. Schreiben Sie etwas zu den beiden Punkten auf dem Notizzettel.
Zeigen Sie, was Sie können. Schreiben Sie möglichst viel.
Schreiben Sie zu jedem Punkt mindestens zwei Sätze. Vergessen Sie nicht die Anrede und den Gruß.

ca. 7 Min.

Hören Teil 1 – Arbeitsabläufe, Probleme und Vorschläge verstehen

Sie hören vier Gespräche und lösen während des Hörens jeweils zwei Aufgaben zu einem Gespräch: eine Richtig/Falsch-Aufgabe und eine Multiple-Choice-Aufgabe.
Achtung: Am Anfang hören Sie kein Beispiel.

→ Lesen Sie während der Ansage und der Pause die ersten beiden Aufgaben und markieren Sie Schlüsselwörter.

→ Konzentrieren Sie sich beim Hören auf Schlüsselwörter bzw. ähnliche Ausdrücke und lösen Sie die Aufgabe.

→ Die erste Aufgabe (Richtig/Falsch) ist immer allgemein zur Situation, die zweite zu einem Detail.

→ Lesen Sie dann schnell die nächsten beiden Aufgaben. Sie haben zwischen den Gesprächen 20 Sekunden Zeit.

4.01

**Sie hören vier Gespräche. Zu jedem Gespräch gibt es zwei Aufgaben. Ist die Aussage dazu richtig oder falsch und welche Antwort (a oder b) passt am besten?
Sie hören die Gespräche *einmal*.**

1 Paul und seine Kollegin beschweren sich über die Kunden.
richtig / falsch?

2 Paul und seine Kollegin
a laden Herrn Siebel zu einer Besprechung ein.
b wollen mit Mitarbeitern etwas besprechen.

3 Aisha und Mark sind Kollegen.
richtig / falsch?

4 Aisha
a arbeitet in Vollzeit.
b möchte die Arbeit von Martha übernehmen.

5 Frau Serhan und Herr Lahdo sind auf einer Messe.
richtig / falsch?

6 Herr Lahdo bittet Frau Serhan
a den Produktionsleiter zu kontaktieren.
b dem Kunden Preislisten zu schicken.

7 Zwei Kolleginnen bereiten ein Meeting vor.
richtig / falsch?

8 Die Kolleginnen möchten
a das Rauchen verbieten.
b den Urlaubsplan erstellen.

ca. 3 Min.

Hören Teil 2 – Meinungen nachvollziehen

Sie hören drei Aussagen (Meinungen) und lesen sechs Sätze. Zu jeder Aussage gibt es einen passenden Satz.
Die erste Aussage ist ein Beispiel. Für die anderen zwei Aussagen müssen Sie den passenden Satz (a–f) finden.
Den Satz, der zum Beispiel passt, können Sie nicht mehr verwenden.

→ Lesen Sie die Sätze und und markieren Sie Schlüsselwörter. Dazu haben Sie eine Minute Zeit.

→ Konzentrieren Sie sich beim Hören auf die Schlüsselwörter und schreiben Sie die Nummer der Aussagen neben die Sätze, die Sie passend finden.

→ Übertragen Sie erst am Ende Ihre Lösung auf den Antwortbogen.

4.02

Sie hören drei Aussagen zu einem Thema. Welcher der Sätze a–f passt zu den Aussagen 1 und 2?
Lesen Sie jetzt die Sätze a–f. Dazu haben Sie eine Minute Zeit.
Sie hören die Aussagen *einmal*.

Beispiel:

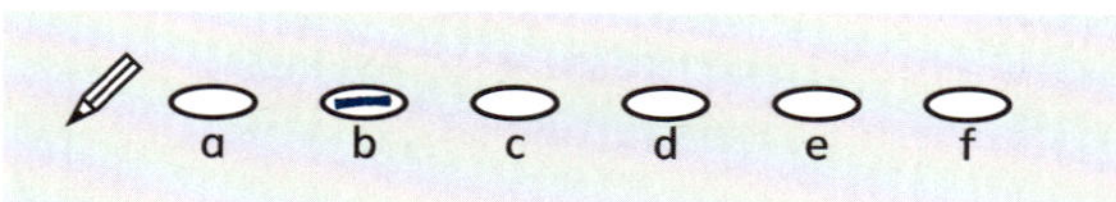

1 ...

2 ...

a Sport in der Firma ist anstrengend und macht müde.

b Wegen des Sportangebots in der Firma geht es mir besser.

c Gute Freunde findet man nur auf dem Sportplatz, nicht bei der Arbeit.

d Kollegen können Freunde werden, wenn man gemeinsam Sport treibt.

e Die Teilnahme am Betriebssport muss freiwillig sein.

f Sport mit Kolleginnen ist immer lustig und macht Spaß.

ca. 5 Min.

Hören Teil 3 – Gespräche über Produkte und Arbeitsabläufe verstehen

Sie hören zwei Gespräche. Sie lösen während des Hörens zwei Multiple-Choice-Aufgaben zu jedem Gespräch.
Achtung: Am Anfang hören Sie kein Beispiel.
→ Lesen Sie während der Ansage und der Pause die Aufgaben 1 und 2 und markieren Sie Schlüsselwörter.
→ Konzentrieren Sie sich beim Hören auf Schlüsselwörter bzw. ähnliche Ausdrücke und lösen Sie die Aufgabe.
→ Lesen Sie dann schnell die Aufgaben 3 und 4.

4.03

Sie hören zwei Gespräche. Zu jedem Gespräch gibt es zwei Aufgaben.
Welche Antwort (a oder b) passt am besten?
Sie hören die Gespräche *einmal*.

1 Frau Palacio möchte
- a ihren 30. Geburtstag feiern.
- b mit 50 Gästen feiern.

2 Frau Palacio
- a kennt viele Vegetarier.
- b möchte auch Käse als Vorspeise.

3 Frau Marinova
- a möchte ihre Produkte in ganz Deutschland verkaufen.
- b verkauft ihr Kosmetikstudio.

4 Der Online-Shop
- a enthält auch kostenlose Artikel.
- b ist in 3 Tagen fertig.

ca. 5 Min.

Hören Teil 4 – Anliegen und Bitten erfassen

Sie hören fünf telefonische Mitteilungen auf dem Anrufbeantworter und lösen jeweils eine Multiple-Choice-Aufgabe dazu.
Achtung: Am Anfang hören Sie kein Beispiel.
→ Lesen Sie während der Ansage und der Pause die erste Aufgabe ganz genau und markieren Sie Schlüsselwörter.
→ Stellen Sie sich die Situation so detailliert wie möglich vor.
→ Hören Sie und versuchen Sie zu verstehen, was die Person möchte oder braucht.
→ Achten Sie auf ähnliche Ausdrücke für die Schlüsselwörter.
→ Lösen Sie die Aufgabe und lesen Sie dann schnell die nächste Aufgabe.

4.04

Sie hören fünf telefonische Mitteilungen. Zu jeder Mitteilung gibt es eine Aufgabe.
Welche Lösung (a, b oder c) passt am besten?
Sie hören jede Mitteilung *einmal*.

1 Anja
- a arbeitet in der Produktion.
- b besucht die Firma Melzer.
- c muss den Termin um eine Stunde verschieben.

2 Ali
- a hat kein Handy dabei.
- b möchte, dass Sie den Kunden informieren.
- c kann nicht LKW fahren.

3 Maria Rodriguez
- a braucht einen neuen Termin.
- b hat nächste Woche nur nachmittags Zeit.
- c kann nur am Donnerstagnachmittag.

4 Martin
- a arbeitet am Wochenende nicht.
- b hat die Ware versteckt.
- c sucht die Ware für einen Kunden.

5 Leonie
- a hat die Unterlagen vergessen.
- b hat einen Unfall gehabt.
- c kommt später.

ca. 5 Min.

Hören und Schreiben – Kundenanfragen entgegennehmen und dokumentieren

Sie hören eine Mitteilung auf dem Anrufbeantworter, lösen eine Multiple-Choice-Aufgabe zum Grund des Anrufs und notieren in ein Formular die wichtigsten Informationen der Mitteilung.

→ Lesen Sie die Aufgaben. Dazu haben Sie 30 Sekunden Zeit.
→ Achten Sie auf den Grund des Anrufs. Er wird oft gleich am Anfang genannt.
→ Notieren Sie beim Hören: Welche Informationen sind wichtig? Was müssen Sie erledigen?
→ Notieren Sie den Namen und die Telefonnummer des Anrufers / der Anruferin ganz genau. Die Telefonnummer wird nur einmal gesagt. Der Name wird buchstabiert.

4.05

Sie hören eine telefonische Mitteilung.
Sie hören die Mitteilung *zweimal*.

1 Grund für den Anruf

Wählen Sie die richtige Lösung (a oder b).

a Beschwerde
b Bestellung

2–5 Notizen schreiben

Schreiben Sie Name, Firma, Telefonnummer und weitere Informationen auf.

Telefonnotiz

1 Grund für den Anruf a ⬭ **Beschwerde**
b ⬭ **Bestellung**

2 Name Frau/Herr

3 Firma

4 Kontakt
Telefon

5 Weitere Informationen

▪

▪

▪

ca. 7 Min.

Sprachbausteine – Auf Anfragen und Vorschläge reagieren

Sie ergänzen in einem Text passende Ausdrücke aus sechs Multiple-Choice-Aufgaben.
→ Lesen Sie den Text schnell und überlegen Sie, was der Absender möchte.
→ Lesen Sie den Text noch einmal Satz für Satz und wählen Sie den jeweils passenden Ausdruck aus. Achten Sie dabei auf die genaue Bedeutung der Ausdrücke im Kontext.

Lesen Sie den folgenden Text. Welcher Ausdruck (a, b oder c) passt am besten in die Lücken 1–6?

Betreff: Bitte um Nachbesserung

Sehr geehrte Damen und Herren,

Ihre Firma wurde uns als zuverlässiger Partner empfohlen. Deshalb haben wir Sie ......**1**......, unsere Büroräume neu zu streichen. Diese Arbeiten wurden vom 10.4. bis 15.4. ausgeführt.

Wie wir Ihnen ......**2**...... telefonisch mitgeteilt haben, sind wir mit dem Ergebnis nicht zufrieden. An mehreren Stellen kann man noch die alte Farbe sehen, die Ecken wurden nicht sauber gearbeitet und die Fußleisten wurden teilweise mit gestrichen. Außerdem haben Sie vergessen, die Fenster zu lackieren.

......**3**...... finden Sie ein paar Fotos, die den Schaden dokumentieren.

Wir fordern Sie auf, diese Mängel baldmöglichst zu ......**4**....... Rufen Sie uns bitte an, um einen ......**5**...... zu vereinbaren.

Im Interesse von uns allen gehen wir davon aus, dass Sie die Nachbesserungen ......**6**...... und unkompliziert ausführen.

Mit freundlichen Grüßen

i.A. Thorsten Lenz, Solaris GmbH

1	2	3	4	5	6
a gekauft	**a** bereits	**a** Beiliegend	**a** liefern	**a** Vorschlag	**a** schnell
b beauftragt	**b** morgen	**b** Anwesend	**b** bestellen	**b** Termin	**b** kostenpflichtig
c gesagt	**c** vielleicht	**c** Hoffentlich	**c** beseitigen	**c** Schaden	**c** teilweise

ca. 3 Min.

Schreiben – Meinungen begründen

Sie lesen drei Kurznachrichten und schreiben eine kurze Antwort. Sie antworten auf die Frage „Warum nicht?“ und sollen etwas begründen.
→ Überlegen Sie: Wie ist die Situation? Warum sagen Sie nein? Was ist ein passender Grund?
→ Schreiben Sie zwei bis drei Sätze und nennen Sie einen Grund.

Ein befreundeter Kollege schreibt Ihnen folgende Kurznachricht. Antworten Sie Ihrem Kollegen.

Kannst du morgen den Chef vom Flughafen abholen?

Nein, leider nicht. 😢

Echt? Warum denn nicht? Es wäre wichtig!

....
....
....
....
....

ca. 8 Min.

Sprechen Teil 1 – Über ein Thema sprechen

Sie sprechen über ein berufliches Thema und beantworten Fragen dazu.

→ Lesen Sie die beiden Themen und wählen Sie schnell das aus, zu dem Ihnen mehr einfällt.

→ Die sechs Themen sind immer gleich. Sie können also vorher gut üben.

→ In der Prüfung müssen Sie frei sprechen. Tragen Sie keine auswendig gelernten Texte vor.

→ Machen Sie sich zur Vorbereitung zu jedem Thema eine Vortragskarte.

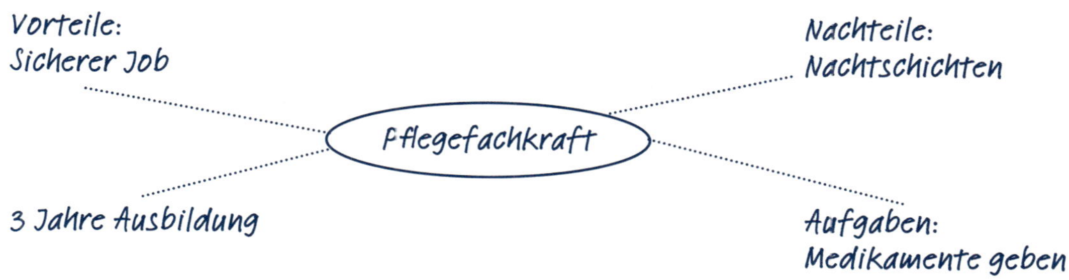

→ Schreiben Sie Aspekte, die für Sie persönlich wichtig sind, z. B. die Wörter in der Aufgabe („Vorteile“, „Nachteile“, ...) oder auch andere Apekte, wie z. B. „3 Jahre Ausbildung“, ...

→ Schreiben Sie zur Vorbereitung Sätze zu den Stichpunkten und lassen Sie sie korrigieren.

→ Üben Sie mit einem Lernpartner / einer Lernpartnerin mit den sechs Vortragskarten: Stapel mischen, eine Karte ziehen und spontan über das Thema sprechen, Ihr/e Partner/in stoppt die Zeit, stellt Fragen und gibt am Ende Feedback.

→ Alle sechs Themen finden Sie im Modelltest auf Seite 327.

Teilnehmer/in A und B

ca. 2 Min. pro TN

Teil 1A – Über ein Thema sprechen

Wählen Sie ein Thema aus und sprechen Sie circa zwei Minuten darüber. Zeigen Sie, was Sie können.

Teilnehmer/in A

Beschreiben Sie einen **bestimmten Beruf** und warum Sie sich dafür interessieren (z. B. Aufgaben, Vor- und Nachteile, Besonderheiten).

Beschreiben Sie eine **Person**, an der Sie sich beruflich orientieren möchten (z. B. wer, was macht die Person, was finden Sie gut / nicht gut, warum).

Teilnehmer/in B

Erzählen Sie von einem **Produkt**, das Sie vor kurzem gekauft haben (z. B. Funktion, Aussehen, Material, Größe, Preis, was Ihnen daran gefällt).

Beschreiben Sie einen **Arbeitgeber**, für den Sie gearbeitet haben oder arbeiten möchten (z. B. Was macht die Firma? Wie groß ist die Firma? Wo ist diese Firma? Was gefällt Ihnen?).

Teilnehmer/in A und B

ca. 2 Min. pro TN

Teil 1B – Anschlussfragen beantworten

Im Anschluss an Ihre Ausführung stellt Ihnen die Prüferin bzw. der Prüfer Fragen.

ca. 3 Min.

Sprechen Teil 2 – Mit Kolleginnen und Kollegen sprechen

Sie sprechen mit Ihrem Prüfungspartner / Ihrer Prüfungspartnerin über verschiedene Themen.
Sie stellen sich dabei gegenseitig Fragen und beantworten diese.

→ Stellen Sie sich vor, Sie sitzen im Pausenraum und unterhalten sich. Sie duzen sich.
→ Lesen Sie die Stichworte und überlegen Sie, was Sie zu diesem Thema fragen können. Formulieren Sie Fragen mit den Stichworten.
→ Stellen Sie möglichst viele offene Fragen (W-Fragen).
→ Antworten Sie mit ein oder zwei Sätzen, nicht nur mit ein oder zwei Wörtern.
→ Wenn Ihnen zu den Stichworten nichts einfällt: Fangen Sie mit einem anderen Thema an.

Teilnehmer/in A und B

Sprechen Sie mit Ihrer Gesprächspartnerin oder Ihrem Gesprächspartner.
Stellen Sie Fragen und antworten Sie.

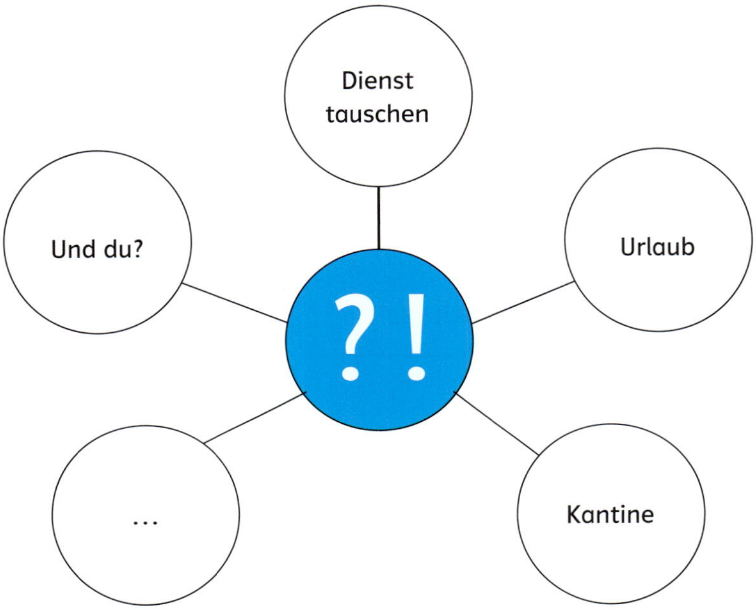

Wann?
Wo?
Wie oft?
Wie?
Wohin?
Was?
Warum?
Wer?
Mit wem?
Isst du …?
Kannst du …?

ca. 5 Min.

Sprechen Teil 3 – Gemeinsam etwas planen

Sie planen etwas gemeinsam. Dazu sollen Sie Ideen formulieren, Vorschläge machen und auf die Vorschläge der Gesprächspartnerin oder des Gesprächspartners reagieren.

→ Lesen Sie zuerst die Situation ganz genau. Was sollen Sie tun?

→ Lesen Sie die Aufgabe und die Stichpunkte.

→ Formulieren Sie mithilfe der Stichpunkte mögliche Vorschläge und reagieren Sie.

→ Begründen Sie Ihre Vorschläge.

Zur Vorbereitung:

→ Wiederholen Sie Redemittel zum Thema „Vorschläge machen, annehmen und ablehnen".

→ Was kann man noch planen? Sammeln Sie Situationen und üben Sie Dialoge.

Teilnehmer/in A und B

Situation
Sie sind Kollegen und müssen am Wochenende zusammen zu einem Kunden fahren.

Aufgabe
Sprechen Sie mit Ihrer Partnerin oder Ihrem Partner über die Einzelheiten. Machen Sie Vorschläge und begründen Sie Ihre Vorschläge. Gehen Sie auf die Ideen Ihrer Partnerin oder Ihres Partners ein. Einigen Sie sich.

Diese Stichpunkte helfen Ihnen:

Verkehrsmittel

Treffpunkt

Stadtplan

Was mitnehmen?

...

Vorschläge machen/begründen
Ich würde vorschlagen, dass wir ...
Ich bin der Meinung, dass ...
Wie wäre es mit ...
Ich denke, dass ...
Was hältst du davon, wenn wir ...
Ich bin mir sicher, dass ...
Wir könnten doch vielleicht Folgendes machen: ...

Vorschläge annehmen
Das ist ein guter Vorschlag.
Ich bin einverstanden. / Abgemacht!
Diese Idee gefällt mir sehr gut.
Da bin ich ganz deiner Meinung! So machen wir es!

Vorschläge ablehnen
Nein, das finde ich nicht so gut, weil ...
Davon halte ich nicht sehr viel. Ich glaube, ...
Da bin ich anderer Meinung.
Ich würde lieber ...
Davon bin ich nicht wirklich überzeugt, weil ...
Ich habe einen anderen Vorschlag: ...

Modelltest *Deutsch-Test für den Beruf B1*

Lesen Teil 1

Für den Teil *Lesen* haben Sie insgesamt 40 Minuten.

Ziel: Informationen aus Stellenanzeigen entnehmen

Lesen Sie die Informationen zu den Personen 1–5 und die Anzeigen a–h. Welche Anzeige passt zu welcher Person? Markieren Sie Ihre Lösungen auf dem Antwortbogen.

1 Anna Torres möchte in der Pflege arbeiten. Sie kann keine Spät- und Nachtschichten übernehmen.
2 Benny Alvarez sucht für einige Stunden pro Woche einen Nebenverdienst als Reinigungskraft.
3 Sevda Akay möchte in günstiger Geschäftslage ein Bio-Eiscafé eröffnen.
4 Tom Koll ist Malermeister und sucht einen Geschäftsraum mit Parkmöglichkeit im Zentrum.
5 Vanessa Meyer sucht einen Nebenverdienst für sofort, nicht in der Pflege.

a **Pflege** (m/w/d) Altenheim Benzheim
Zur Verstärkung unseres Teams suchen wir eine Pflegekraft. ▪ Voraussetzung ist die Bereitschaft zu Wochenend- und Schichtarbeit. ▪ Übertarifliche Bezahlung ▪ Innovatives Dienstplanmodell ▪ Bedingung: sofort
mehr ...

b **Eiscafé** (m/w/d) Bio Eiscafé am Markt
Wir suchen freundliche flexible Mitarbeiter/innen mit Interesse an Bio- und veganem Eis. ▪ Erfahrung im Eisverkauf keine Voraussetzung. ▪ Aufgaben: Eis und Kaffee verkaufen, Bestellungen annehmen, Laden sauber halten
mehr ...

c **Verkäufer/in** (m/w/d) Lebensmittel Centi
Wir suchen: Verkäufer/in ▪ Praxiserfahrung im Handel von Vorteil ▪ Arbeitsbeginn: schnellstmöglich
Wir bieten: Vollzeit ▪ Mitarbeiterrabatt ▪ Weiterbildung Kassenschein möglich ▪ attraktive Bezahlung
mehr ...

d **Ladengeschäft** (m/w/d) Exklusive Citylage
Gut geschnittene 94,4 m^2 Ladenfläche mit großer Fensterfront ▪ nicht für Gastronomiebetrieb nutzbar ▪ Keller 22,3 m^2 ▪ 2 Tiefgaragen-Stellplätze ▪ Gute Verkehrsanbindung ▪ 2.800 Euro inkl. NK/Monat
mehr ...

e **Malermeister** (m/w/d) Fachbetrieb Jäger, Bad Schluchsee
Dein Profil: Abgeschlossene Berufsausbildung als Maler (m/w/d) (Gesellenbrief) ▪ Gute Deutschkenntnisse ▪ Zuverlässigkeit ▪ Teamfähigkeit
Unser Angebot: Arbeitszeiten von Mo-Fr, bis zu 30 Tage Urlaub ▪ unbefristeter Arbeitsvertrag ▪ Überstundenauszahlung ▪ regelm. Fortbildungsangebote
mehr ...

f **Altenpflegehelfer*in** (m/w/d) Pflegewohnheim am Bächle
Wenn Pflegen für Sie nicht nur ein Job, sondern eine Lebensaufgabe ist, dann sind Sie bei uns richtig. ▪ Wir sind ein Super-Team und brauchen Unterstützung für die Frühdienste an Wochenenden und Feiertagen. ▪ Fahrtkostenzuschuss und Weiterbildungsmöglichkeiten
mehr ...

g **Attraktive Ladenfläche im Zentrum** (m/w/d) Lüneburg
62 m^2 ▪ Verkaufsraum mit Tresen ▪ Küche ▪ Kühlraum ▪ Stellfläche für 8 Tische und 32 Stühle ▪ ab sofort zu vermieten ▪ provisionsfrei
mehr ...

h **Grundreinigung Fachbetrieb** (m/w/d) WeClean GmbH
Wir führen an Wochenenden und in betriebsfreien Zeiten Grundreinigungen durch. ▪ Unsere Kunden sind Friseure, Gastronomiebetriebe, Kitas, Schulen, Praxen. ▪ Wenn Sie zeitlich flexibel und gründlich sind, bewerben Sie sich. ▪ gerne auch stundenweise
mehr ...

Lesen Teil 2

Lesen Sie den Text. Welche Antwort a, b oder c passt am besten? Markieren Sie Ihre Lösungen zu den Aufgaben 6–9 auf dem Antwortbogen.

Ziel: Sich über Weiterbildungsmöglichkeiten informieren

Front Office Management

Kundenservice Empfang, Rezeption, Sekretariat, Hotel

In der Weiterbildung *Grundlagentraining Kundenservice* lernen Sie, wie Sie an der Rezeption Ihre Kunden optimal betreuen und dadurch zur besten Werbung für Ihr Unternehmen werden.

Der Kundenservice am Empfang ist mehr als ein Check-In-Schalter. Der erste Kontakt entscheidet, ob sich Kundinnen und Kunden wohlfühlen.

Diese Weiterbildung bereitet Sie auf Arbeiten an einer Rezeption vor. Im Mittelpunkt steht der Umgang mit Kundinnen und Kunden. Sie vertiefen und ergänzen Ihre Kenntnisse für einen kundenfreundlichen Kontakt. Sie lernen, wie Sie auf Beschwerden ruhig und korrekt reagieren und wie Sie Ihre Aufgaben am Telefon und am Schalter erfolgreich koordinieren.

Bonus für Ihre Anmeldung: Für Mitarbeitende im Service sind Englischkenntnisse wichtig! Teilnehmern/Teilnehmerinnen unserer Weiterbildung bieten wir einen Online-Kurs „Englisch für Front Office Mitarbeiter“ an. Sie können während der Weiterbildung kostenlos an dem Englisch-Kurs teilnehmen, wenn Sie sich mit der Bonus-Nummer, die Sie zu Beginn der Weiterbildung bekommen, unter www.bussiness-language.de anmelden.

Sie können an der Weiterbildung *Grundlagentraining Kundenservice* teilnehmen, auch wenn Sie berufstätig sind.

Die Weiterbildung findet vom 30.01... bis 31.03... an jedem zweiten Wochenende statt:
samstags von 10 bis 16 Uhr und sonntags von 10 bis 14 Uhr sowie dreimal mittwochs in der 7., 9. und 11. Kalenderwoche jeweils von 17:30 bis 20:45 Uhr.

Bei Bestehen der Abschlussprüfung erhalten Sie das Zertifikat „Expert in Front-Office-Management“.

Lesen Sie die FAQ auf unserer Webseite oder schreiben Sie eine E-Mail an info@wib.de, wenn Sie Fragen haben.

6 Die Weiterbildung ist für Mitarbeiter
- **a** aus der Werbeabteilung.
- **b** ohne Englischkenntnisse.
- **c** vom Empfang.

7 Schwerpunkt der Weiterbildung ist
- **a** Kommunikation mit Kunden.
- **b** Telefontraining in Stress-Situationen.
- **c** Werbung für das Unternehmen.

8 Die Weiterbildung
- **a** findet an jedem dritten Mittwoch statt.
- **b** wird auf Englisch gehalten.
- **c** kann man berufsbegleitend besuchen.

9 Die Teilnehmenden
- **a** machen am Ende der Weiterbildung einen Test.
- **b** besuchen nach der Weiterbildung einen Englischkurs.
- **c** können sich über die Webseite anmelden.

Lesen Teil 3

Lesen Sie die Texte. Welche Antwort a oder b passt am besten? Markieren Sie Ihre Lösungen zu den Aufgaben 10–13 auf dem Antwortbogen.

Ziel: Einweisungen verstehen

Herzlich willkommen bei McVeg-Burger in der City!

Willkommen bei McVeg-Burger! Wir freuen uns sehr, dass Sie heute Mitglied unseres Teams geworden sind.

Hier in der City von Bergheim braten wir unsere vegetarischen Burger erst seit fünf Jahren, aber es gibt unsere 14 Restaurants schon seit fast 30 Jahren in 12 großen Städten Deutschlands.

Unsere Philosophie: Liebe zur Natur, leckeres und gesundes Essen ohne Fleisch!

Wir von McVeg verwenden nur die wertvollsten Bio-Zutaten. Unsere Lieferanten stammen alle aus unserer Region und produzieren für uns Gemüse, Pilze, Korn, Nüsse und Kräuter von bester Bio-Qualität.

Wir servieren kein Fast-Food und haben auch kein Bestellportal, das Hungrigen das Essen nach Hause bringt: Wir möchten, dass unsere Gäste das Essen in unseren gemütlichen Restaurants in Ruhe genießen.

Helfen Sie durch Ihre Arbeit im McVeg-Team mit, unseren Kunden hochwertige pflanzliche Burger anzubieten.

10 McVeg-Burger
- **a** gibt es seit 5 Jahren in Bergheim.
- **b** hat 12 Filialen in Deutschland.

11 Die Restaurants
- **a** haben einen Lieferservice.
- **b** kochen mit Zutaten aus der Umgebung.

Hygieneregeln

Alle Mitarbeiter/innen im Küchen-Team der Pension Stefanie sind verpflichtet, Hygieneregeln zu befolgen.

Anbei erhalten Sie eine Hygieneregel-Checkliste. Wir haben diese Liste nach den Vorgaben des Gesundheitsamtes zusammengestellt. Lesen Sie die Checkliste bitte gründlich durch. Mit Ihrer Unterschrift bestätigen Sie, dass Sie den Hygieneregeln zustimmen.

Darüber hinaus gelten bei uns in der Pension einige interne Regeln. Desinfizieren Sie Ihre Hände vor Betreten der Küche. Für die tägliche, wöchentliche und monatliche Reinigung von Küchengeräten und -instrumenten, Kühl- und Gefrierschränken, Arbeitsflächen, Fußböden und Wänden gibt es ein Reinigungsprotokoll. Dokumentieren Sie in diesem Protokoll bitte alle Arbeiten sorgfältig, die Sie erledigt haben.

Die Sicherheit unserer Gäste und unsere Sicherheit sind uns wichtig. Halten Sie sich deshalb an die Hygieneregeln.

Wenn Sie Fragen haben, wenden Sie sich bitte an Frau Huber.

12 Die Hygieneregel-Checkliste
- **a** sollte man unterschreiben.
- **b** muss man beim Gesundheitsamt abgeben.

13 Die Mitarbeiter/innen müssen
- **a** ein Reinigungsprotokoll ausfüllen.
- **b** täglich die ganze Küche reinigen.

Lesen Teil 4

Lesen Sie die Texte. Zu jedem Text gibt es eine Aufgabe.
Ist die Aussage richtig oder falsch?
Markieren Sie Ihre Lösungen zu den Aufgaben 14–18 auf dem Antwortbogen.

Ziel: Aufgaben und Aufgabenverteilung nachvollziehen

Liebe Eva,
ich habe dir von Maria erzählt, meiner früheren Kollegin bei Breuer & Partner. Sie ist sehr gut in ihrem Job, fleißig und dazu eine supernette Kollegin. Sie möchte jetzt dort kündigen und sucht eine neue Stelle. Wenn Anja aus der Werbung aufhört, würde ich Maria gerne für die Stelle vorschlagen. Kann Maria sich direkt an dich wenden?
Grüße
Sevda

14 Sevda empfiehlt jemanden für eine Stelle.
richtig / falsch?

Lieber Holgi,
diese Woche passieren wirklich nur Katastrophen. Zuerst hatte die ganze Firma kein W-LAN und ich musste zwei Tage ohne Internet mit den Kunden Kontakt halten. Dann hat der Chef Kaffee über sein Notebook geschüttet, auf dem er gerade unsere Präsentation fertiggeschrieben hatte: Notebook defekt und Daten weg. Deshalb schreibe ich dir jetzt: Bring ihm bitte einen Ersatz-Laptop. Im Materialschrank müsste noch einer stehen.
Danke, Gerd

15 Gerds Notebook ist kaputt.
richtig / falsch?

Lieber Dino,
mein Fahrrad ist kaputtgegangen und ich sitze jetzt im Taxi. Dass mir das gerade heute vor unserem Meeting passiert!
Ich schaffe es nicht mehr, den roten Ordner von meinem Schreibtisch zu holen. Den brauchen wir aber. Bitte bringe du ihn zum Meeting mit. Wir sehen uns direkt im Konferenzraum, ich verspäte mich nicht. Danke!
Viele Grüße
Britta

16 Britta und Dino treffen sich beim Meeting.
richtig / falsch?

Lieber Magnus,
jeder Topf findet einen Deckel – und jetzt hast auch du deine bessere Hälfte gefunden!
Wir freuen uns mit dir.
Stell uns deine Frau doch am Freitag nach Büroschluss vor! Wir würden euch gerne unser Hochzeitsgeschenk persönlich geben und euch beiden noch einmal herzlich gratulieren.
Alles Gute zum neuen Leben zu zweit wünschen
deine Kolleginnen und Kollegen

17 Magnus hat geheiratet.
richtig / falsch?

Guten Morgen Angelika,
Frau Müller hat gerade wegen des Auftrags für den Einbauschrank in ihrem Schlafzimmer angerufen. Sie hat sich jetzt für das System entschieden, das über Eck und bis knapp unter die Decke geht. Du hast gestern bei Frau Müller ausgemessen. Könntest du mit ihr heute noch über das Material sprechen und ob sie Holz oder Kunststoff will?
Bis heute Abend, Claudia

18 Die Kundin will einen Schrank.
richtig / falsch?

Lesen und Schreiben

Ihre Firma erhält eine Nachricht von einer Kundin.

Für den Teil *Lesen und Schreiben* haben Sie insgesamt 20 Minuten Zeit.

Ziel: E-Mails von Kunden verstehen

Erhalten: heute 14:32 Uhr
Von: Inka Beyer
An: technik-huber@huber.de
Betreff: Schaden in der Wand nach Telefon-Installation

Sehr geehrte Damen und Herren,
vor einer Woche war ein Techniker Ihrer Firma hier bei uns im Betrieb und hat uns neue Telefonkabel verlegt. Dabei hat er ein großes Loch in die Wand zwischen Flur und Treppenhaus gemacht. Ihr Techniker versprach uns, dass er das Loch schließt. Das ist aber nicht geschehen. Bitte machen Sie das noch, sonst beauftragen wir einen Handwerker und berechnen Ihnen die Kosten.
Außerdem hat Ihr Techniker bei seiner Arbeit viel Staub und Schmutz gemacht und ist gegangen, ohne sauberzumachen. Das mussten dann unsere Mitarbeiter tun.
Vergessen Sie bitte nicht, dass der Techniker auch im Besprechungsraum noch ein neues Telefonkabel verlegen muss.
Kümmern Sie sich bitte bald um alles.
Mit freundlichen Grüßen
Inka Beyer

Notizen für die Antwort an Frau Beyer:
- Gründe für die Probleme
- Problemlösung

Welche Lösung (a, b oder c) passt am besten? Markieren Sie auf dem Antwortbogen.

19 Frau Beyer beschwert sich über
a den Handwerker.
b den Techniker.

20 Das Loch in der Wand
a muss noch repariert werden.
b wurde schon repariert.

Lesen und Schreiben

21 Schreiben Sie eine E-Mail an die Kundin. Schreiben Sie etwas zu den beiden Punkten auf dem Notizzettel. Zeigen Sie, was Sie können. Schreiben Sie möglichst viel. Schreiben Sie zu jedem Punkt mindestens zwei Sätze auf den Antwortbogen. Vergessen Sie nicht die Anrede und den Gruß.

Ziel: Auf E-Mails von Kunden reagieren

Senden	**An**	
	Cc	
	Betreff	

4.06

Hören Teil 1

Sie hören vier Gespräche. Zu jedem Gespräch gibt es zwei Aufgaben. Ist die Aussage richtig oder falsch und welche Antwort (a oder b) passt am besten?

Markieren Sie Ihre Lösungen für die Aufgaben 22–29 auf dem Antwortbogen.

Sie hören die Gespräche *einmal*.

Für den Teil *Hören* haben Sie insgesamt 20 Minuten Zeit.

Ziel: Arbeitsabläufe, Probleme und Vorschläge verstehen

Bei diesem Prüfungsteil lösen Sie zu jedem Hörtext zwei unterschiedliche Aufgaben:

einmal richtig/falsch: ⬭ richtig ⬭ falsch

und einmal a, b: ⬭ a ⬭ b

22 Fernando braucht Hilfe.
richtig / falsch?

23 Die Kollegen
a verabreden sich zum Rückentraining.
b wollen zusammen präsentieren.

24 Gabriele und Hans arbeiten in der gleichen Abteilung.
richtig / falsch?

25 Gabriele
a hat falsche Ware bestellt.
b möchte Ware umtauschen.

26 Herr Bär und die Vorgesetzte haben zusammen eine Fortbildung gemacht.
richtig / falsch?

27 Die Vorgesetzte beauftragt Herrn Bär
a Medikamente zu bestellen.
b den Dienstplan zu kontrollieren.

28 Ingo überprüft Rechnungen und Lieferscheine.
richtig / falsch?

29 Ingo
a hat nicht alle Lieferscheine gefunden.
b hat die Lieferscheine in einen Ordner geheftet.

4.07

Hören Teil 2

Sie hören drei Aussagen zu einem Thema. Welcher der Sätze a–f passt zu den Aussagen 30 und 31? Markieren Sie Ihre Lösungen auf dem Antwortbogen.

Lesen Sie jetzt die Sätze a–f. Dazu haben Sie eine Minute Zeit.

Sie hören die Aussagen *einmal*.

Ziel: Meinungen nachvollziehen

Beispiel:

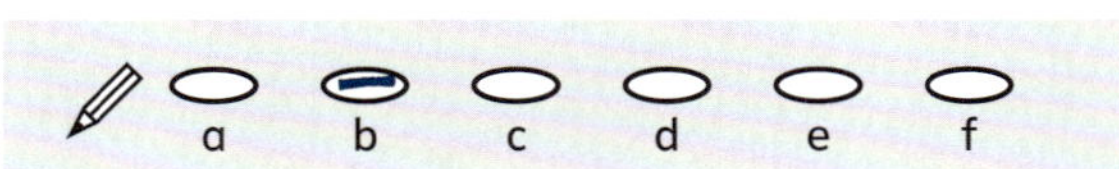

30 ...

31 ...

a In Teilzeitarbeit kann man Familie und Beruf besser vereinbaren.
b In Teilzeit arbeiten vor allem Frauen.
c In Teilzeit reicht das Einkommen nicht zum Leben aus.
d In Vollzeit hat man keine Zeit mehr für Freizeitaktivitäten.
e Teilzeitarbeiter/innen werden schlechter behandelt als Vollzeitarbeiter/innen.
f Viele Chefs wollen keine Mitarbeiter/innen in Teilzeit.

4.08

Hören Teil 3

Sie hören zwei Gespräche. Zu jedem Gespräch gibt es zwei Aufgaben. Welche Antwort (a oder b) passt am besten? Markieren Sie Ihre Lösungen für die Aufgaben 32–35 auf dem Antwortbogen.

Ziel: Gespräche über Produkte und Arbeitsabläufe verstehen

Sie hören die Gespräche *einmal*.

32 Der Kunde bestellt das Essen
- **a** für die Fußballmannschaft.
- **b** für einen Herrenabend.

33 Die kalte Platte ist
- **a** auch vegetarisch.
- **b** nur vegetarisch.

34 Die Kundin
- **a** hat ein Geschäft eröffnet.
- **b** ist Grafikerin.

35 Die Kundin
- **a** kann die Karten am nächsten Tag abholen.
- **b** bestellt 60 Karten.

4.09

Hören Teil 4

Sie hören fünf telefonische Mitteilungen. Zu jeder Mitteilung gibt es eine Aufgabe. Welche Lösung (a, b oder c) passt am besten? Markieren Sie Ihre Lösungen für die Aufgaben 36–40 auf dem Antwortbogen.

Ziel: Anliegen und Bitten erfassen

Sie hören jede Mitteilung *einmal*.

36 Franziska Mertens
- **a** möchte einen Arzttermin vereinbaren.
- **b** muss einen Arzttermin absagen.
- **c** möchte einen Termin verschieben.

37 Wendelin
- **a** möchte ein Zimmer reservieren.
- **b** hat einen Fehler gemacht.
- **c** hat eine Bitte zu einer Reservierung.

38 Evelyn
- **a** verspätet sich.
- **b** ist auf dem Weg nach Gütersloh.
- **c** ist pünktlich.

39 Fritz
- **a** ist gerade im Büro.
- **b** soll Blumen mitbringen.
- **c** hat Geburtstag.

40 Thomas
- **a** möchte Arbeitszeiten tauschen.
- **b** arbeitet in einem Labor.
- **c** möchte sich bewerben.

4.10

Hören und Schreiben

Sie hören eine telefonische Mitteilung. Notieren Sie die Informationen auf dem Antwortbogen.

Sie hören die Mitteilungen *zweimal*.

Für den Teil *Hören und Schreiben* haben Sie insgesamt 5 Minuten Zeit.

41 Grund für den Anruf

Wählen Sie die richtige Lösung (a oder b). Markieren Sie auf dem Antwortbogen.

Ziel: Kundenanfragen entgegennehmen

a Beschwerde
b Bestellung

42–45 Notizen schreiben

Schreiben Sie Name, Firma, Telefonnummer und weitere Informationen auf.

Ziel: Kundenanfragen dokumentieren

Telefonnotiz

41	**Grund für den Anruf**	**a** ⬭ **Beschwerde** **b** ⬭ **Bestellung**
42	**Name**	Frau/Herr
43	**Firma**	
44	**Kontakt** Telefon	
45	**Weitere Informationen**	

-
-
-

Sprachbausteine

Lesen Sie den folgenden Text. Welcher Ausdruck (a, b oder c) passt am besten in die Lücken 46–51? Markieren Sie Ihre Lösungen auf dem Antwortbogen.

Für den Teil *Sprachbausteine und Schreiben* haben Sie insgesamt 10 Minuten Zeit.

Ziel: Auf Anfragen und Vorschläge reagieren

Betreff: Anfrage Reinigungskraft für unsere Firmenräume

Sehr geehrter Herr Arnold,

wir haben Ihre Webseite mit Interesse gelesen.

Wir sind ein Steuerberatungsbüro (348 m² Fläche auf zwei Stockwerken), das ......**46**...... seit 30 Jahren erfolgreich in Chemnitz tätig ist.

Wir suchen ......**47**...... eine zuverlässige Reinigungsfirma, die unsere Büroräume täglich nach 18 Uhr saubermacht. Wir hatten bisher die Firma McPuzzz damit ......**48**......, aber leider waren wir mit der Qualität sehr unzufrieden und mussten die Zusammenarbeit ......**49**.......

Wir würden uns freuen, wenn Sie sich bald bei uns ......**50**...... und uns mitteilen, ob Sie ......**51**...... haben.

Mit freundlichen Grüßen

Cem Bilge

46 **a** früher **b** schon **c** vorher

47 **a** dringend **b** gründlich **c** nützlich

48 **a** angefangen **b** beauftragt **c** verabredet

49 **a** ausbauen **b** beenden **c** verändern

50 **a** akzeptieren **b** bestätigen **c** melden

51 **a** Erlaubnis **b** Interesse **c** Zusage

Schreiben

Eine befreundete Kollegin schreibt Ihnen folgende Kurznachricht. Antworten Sie Ihrer Kollegin.

Schreiben Sie Ihre Antwort direkt auf den Antwortbogen.

Ziel: Eine Kurznachricht schreiben und etwas begründen

Kannst du am Dienstag mit mir die Konferenz vorbereiten?

Nein, es tut mir leid.

Echt? Warum denn nicht? Ich brauche deine Hilfe!

....

....

....

....

....

....

....

Teilnehmer/in A und B

Sprechen Teil 1 A – Über ein Thema sprechen

(ca. 2 Minuten pro TN)

Für den Teil *Sprechen* haben Sie insgesamt ca. 16 Minuten Zeit. Es gibt keine Vorbereitungszeit. Es ist eine Paarprüfung.

Wählen Sie ein Thema aus und sprechen Sie circa zwei Minuten darüber. Danach stellt Ihnen die Prüferin oder der Prüfer Fragen dazu. Zeigen Sie, was Sie können.

Ziel: Etwas monologisch beschreiben

Den Teilnehmenden werden jeweils zwei der folgenden sechs Themen angeboten:

1. Beschreiben Sie **einen Arbeitgeber**, für den Sie gearbeitet haben oder arbeiten möchten (z. B. Was macht die Firma? Wie groß ist die Firma? Wo ist diese Firma? Was gefällt Ihnen?).
2. Beschreiben Sie **einen bestimmten Beruf** und warum Sie sich dafür interessieren (z. B. Aufgaben, Vor- und Nachteile, Besonderheiten).
3. Stellen Sie Ihre **berufliche Entwicklung** vor (z. B. Stationen in Ihrem Berufsleben, was haben Sie dort gelernt, wichtige berufliche Entscheidungen, Gründe dafür).
4. Erzählen Sie von **einem Produkt**, das Sie vor kurzem gekauft haben (z. B. Funktion, Aussehen, Material, Größe, Preis, was Ihnen daran gefällt).
5. Beschreiben Sie **eine Person**, an der Sie sich beruflich orientieren möchten (z. B. wer, was macht die Person, was finden Sie gut/nicht gut, warum).
6. Beschreiben Sie, **wie die Jobsuche funktioniert**. Sprechen Sie über ein Land Ihrer Wahl (z. B. Angebote finden, Beratung, Bewerbung schreiben, Vorstellungsgespräch).

Sprechen Teil 1B – Anschlussfragen beantworten (ca. 2 Minuten pro TN)

Ziel: Informationen geben

Im Anschluss an die Ausführung einer Teilnehmerin bzw. eines Teilnehmers stellt die Prüferin bzw. der Prüfer einige Fragen.

Teilnehmer/in A und B

Sprechen Teil 2 – Mit Kolleginnen und Kollegen sprechen

(ca. 3 Minuten)

Aufgabe
Sprechen Sie mit Ihrer Gesprächspartnerin oder Ihrem Gesprächspartner.
Stellen Sie Fragen und antworten Sie.

Ziel: Sich über Themen austauschen

Sprechen Teil 3 – Gemeinsam etwas planen

(ca. 5 Minuten)

Situation
Sie beide arbeiten zusammen in einer Firma.
In Ihrer Firma gibt es Fitnesskurse für Mitarbeiter/innen.
Sie möchten in Zukunft zusammen einen Kurs besuchen.

Ziel: Gemeinsam etwas planen

Aufgabe
Sprechen Sie mit Ihrer Partnerin oder Ihrem Partner über die Einzelheiten.
Machen Sie Vorschläge und begründen Sie Ihre Vorschläge.
Gehen Sie auf die Ideen Ihrer Partnerin oder Ihres Partners ein.
Einigen Sie sich.

Diese Stichpunkte helfen Ihnen:

wann?

welchen Kurs?

wie zum Kurs kommen?

noch andere Kollegen fragen?

...

Grammatik

Verben

1 Verben und Kasus

a Verben mit Akkusativ

Viele Verben stehen mit Akkusativ.

Am ersten Arbeitstag bekommt man oft einen Schlüssel und den Dienstplan.
Manchmal muss man die Arbeitskleidung selbst kaufen.
Herr Nowak macht eine Ausbildung im Supermarkt.
Kannst du mich morgen abholen?

b Verben mit Dativ

Nach einigen Verben steht immer der Dativ, zum Beispiel *danken, gefallen, gehören, helfen, passen, schmecken, wehtun.*

Der Termin passt mir.
Ich danke dir / Ihnen.
Können Sie uns helfen?
Die Arbeitsbedingungen gefallen mir nicht.

Die Kleidung gehört der Firma.
Die Küchenhilfe hilft dem Koch.

c Verben mit Dativ und Akkusativ

Wer?		**Wem?** (Person: Dativ)	**Was?** (Sache: Akkusativ)
Die Chefin	gibt	dem Azubi	eine Aufgabe.
Die Kollegen	erklären	mir	die Kasse.
Der Chef	bringt	seiner Frau	Blumen mit.

Wichtige Verben mit Dativ und Akkusativ: *bringen, erklären, geben, schenken, schicken, sagen, wünschen, zeigen*

2 Die Verben *legen/liegen, stellen/stehen, setzen/sitzen, hängen/hängen*

Aktion
Wohin? →
Präposition + Akkusativ

Sie hängt den Schlüssel an **das** Schlüsselbrett.
Wir stellen den Schrank zwischen **die** Fenster.
Er legt den Pullover auf **den** Stuhl.

Position
Wo? ●
Präposition + Dativ

Der Schlüssel hängt **am** Schlüsselbrett.
Der Schrank steht zwischen **den** Fenstern.
Der Pullover liegt auf **dem** Stuhl.
Der Kollege sitzt vor **dem** Computer.

3 Modalverben

	können	müssen	wollen	dürfen	sollen	(möchten)
ich	kann	muss	will	darf	soll	möchte
du	kannst	musst	willst	darfst	sollst	möchtest
er/es/sie	kann	muss	will	darf	soll	möchte
wir	können	müssen	wollen	dürfen	sollen	möchten
ihr	könnt	müsst	wollt	dürft	sollt	möchtet
sie/Sie	können	müssen	wollen	dürfen	sollen	möchten

Herr Mahani kann am Samstag nicht kommen.
Joshua möchte mit Ilhan sprechen.
Ilhan soll den Kunden anrufen.

Sie darf vor 7 Uhr anfangen. Sie darf nicht länger als 10 Stunden arbeiten.
Mia muss immer pünktlich sein. Die Mitarbeiter müssen ihren Ausweis zeigen.
Die Mitarbeiter müssen nicht in der Kantine essen. Aber alle dürfen dort essen.

4 Reflexive Verben

sich vorstellen	Ich stelle mich den Kollegen vor.
sich ärgern über	Ärgerst du dich oft über deinen Chef?
sich unterhalten mit	Die Chefin unterhält sich mit den Kolleginnen.
sich beschweren bei	Wir beschweren uns bei der Personalabteilung.
sich setzen	Setzt euch bitte!
sich streiten	Bruno und Ines streiten sich ständig.

5 Besondere Verben

a *lassen*

ich	lasse
du	**lässt**
er/es/sie	**lässt**
wir	lass**en**
ihr	lass**t**
sie/Sie	lass**en**

Ich lasse mein Auto reparieren.
Er möchte sich die Haare färben lassen.

b *werden*

ich	werde
du	**wirst**
er/es/sie	**wird**
wir	werd**en**
ihr	werd**et**
sie/Sie	werd**en**

Manuel will Barbier werden. Er findet den Beruf interessant.
Meine Haare werden grau. Das stört mich.

6 Zeitformen

a Präsens

kochen	
ich	koch**e**
du	koch**st**
er/es/sie/man	koch**t**
wir	koch**en**
ihr	koch**t**
sie/Sie	koch**en**

b Perfekt

Bildung
haben / sein + Partizip II

Er hat eine Ausbildung als Verkäufer gemacht.
Nach der Schule ist er nach Deutschland gegangen.

Die meisten Verben bilden das Perfekt mit *haben*. Das Perfekt mit *sein* steht nach Verben der Bewegung von A nach B, z. B. *laufen, gehen, fahren, fliegen, kommen*. Perfekt mit *sein* steht auch nach: ***aufstehen, aufwachsen, passieren, bleiben***.

Die Mitarbeiter sind zu spät gekommen und zu früh nach Hause gefahren.
Er ist in Deutschland aufgewachsen.
Sie ist nach der Ausbildung in Deutschland geblieben.

Partizip II
Einfache Verben

regelmäßige Verben	**unregelmäßige Verben**	**Verben mit *be-*, *ver-*, und auf *-ieren***
ge- … -(e)t	**ge- … -en**	**… -t / …-en**
machen → **gemacht** kochen → **gekocht** arbeiten → **gearbeitet** …	fahren → **gefahren** essen → **gegessen** bleiben → **geblieben** helfen → **geholfen** …	verkaufen → verkauft besuchen → besucht transportieren → transportiert bestehen → bestanden vergessen → vergessen …

Trennbare Verben

regelmäßige Verben	**unregelmäßige Verben**
… -ge- … -t	**… -ge- … -en**
einkaufen → ein**ge**kauft aufmachen → auf**ge**macht …	ankommen → an**ge**kommen anrufen → an**ge**rufen mitnehmen → mit**ge**nommen …

Siehe auch die Liste der unregelmäßigen Verben im Anhang, S. 250

c Präteritum

	sein	**haben**	**können**	**müssen**	**wollen**	**dürfen**
ich	war	hatte	konnte	musste	wollte	durfte
du	warst	hattest	konntest	musstest	wolltest	durftest
er/es/sie	war	hatte	konnte	musste	wollte	durfte
wir	waren	hatten	konnten	mussten	wollten	durften
ihr	wart	hattet	konntet	musstet	wolltet	durftet
sie/Sie	waren	hatten	konnten	mussten	wollten	durften

Joshua war verliebt. Sein Vater hatte einen Barbershop.
Die Mitarbeiterin konnte leider nicht bleiben. Sie musste ihr Kind abholen.

7 Passiv

a Bildung

werden + Partizip II

	Passiv Präsens	
ich	werde	angerufen
du	wirst	begrüßt
er/es/sie	wird	hergestellt
wir	werden	kontrolliert
ihr	werdet	bezahlt
sie/Sie	werden	geschrieben

	werden: Position 2		Partizip II: Ende
Die Waren	werden	im Lager	gelagert.
Die Schokolade	wird	in der Produktion	hergestellt.
Die Rechnungen	werden	heute	geschrieben.

b Verwendung

Wichtig ist: **Was** passiert? **Was** wird gemacht?
Nicht: Wer macht etwas?

Die Schokolade wird hergestellt. Sie wird verpackt und sie wird verkauft.

8 Konjunktiv II

a Bildung

	sein	haben	müssen	können	(würde)
ich	wäre	hätte	müsste	könnte	würde
du	wärst	hättest	müsstest	könntest	würdest
er/es/sie	wäre	hätte	müsste	könnte	würde
wir	wären	hätten	müssten	könnten	würden
ihr	wärt	hättet	müsstet	könntet	würdet
sie/Sie	wären	hätten	müssten	könnten	würden

Die Konjunktiv-II-Formen von *sein, haben* und den Modalverben bildet man so:
Präteritum a/u/o (hatte/musste/konnte) → Konjunktiv II ä/ü/ö (hätte/müsste/könnte)
Die meisten Verben bilden den Konjunktiv II mit *würde* + Infinitiv:
Mariela würde gerne ein Auto kaufen.

b Verwendung

Wünsche	Mariela wäre gerne Pflegekraft. Ich hätte gerne eine neue Stelle. Ich könnte mehr Geld verdienen.
höfliche Fragen / Bitten	Würdest du die Schicht mit mir tauschen? Könnten Sie bitte etwas langsamer sprechen?

Pronomen

1 Reflexivpronomen im Akkusativ

Ich interessiere mich für Sport.
Ärgerst du dich oft über deinen Chef?
Die Chefin unterhält sich mit den Kolleginnen.
Wir beschweren uns bei der Personalabteilung.
Setzt euch bitte!
Bruno und Ines streiten sich ständig.

ich	setze	mich
du	setzt	dich
er/es/sie	setzt	sich
wir	setzen	uns
ihr	setzt	euch
sie/Sie	setzen	sich

2 Relativpronomen im Nominativ

der	… ein Mann, der gestern angerufen hat.
das	… ein Ehepaar, das lange schlafen möchte.
die	… eine Frau, die ein Kinderbett bestellt hat.
die	… drei Kolleginnen, die gestern Dienst hatten.

Das Relativpronomen im Nominativ ist wie der bestimmte Artikel.

Präpositionen und Kasus

1 Präpositionen mit Dativ

ab	Ab Montag macht sie ein Praktikum in der Schokoladenfabrik.
aus	Sie kommt aus dem Büro von ihrem Chef.
bei	Die Praktikantin ist nächste Woche bei euch in der Abteilung.
mit	Gehst du mit der Praktikantin in die Kantine?
nach	Nach der Pause können wir gern weitermachen.
seit	Sie arbeitet seit drei Wochen in der Fabrik.
von	Die Schutzkleidung ist von einer Kollegin.
zu	Morgen kommt die Praktikantin zu euch.

2 Präpositionen mit Akkusativ

für	Für die Kantine brauchen Sie eine Karte.
gegen	Ein Gehörschutz ist gut gegen Lärm.
ohne	Ohne Schutzbrille dürfen Sie hier nicht arbeiten.
bis	Ich bin nur noch bis morgen im Büro.
durch	Mein Kollege geht mit Ihnen durch die Abteilungen.

3 Wechselpräpositionen

Nach diesen Präpositionen kann der Dativ oder der Akkusativ stehen:
an, auf, hinter, in, neben, über, unter, vor, zwischen

Wo? ●	Präposition + Dativ	Die Schlüssel hängen hinter der Tür.
Wohin? →	Präposition + Akkusativ	Hängen Sie die Schlüssel hinter die Tür.

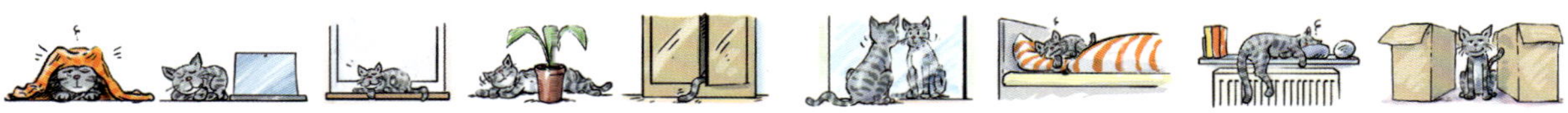

4 Präpositionen und Kasus – Überblick

immer mit Dativ	immer mit Akkusativ	mit Dativ und Akkusativ
ab, aus, bei, mit, nach, seit, von, zu	bis, durch, für, gegen, ohne	an, auf, hinter, in, neben, über, unter, vor, zwischen

5 Temporale Präpositionen

um 9:00 Uhr
am Morgen / Nachmittag / Dienstag
von 9:00 bis 12:00 Uhr
im August / Winter / Urlaub
in der nächsten Woche / drei Tagen

bis morgen
nach dem Gespräch / der Pause
ab Montag
seit drei Tagen / einem Monat / 2022
vor einer Woche / einem Jahr

Sätze

1 Hauptsätze

a Aussagesätze

		Position 2		Ende
	Joshua	arbeitet	als Friseur.	
trennbare Verben	Er	räumt	abends den Barbershop	auf.
Verb-Verb	Roberto	lässt	seinen Kopf bei Joshua	rasieren.
Modalverben	Herr Mahani	kann	am Samstag nicht	kommen.
Perfekt	Joshua	hat	eine Ausbildung	gemacht.
Passiv	Im Barbershop	werden	die Kunden freundlich	bedient.
Konjunktiv II	Joshua	würde	mehr Urlaub	machen.

b W-Fragen

		Position 2		Ende
	Was	machen	Sie beruflich?	
trennbare Verben	Wann	holt	die Kundin das Haargel	ab?
Modalverben	Wann	möchten	Sie morgen	kommen?
Perfekt	Wie lange	hast	du gestern	gearbeitet?

c Ja/Nein-Fragen

	Position 1		Ende
	Haben	Sie auch Gutscheine?	
trennbare Verben	Holst	du mich morgen	ab?
Modalverben	Können	Sie mir bitte einen Gutschein	geben?
Perfekt	Hast	du gestern lange	gearbeitet?

d Imperativsätze

	Position 1		Ende
	Drehen	Sie bitte den Kopf!	
trennbare Verben	Ruf	bitte deine Frau	an!

2 Hauptsätze verbinden

a Hauptsatz + Konnektor + Hauptsatz

Hauptsatz	Konnektor	Hauptsatz
Liu ist gerne Reinigungskraft,	aber	sie findet die Arbeitsbedingungen nicht gut.
Mariela will Pflegerin werden,	und	Pia gibt ihr einen Tipp.
Sie kann sofort einen Job suchen,	oder	sie macht noch eine Ausbildung.

b Hauptsatz + Konnektor im Hauptsatz

Hauptsatz	Konnektor im Hauptsatz		
Marie ist unzufrieden,	deshalb	sucht	sie eine neue Stelle.
Manche Kunden sind sehr schwierig,	trotzdem	bleiben	wir immer freundlich.

c Zweiteilige Konnektoren

Die Chefin hat mit Ines gesprochen. Die Chefin hat auch mit Bruno gesprochen.
Die Chefin hat nicht nur mit Ines, sondern auch mit Bruno gesprochen.

Ich möchte nicht als Verkäufer arbeiten. Ich möchte nicht als Busfahrer arbeiten.
Ich möchte weder als Verkäufer noch als Busfahrer arbeiten.

3 Nebensätze

In allen Nebensätzen steht das konjugierte Verb am Ende.

a Nebensatz im Präsens

Hauptsatz	Nebensatz Konnektor		Verb: Ende
Dunja arbeitet nur vormittags,	weil	sie schwanger	ist.
Es tut uns leid,	dass	es ein Problem	gibt.
Jana informiert ihre Chefin,	wenn	sie krank	ist.

b Nebensatz im Perfekt oder mit Modalverb

Hauptsatz	Nebensatz Konnektor		Verb: Ende
Joshua ist selbstständig,	weil	er sein eigener Chef	sein will.
Wir bedauern sehr,	dass	ein Problem	aufgetreten ist.
Man stellt einen Urlaubsantrag,	wenn	man Urlaub	nehmen möchte.

c Nebensatz vor dem Hauptsatz

Nebensatz vor Hauptsatz: Der Hauptsatz beginnt mit dem konjugierten Verb.

Nebensatz Konnektor		Verb	Hauptsatz Verb	
Wenn	man Urlaub nehmen	möchte,	stellt	man einen Urlaubsantrag.
Wenn	Jana krank	ist,	informiert	sie ihre Chefin.
Weil	sie schwanger	ist,	arbeitet	Dunja nur vormittags.

Nebensätze mit *wenn* stehen sehr oft vor dem Hauptsatz.

4 Hauptsätze und Nebensätze verbindern

a *weil*

Warum?

Joshua ist immer da,	weil	er der Chef ist.
Silke ist nicht da,	weil	sie ein Kind bekommt.

b *dass*

Der Mitarbeiter sagt,	dass	er keine Farbe mehr hat.
Wir schlagen vor,	dass	Sie einen Preisnachlass bekommen.

c *wenn*

Der Chef ist zufrieden,	wenn	man Schutzkleidung trägt.
Man muss den Arbeitgeber informieren,	wenn	man krank ist.

d *damit* oder *um … zu*

Sie macht sich selbstständig,	damit	sie keinen Chef mehr hat.
Er macht eine Fortbildung,	damit	sein Arbeitgeber zufrieden ist.
Sie macht sich selbstständig,	um	keinen Chef mehr zu haben.

e *obwohl*

Ich kann die Ausbildung machen,	obwohl	mein Deutsch nicht so gut ist.
Er findet keine Stelle,	obwohl	er viele Bewerbungen schreibt.

5 Indirekte Fragen

a Indirekte Fragen mit Fragewort

Hauptsatz	Hauptsatz
Rima fragt:	„Wie lange (dauert) die Ausbildung?“
Hauptsatz	**Nebensatz**
Rima fragt,	wie lange die Ausbildung (dauert).

b Indirekte Fragen mit *ob*

Hauptsatz	Hauptsatz
Rima möchte wissen:	„(Gibt) es einen Online-Kurs?“
Hauptsatz	**Nebensatz**
Rima möchte wissen,	ob es einen Online-Kurs (gibt).

6 Relativsätze (Relativpronomen im Nominativ)

Das ist der Gast. Er (wohnt) in Zimmer 412.

Das ist der Gast, der in Zimmer 412 (wohnt).

	Relativsatz	Hauptsatz
Der Gast,	der in Zimmer 412 (wohnt),	hat seinen Schlafanzug vergessen.
Das Ehepaar,	das gestern Abend (gekommen) (ist),	möchte heute bis 12:00 Uhr schlafen.
Die Frau,	die ein Kinderbett (bestellt) (hat),	ist zufrieden.
Die Kolleginnen,	die Dienst (haben),	sollen sofort Zimmer 413 aufräumen.

7 Infinitiv mit *zu*

Der Infinitiv mit *zu* steht nach:

Verben	sein/finden + Adjektiv	Nomen + Verb
versprechen, anfangen, (nicht) vergessen, beginnen, bitten, …	Es ist schön / schwer / leicht / wichtig, … Ich finde es wichtig / gut / schön, …	Es macht (keinen Spaß), … Ich habe (keine) Lust / Zeit, …

Hauptsatz	Infinitiv mit zu
Der Zimmerservice hat vergessen,	Zimmer 414 zu putzen.
Es ist wichtig,	die Zimmer perfekt aufzuräumen.
Ich habe keine Lust,	einen neuen Staubsauger zu kaufen.

Unregelmäßige Verben

DSüd = Süddeutschland; *A* = Österreich; *CH* = Schweiz; a̩: betont und kurz; a̲: betont und lang

Infinitiv	Präsens	Perfekt
abfahren	er fährt ab	ist abgefahren
abgeben	er gibt ab	hat abgegeben
abschließen	er schließt ab	hat abgeschlossen
anbieten	er bietet an	hat angeboten
anfangen	er fängt an	hat angefangen
ankommen	er kommt an	ist angekommen
anrufen	er ruft an	hat angerufen
anziehen	er zieht an	hat angezogen
aufschreiben	er schreibt auf	hat aufgeschrieben
aufstehen	er steht auf	ist aufgestanden
ausgeben	er gibt aus	hat ausgegeben
ausleihen	er leiht aus	hat ausgeliehen
aussehen	er sieht aus	hat ausgesehen
aussprechen	er spricht aus	hat ausgesprochen
aussteigen	er steigt aus	ist ausgestiegen
ausziehen	er zieht aus	hat ausgezogen ***(Kleidung)***
ausziehen	er zieht aus	ist ausgezogen ***(aus der Wohnung)***
backen	er backt/bäckt	hat gebacken
beginnen	er beginnt	hat begonnen
bekommen	er bekommt	hat bekommen
beraten	er berät	hat beraten
besprechen	er bespricht	hat besprochen
bitten	er bittet	hat gebeten
bleiben	er bleibt	ist geblieben
bringen	er bringt	hat gebracht
dabei sein	er ist dabei	ist dabeigewesen
denken	er denkt	hat gedacht
dürfen	er darf	hat gedurft/dürfen
einladen	er lädt ein	hat eingeladen
einsteigen	er steigt ein	ist eingestiegen
empfehlen	er empfiehlt	hat empfohlen
erhalten	er erhält	hat erhalten
essen	er isst	hat gegessen
fahren	er fährt	ist gefahren
finden	er findet	hat gefunden
fliegen	er fliegt	ist geflogen
geben	er gibt	hat gegeben
gefallen	es gefällt	hat gefallen
gehen	er geht	ist gegangen
gewinnen	er gewinnt	hat gewonnen
haben	er hat	hat gehabt
halten	er hält	hat gehalten
hängen	er hängt	hat gehangen (***DSüd, A, CH:*** ist gehangen)
heißen	er heißt	hat geheißen
helfen	er hilft	hat geholfen
kennen	er kennt	hat gekannt
kommen	er kommt	ist gekommen
können	er kann	hat gekonnt/können
lassen	er lässt	hat gelassen/lassen
laufen	er läuft	ist gelaufen
leihen	er leiht	hat geliehen

Infinitiv	Präsens	Perfekt
lesen	er liest	hat gelesen
liegen	er liegt	hat gelegen (*DSüd, A, CH:* ist gelegen)
lügen	er lügt	hat gelogen
mitbringen	er bringt mit	hat mitgebracht
mitkommen	er kommt	ist mitgekommen
mitnehmen	er nimmt	hat mitgenommen
mögen	er mag	hat gemocht
müssen	er muss	hat gemusst/müssen
nehmen	er nimmt	hat genommen
recht haben	er hat recht	hat recht gehabt
riechen	er riecht	hat gerochen
scheinen	er scheint	hat geschienen
schlafen	er schläft	hat geschlafen
schließen	er schließt	hat geschlossen
schneiden	er schneidet	hat geschnitten
schreiben	er schreibt	hat geschrieben
schwimmen	er schwimmt	ist geschwommen
sehen	er sieht	hat gesehen
sein	er ist	ist gewesen
singen	er singt	hat gesungen
sitzen	er sitzt	hat gesessen (*DSüd, A, CH:* ist gesessen)
spazieren gehen	er geht spazieren	ist spazieren gegangen
sprechen	er spricht	hat gesprochen
stehen bleiben	er bleibt stehen	ist stehen geblieben
stehen	er steht	hat gestanden (*DSüd, A, CH:* ist gestanden)
sterben	er stirbt	ist gestorben
streiten	er streitet	hat gestritten
teilnehmen	er nimmt teil	hat teilgenommen
tragen	er trägt	hat getragen
treffen	er trifft	hat getroffen
trinken	er trinkt	hat getrunken
tun	er tut	hat getan
umsteigen	er steigt um	ist umgestiegen
umziehen	er zieht um	ist umgezogen
unterhalten	er unterhält	hat unterhalten
unterschreiben	er unterschreibt	hat unterschrieben
vergessen	er vergisst	hat vergessen
verlieren	er verliert	hat verloren
verschieben	er verschiebt	hat verschoben
versprechen	er verspricht	hat versprochen
verstehen	er versteht	hat verstanden
vorkommen	er kommt vor	ist vorgekommen
vorschlagen	er schlägt vor	hat vorgeschlagen
waschen	er wäscht	hat gewaschen
weggehen	er geht weg	ist weggegangen
wegwerfen	er wirft weg	hat weggeworfen
werben	er wirbt	hat geworben
werden	er wird	ist geworden
werfen	er wirft	hat geworfen
wissen	er weiß	hat gewusst
wollen	er will	hat gewollt/wollen
ziehen	er zieht	hat gezogen
zurückgeben	er gibt zurück	hat zurückgegeben
zurückkommen	er kommt zurück	ist zurückgekommen

Redemittel

Persönliches

K1 **sich selbst und andere vorstellen**
Ich bin …
Mein Name ist …
Ich möchte mich vorstellen. Ich heiße …
Ich möchte Ihnen / dir … vorstellen.
Das ist …

Kollegen und Kolleginnen kennenlernen
Freut mich, Sie / dich kennenzulernen.
Schön, Sie / dich kennenzulernen.
Du kannst ruhig Du sagen.
Wollen wir Du sagen?

Beruf und Ausbildung

K2 **über die eigene berufliche Entwicklung sprechen**
Ich bin in … aufgewachsen.
Ich bin … nach Deutschland gekommen.
Ich habe von … bis … die Schule besucht.
Nach der Schule habe ich … gelernt.
Ich habe als … gearbeitet. Danach habe ich …, weil …

K5 **über berufliche Wünsche und Ziele sprechen**
Ich wäre gerne …
Ich würde gerne als … arbeiten.
Ich könnte dann …
Ich müsste nicht mehr …
Nach dem Kurs möchte ich als … arbeiten.
Ich möchte eine Ausbildung als … machen.

Kommunikation im Beruf

K1, 2, 4 **Aufträge geben, um etwas bitten**
Bringen / Holen / Stellen Sie bitte …
Können Sie bitte …?
Könntest du …?
Sag bitte ... Bescheid.
Ich habe eine Bitte an dich. Würdest du …

auf Bitten und Anweisungen reagieren
Ja, klar, das mache ich gerne.
Okay, das erledige ich gleich.
Geht in Ordnung.
Alles klar, wird erledigt.
Tut mir leid, das schaffe ich heute nicht mehr.
Das kann ich leider erst später erledigen.

K1, 6 **Verständnis sichern**
Habe ich das richtig verstanden?
Ich soll also …
Das heißt, ich muss zuerst …
Könnten Sie etwas langsamer sprechen?

K1, 6 **nachfragen**
Entschuldigung, können Sie das wiederholen?
Können Sie / Kannst du das erklären?
Wie macht man das? / Was soll ich jetzt tun?
Ich habe das noch nicht verstanden. Wo / Was / Wie …?
Kann ich Sie / dich noch etwas fragen?
Können Sie / Kannst du das genauer sagen?
Was bedeutet …? / Wie funktioniert …?

K3, 7 **Vorschläge machen**
Ich habe eine Idee.
Ich schlage vor, dass …
Was meint Ihr? Sollen wir …?
Wie wäre es mit …?

auf Vorschläge reagieren
Das finde ich gut, weil …
Das ist eine gute Idee. Wir …
Einverstanden. So machen wir das.
Das finde ich nicht so gut. Ich …
Diese Idee gefällt mir nicht, weil …
Ich habe einen anderen Vorschlag: …
Ich habe andere Idee: …
Ich möchte lieber …

K5, 6, 7 **Meinungen äußern**
Ich persönlich …
Meiner Meinung nach …
Das finde ich gut / nicht so gut.
Ich denke, dass …
Ich bin mir sicher, dass …
Für mich ist …
Das gefällt mir (nicht): …
Sehr gut ist, dass …
Ich finde es toll, dass …

K4 **Probleme ansprechen**
Wir haben ein Problem.
Da ist etwas passiert.
… funktioniert nicht / ist nicht in Ordnung.
Wir schaffen es nicht.
Es gibt eine Fehlermeldung.

auf ein Problem reagieren
Das darf nicht wahr sein!
Was machen wir denn jetzt?
Das ist nicht mein Problem.
Das kriegen wir schon hin.

K6 **Kritik annehmen**
Sie haben recht.
Es tut mir auch total leid!
Es kommt nicht wieder vor.

Kritik zurückweisen
Das kann doch mal vorkommen.
Tut mir leid, das ist nicht richtig.
Aber wir haben doch nichts falsch gemacht!

Kundengespräche

K2 **Kundenwünsche erfragen**
Was kann ich für Sie tun?
Haben Sie noch einen Wunsch?
Möchten Sie …? / Darf ich …?

K6, 7 **sich beschweren**
Ich habe ein Problem.
Bei Ihrer Lieferung fehlt noch etwas.
Vielleicht ist da etwas schiefgelaufen.
Leider haben wir festgestellt, dass …

auf eine Beschwerde reagieren
Vielen Dank, dass Sie uns über das Problem informiert haben.
Wir bedauern sehr, dass …
Der Grund dafür ist, dass …
Wir schlagen Ihnen folgende Lösung vor: …
Wir versichern Ihnen, dass …
Vielen Dank für Ihr Verständnis.

Präsentationen

K4 **über einen Arbeitgeber sprechen**
Die Firma heißt … und ist in …
Es gibt … Mitarbeiter.
Die Firma produziert …
Die Produkte werden in … verkauft.
Die Firma existiert seit …
Der Chef / Die Chefin ist …
Auf der Webseite der Firma …

K5 **einen Beruf präsentieren**
Ich möchte den Beruf … lernen.
Ich habe schon als … gearbeitet.
… ist das Richtige für mich, weil …
Ich hätte gerne eine Stelle als …
An dem Beruf gefällt mir, dass man mit Menschen / Maschinen / … arbeiten kann.
In diesem Beruf hat man meistens die Aufgaben: …
Nicht so gut ist, dass man …
Der Job ist sehr wichtig, weil …
Die Arbeitsbedingungen sind meistens gut / nicht so gut.

K6 **über eine Person sprechen**
Ich möchte … vorstellen.
Er/Sie ist mein berufliches Vorbild.
… arbeitet hart für seine/ihre Ziele.
… weiß genau, was er/sie tut.
Die Person ist erfolgreich, weil …
Er/Sie kann sehr gut / nicht so gut …
Ich bewundere ihn/sie für …
… ist ein gutes Beispiel dafür, dass …

K7 **Produkte beschreiben**
Ich habe … ein/e … gekauft.
Ich brauche … für …
… sieht so aus: …
… besteht aus: …
… ist so groß: …
Ich finde es toll, dass …
Mir gefällt daran nicht, dass …

K8 **über Arbeitssuche sprechen**
Ich kenne es so: …
In meinem Land funktioniert es so wie / anders als in Deutschland. …
Wenn man bei uns Arbeit finden will, muss man …
Man kann … nach Arbeit fragen.
Viele Menschen finden über … eine Stelle.

Quellen

4.1, 12.1 Getty Images (TommL), München; **4.2, 28.4** Thinkstock (Jack Hollingsworth), München; **4.3, 40.1** Getty Images (Thomas Barwick); **4.4, 52.5** Thinkstock (wideonet); **5.1, 61.2** Getty Images (xavierarnau); **5.2, 76.3, 77.2** Shutterstock (Kzenon), New York; **5.3, 89.1, 161.4** Getty Images (SolStock); **5.4, 104.1** Shutterstock (ALPA PROD); **6.1, 115.1** Getty Images (svetikd); **6.2, 130.1** Shutterstock (Rido); **6.3, 138.5** Getty Images (sturti); **6.4, 159.2** Shutterstock (Lisa S.); **7.1, 165.1** Getty Images (Skip Nall); **7.2, 180.1** Klett-Archiv (Annalisa Scarpa-Diewald), Stuttgart; **7.3, 189.4** Getty Images (SolStock); **7.4, 210.1** Shutterstock (Phovoir); **9.1** Adobe Stock (Antonioguillem), Dublin; **9.2** Getty Images (Hanna Plonsak); **9.3** Getty Images (Tom Werner); **10.1** Getty Images (FG Trade); **10.2, 161.2** Getty Images (simonkr); **10.3** Getty Images (GoodLifeStudio); **10.4** Getty Images (Tom Werner); **10.5** Hermann Dörre, Dörre Fotodesign, München; **13.1** Hermann Dörre, Dörre Fotodesign; **14.1** Adobe Stock (Stockfotos-MG); **14.2** Adobe Stock (Stockfotos-MG); **17.1** Getty Images (Thomas Barwick); **17.2** Getty Images (andresr); **21.1** Getty Images (FG Trade); **24.1** Shutterstock (Daniel M Ernst); **25.1** Shutterstock (Antonio Guillem); **26.1** Thinkstock (Lordn); **26.2** Thinkstock (Wavebreakmedia); **26.3** Thinkstock (JackF); **26.4** Thinkstock (Purestock); **26.5** Shutterstock (Stokkete); **26.6** Shutterstock (Petinov Sergey Mihilovich); **27.1** Shutterstock (SasinTipchai); **27.2** Shutterstock (wrangler); **28.1** Fotolia (weerasak), New York; **28.2** Fotolia (Picture-Factory); **28.3** Shutterstock (WavebreakmediaMicro); **29.1** Fotolia (Tyler Olson); **29.2** Shutterstock (Dmitry Kalinovsky); **29.3** Shutterstock (MII); **29.4** Shutterstock (kApOMnOi); **29.5** Shutterstock (Claudio Divizia); **29.6** Shutterstock (Anton Mikhmel StudioNW); **30.1** Shutterstock (venimo); **31.1** Shutterstock (skymeemee); **31.2** Shutterstock (vipman); **31.3** Shutterstock (defotoberg); **33.1** Getty Images (twelvestd); **33.2** Getty Images (Thomas Barwick); **33.3** Getty Images (Thomas Barwick); **33.4** Getty Images (Jacobs Stock Photography Ltd); **33.5** Getty Images (Eric Panades Bosch); **33.6** Getty Images (Iuliia Isaieva); **33.7** Getty Images (Manu Vega); **33.8** Getty Images (rbkomar); **33.9, 169.3** Getty Images (Witthaya Prasongsin); **34.1** Getty Images (Thomas Barwick); **34.2, 161.1** Getty Images (Thomas Barwick); **34.3** Getty Images (Jacobs Stock Photography Ltd); **34.4** Getty Images (Manu Vega); **36.1** Getty Images (YakobchukOlena); **36.2** Getty Images (mheim3011); **36.3** Getty Images (okskukuruza); **36.4** Getty Images (stock_colors); **36.5** Getty Images (Anna Cinaroglu); **36.6** Getty Images (Hispanolistic); **36.7** Getty Images (mphillips007); **36.8** Getty Images (@angelaauclairphotography); **36.9** Getty Images (Capuski); **36.10** Getty Images RM, München; **36.11** Getty Images (SrdjanPav); **42.1** Getty Images (millann); **47.1** Getty Images (SurfUpVector), München; **47.2** Getty Images (Afriandi); **48.1** iStockphoto (Dutko), Calgary, Alberta; **49.1** Shutterstock (Monkey Business Images); **50.1** Thinkstock (Wavebreakmedia Ltd); **50.2** Shutterstock (Mallinka1); **51.1** Thinkstock (VladTeodor); **51.2** iStockphoto (Picsfive); **51.3** Shutterstock (Roman Samborskyi); **52.1** Thinkstock (Voyagerix); **52.2** Thinkstock (YakobchukOlena); **52.3** Thinkstock (MilanMarkovic); **52.4** Thinkstock (Ivanko_ Brnjakovic); **52.6** Thinkstock (MilanMarkovic); **52.7** Shutterstock (David Stuart Productions); **52.8** Thinkstock (kzenon); **52.9** Shutterstock (wavebreakmedia); **52.10** Thinkstock (Ingram Publishing); **52.11** Thinkstock (moodboard); **53.1** Getty Images (Anastassiya Bezhekeneva); **53.2** Shutterstock (Marcos Mesa Sam Wordley); **53.3** Shutterstock (sirtravelalot); **53.4** Thinkstock (Ryan McVay); **53.5** Thinkstock (dimid_86); **54.1** Thinkstock (didecs); **54.2** Thinkstock (sabelskaya); **54.3** stock.adobe.com (Björn Wylezich), Dublin; **55.1** Shutterstock (Feel Photo Art); **55.2** Shutterstock (GRSI); **55.3** Thinkstock (simplytheyu); **55.4** Shutterstock (Subbotina Anna); **55.5** Shutterstock (Sakala); **55.6** Thinkstock (Medioimages/Photodisc); **57.1** Getty Images (rusm); **58.1** Getty Images (JohnnyGreig); **58.2** Getty Images (Michael Prince); **58.3** Getty Images (Yoss Sabalet); **59.1** Getty Images (RichVintage); **59.2** Getty Images (Commercial Eye); **59.3** Getty Images (DMEPhotography); **60.1** Getty Images (Sudowoodo); **61.1** Getty Images (Marko Geber); **61.3** Getty Images (RafalStachura); **61.4** Getty Images (Marko Geber); **61.5, 161.5** Getty Images (xavierarnau); **61.6** Getty Images (Edwin Tan); **62.1** Getty Images (rhoon); **62.2** Getty Images (lushik); **64.1** Getty Images (aquaArts studio); **64.2** Getty Images (viafilms); **64.3** Getty Images (Tony Anderson); **64.4, 71.3** Getty Images (Toxitz); **64.5, 71.6** Getty Images (Pawel_B); **64.6** Getty Images (vdimage); **64.7** Getty Images (krisanapong detraphiphat); **64.8** 123RF.com (Mikhail Romanov), Nidderau; **64.9** Getty Images (SVproduction); **65.1** Getty Images (xavierarnau); **66.1** Getty Images (xavierarnau); **67.1** Getty Images (aydinmutlu); **69.1** Getty Images (FreshSplash); **70.1** Getty Images (skynesher); **70.2** Getty Images (Jessie Casson); **70.3** Getty Images (Kong Ding Chek); **70.4** Getty Images (Halfpoint Images); **70.5** Getty Images (Thomas Barwick); **70.6** Getty Images (bluecinema); **70.7** Getty Images (AzmanL); **70.8** Getty Images (Weiquan Lin); **70.9** Getty Images (Rosifan19); **71.1** Getty Images (Sinenkiy); **71.2** Getty Images (David Leahy); **71.4** Getty Images (RTimages); **71.5** Getty Images (robert6666); **73.1** Getty Images (Portra); **75.1** Getty Images (Santje09); **75.2** Getty Images (studiogstock); **76.1** Shutterstock (Monkey Business Images); **76.2** Shutterstock (Monkey Business Images); **77.1** Shutterstock (Leremy); **77.3** stock.adobe.com (Aintschie); **77.4, 95.2** stock.adobe.com (#CNF); **77.5** Shutterstock (jazzzone66); **77.6** Shutterstock (xiaorui); **77.7** Shutterstock (BurAnd); **80.1** Shutterstock (Kzenon); **81.1** Hermann Dörre, Dörre Fotodesign; **81.2** Shutterstock (Khakimullin Aleksandr); **81.3** Shutterstock (johavel); **81.4** Shutterstock (Dmitry Kalinovsky); **82.1** Shutterstock (g-stockstudio); **82.2** Shutterstock (Oksana Kuzmina); **82.3** Shutterstock (VGstockstudio); **82.4** Shutterstock (Andrey_Popov); **83.1** Shutterstock (Alexandra Lande); **83.2** Shutterstock (Portb); **83.3, 83.4** Shutterstock (Samot); **85.1** Getty Images (Manuel Arias Duran); **85.2** Getty Images (assalve); **85.3** Getty Images (SolStock); **87.1** Getty Images (Guzaliia Filimonova); **88.1** Getty Images (Irrin0215); **88.2** Getty Images (gaiamoments); **88.3** Getty Images (Juanmonino); **91.1** Getty Images (Morsa Images); **92.1** Getty Images (golero); **92.2** Getty Images (Igor Alecsander); **93.1** Getty Images (Busakorn Pongparnit); **93.2** Getty Images (SrdjanPav); **93.3** Getty Images (AndreyPopov); **93.4** Getty Images (Jacobs Stock Photography Ltd); **93.5** Getty Images (1933bkk); **93.6** Getty Images (Klaus Vedfelt); **94.1** Getty Images (Monty Rakusen); **94.2** Getty Images (jacoblund); **94.3** Getty Images (pinstock); **95.1** Getty Images (SolStock); **95.3** Getty Images (Ivanko_Brnjakovic); **95.4, 176.2** Getty Images (liudmilachernetska); **97.1** Getty Images (Chainarong Prasertthai); **99.1** Getty Images (MathieuLphoto); **99.2, 208.2** Shutterstock (ProStockStudio); **100.1** Shutterstock (Pop Paul-Catalin); **100.2** Shutterstock (ALPA PROD); **100.3** Shutterstock (ALPA PROD); **100.4** Shutterstock (Moreno Soppelsa); **100.5** Shutterstock (Oleksandr Lipko); **100.6** Shutterstock (Moreno Soppelsa); **100.7** Shutterstock (Pavel L Photo and Video); **100.8** Shutterstock (ALPA PROD); **101.1** Shutterstock (Viappy); **101.2** Shutterstock (g-stockstudio); **101.3** Shutterstock (Oskari Porkka); **101.4** Shutterstock (varuna); **101.5** Shutterstock (Rostislav_Sedlacek); **101.6** Shutterstock (tanatat); **101.7** Shutterstock (rangizzz); **101.8** Shutterstock (schab); **101.9** Shutterstock (anaken2012); **102.1** Shutterstock (Barry Barnes); **102.2** Shutterstock (Luis Louro); **102.3, 161.3** Shutterstock (Iakov Filimonov); **102.4** Shutterstock (Lucky Business); **102.5** Shutterstock (wi6995); **103.1** Shutterstock (Konstantin Orlov); **103.2** Shutterstock (macondo); **103.3** Shutterstock (Bankrx); **105.1** Shutterstock (janniwet); **105.2** Shutterstock (AlexandrBognat); **105.3** Shutterstock (hxdyl); **105.4** Shutterstock (Matusciac Alexandru); **105.5** Shutterstock (hxdyl); **105.6** Shutterstock (Diego Cervo); **105.7** Shutterstock (visualpower); **105.8** Shutterstock (Slavo Valigursky); **105.9** Shutterstock (focal point); **105.10** Shutterstock (Slavo Valigursky); **105.11** Shutterstock (Maxx-Studio); **106.1** Shutterstock (Andrey Apoev); **106.2** Shutterstock (uchenik); **106.3** Shutterstock (Jane Kelly); **106.4** Shutterstock (Pupes); **106.5** Shutterstock (Martial Red); **107.1** Shutterstock (Mr Doomits); **109.1** Getty Images (Lana Nikova); **109.2** Getty Images (MuchMania); **109.3** Getty Images (petovarga); **109.4** Getty Images (Abscent84); **110.1** Getty Images (Slavica); **113.1** Getty Images (FangXiaNuo); **113.2** Getty Images (LSOphoto); **113.3** Getty Images (Halfpoint Images); **113.4** Getty Images (ER Productions Limited); **113.5** Getty Images (Hispanolistic); **113.6** Getty Images (Fotografía de eLuVe); **114.1** Getty Images (Hispanolistic); **114.2** Getty Images (Hispanolistic); **114.3** Getty Images (monkeybusinessimages); **114.4** Getty Images (Hispanolistic);

116.1 Getty Images (Luis Alvarez); **118.1** Getty Images (FreshSplash); **121.1** Getty Images (The Good Brigade); **121.2** Getty Images (Halfpoint Images); **122.1** Getty Images (Hispanolistic); **122.2** Getty Images (Charday Penn); **122.3** Getty Images (Khosrork); **124.1** Getty Images (FatCamera); **127.1** Getty Images (RedVector); **127.2** Getty Images (elenabs); **128.1** iStockphoto (Jovanmandic); **129.1** iStockphoto (YanC); **129.2** Shutterstock (flower travelin'; man); **129.3** Shutterstock (OZMedia); **132.1** Shutterstock (ESB Professional); **137.1** Getty Images (sturti); **137.2** Getty Images (ajr_images); **137.3** Getty Images (sturti); **137.4** Getty Images (sturti); **137.5** Getty Images (Richard Drury); **137.6** Getty Images (sturti); **138.1** Getty Images (Richard Drury); **138.2** Getty Images (sturti); **138.3** Getty Images (sturti); **138.4** Getty Images (ajr_images); **138.6** Getty Images (Charday Penn); **139.1** Getty Images (sturti); **141.1** Klett-Archiv (Annette Kuppler); **143.1** Getty Images (Richard Drury); **144.1** Getty Images (SolStock); **145.1** Getty Images (C. Devan); **145.2** Getty Images (Jose Luis Pelaez Inc); **146.1** Getty Images (AndreyPopov); **148.1** Getty Images (Giulia Fiori Photography); **148.2** Getty Images (ajr_images); **149.1** Getty Images (Igor Alecsander); **149.2** Getty Images (kali9); **149.3** Getty Images (NoSystem images); **151.1** Getty Images (Crispin la valiente); **151.2** Getty Images (cirquedesprit); **152.1** Shutterstock (Vadim Ratnikov); **152.2** Shutterstock (Wittybear); **152.3** Shutterstock (Syda Productions); **152.4** Shutterstock (cnikola); **152.5** Shutterstock (Patryk Kosmider); **152.6** Shutterstock (Lonely Walker); **152.7** Shutterstock (pryzmat); **152.8** Shutterstock (JP Chretien); **153.1** Shutterstock (MSPT); **153.2** Shutterstock (SusaZoom); **153.3** stock.adobe.com (schulzfoto); **153.4** stock.adobe.com (akf); **153.5** stock.adobe.com (K.- P. Adler); **155.1** Shutterstock (puhhha); **155.2** Shutterstock (garmoncheg); **155.3** Shutterstock (Bukavik); **155.4** Shutterstock (32 pixels); **156.1** Klett-Archiv (Annalisa Scarpa-Diewald); **156.2** Shutterstock (Phovoir); **156.3** Klett-Archiv (Annalisa Scarpa-Diewald); **156.4** Klett-Archiv (Annalisa Scarpa-Diewald); **156.5** Shutterstock (veryulissa); **156.6** Klett-Archiv (Annalisa Scarpa-Diewald); **158.1** © Baier & Schneider GmbH & Co. KG, Heilbronn; **159.1** Shutterstock (Roman023_photography); **159.3** Shutterstock (Philipp1983); **159.4** Shutterstock (Andreas G. Karelias); **159.5** Shutterstock (Ramona Heim); **159.6** Shutterstock (JP WALLET); **159.7** Shutterstock (fredex); **159.8** Shutterstock (Syda Productions); **159.9** Shutterstock (Bjoern Wylezich); **159.10** Shutterstock (Lipskiy); **164.1** Getty Images (Drypsiak); **164.2** Getty Images (Nadiinko); **164.3** Getty Images (da-vooda); **164.4** Getty Images (appleuzr); **164.5** Getty Images (appleuzr); **164.6** Getty Images (Delmaine Donson); **165.2** Getty Images (Alexey Emelyanov); **165.3** Getty Images (andresr); **165.4** Getty Images (10';000 Hours); **165.5**, **170.1** Getty Images (Alistair Berg); **165.6** Getty Images (Authentic Images); **165.7** Getty Images (kali9); **165.8** Getty Images (gerenme); **166.1** Getty Images (10';000 Hours); **166.2** Getty Images (10';000 Hours); **166.3**, **172.2** Getty Images (10';000 Hours); **166.4** Getty Images (Edwin Tan); **168.1** Getty Images (Henrik Trygg); **168.2** Getty Images (lzf); **168.3** Getty Images (Guido Mieth); **169.1** Getty Images (seb_ra); **169.2** Getty Images (Vladimir Sukhachev); **170.2** Getty Images (andresr); **170.3** Getty Images (Juan Algar); **172.1** Getty Images (Hispanolistic); **173.1** Getty Images (Maskot Bildbyrå); **173.2** Getty Images (Image Source RF/Zero Creatives); **173.3** Getty Images (FluxFactory); **173.4** Getty Images (Anchiy); **173.5** Getty Images (Dimensions); **174.1** Getty Images (FamVeld); **174.2** Getty Images (Warchi); **174.3** Getty Images (manekadesign); **174.4** Getty Images (VectorMoon); **174.5** Getty Images (Voren1); **175.1** Getty Images (Minerva Studio); **175.2** Getty Images (Stephan Ohlsen); **175.3** Getty Images (AndreyPopov); **175.4** Getty Images (juefraphoto); **175.5** Getty Images (Marko Geber); **176.1** Getty Images (Luis Alvarez); **177.1** Getty Images (dragana991); **177.2** Getty Images (10';000 Hours); **179.1** Getty Images (LadadikArt); **179.2** Getty Images (unomat); **180.2** Klett-Archiv (Annalisa Scarpa-Diewald); **180.3** Klett-Archiv (Annalisa Scarpa-Diewald); **180.4** Klett-Archiv (Annalisa Scarpa-Diewald); **181.1** iStockphoto (andresr); **181.2** Shutterstock (Phovoir); **181.3** stock.adobe.com (Avanne Troar); **181.4** stock.adobe.com (bluebat); **181.5** Shutterstock (S_Photo); **181.6** Shutterstock (Eviled); **183.1** Shutterstock (wavebreakmedia); **183.2** Shutterstock (FrancescoCorticchia); **183.3** iStockphoto (Neustockimages); **183.4** stock.adobe.com (zavgsg); **184.1** Shutterstock (Syda Productions); **186.1** Klett-Archiv (Annalisa Scarpa-Diewald); **187.1** Shutterstock (rangizzz); **187.2**, **187.3**, **187.4** Shutterstock (rf_vector); **189.1** Getty Images (Hispanolistic); **189.2** Getty Images (Willie B. Thomas); **189.3** Getty Images (Luis Alvarez); **189.5** Getty Images (Imgorthand); **189.6** Getty Images (Joos Mind); **190.1** Getty Images (Tree4Two); **190.2** Getty Images (Hinterhaus Productions); **190.3** Getty Images (grafico2013); **190.4** Getty Images (Bienchen-s); **190.5** Getty Images (SDI Productions); **190.6** Getty Images (metamorworks); **190.7** Getty Images (Santje09); **190.8** Getty Images (ferrantraite); **191.1** Getty Images (MilanMarkovic); **192.1** Getty Images (Imgorthand); **194.1** Getty Images (Twenty47studio); **195.1** Getty Images (PeopleImages); **195.2** Getty Images (Morsa Images); **195.3** Getty Images (Brigitte Sporrer); **196.1** Getty Images (RgStudio); **198.1** Getty Images (sturti); **199.1** Getty Images (Tom Werner); **200.1** Getty Images (SiberianArt); **201.1** Getty Images (monkeybusinessimages); **203.1** Getty Images (Goodboy Picture Company); **203.2** Getty Images (Lyudinka); **203.3** Getty Images (simplehappyart); **204.1** Shutterstock (Phovoir); **204.2** Shutterstock (Monkey Business Images); **205.1** Shutterstock (wrangler); **207.1** Shutterstock (Monkey Business Images); **208.1** Shutterstock (Phovoir); **209.1** Shutterstock (vgstudio); **211.1** Hermann Dörre, Dörre Fotodesign; **211.2** Hermann Dörre, Dörre Fotodesign.
Alle Emojis: https://openmoji.org, ein open-source-Projekt der Hochschule für Gestaltung Schwäbisch Gmünd. Wir bedanken uns bei Team und Urhebern von OpenMoji 12.1 für die großzügigen Nutzungsrechte.

Für die Audios:

Tonstudio: Bauer Studios GmbH, Ludwigsburg, Plan 1, München

Aufnahme, Schnitt, Mischung: Michael Vermathen, Daniel Keinath, Toni Nirschl, Christoph Tampe

Sprecherinnen und Sprecher: Isabel Pickl-Bermejo, Markus Brendel, Marco Diewald, Sarah Diewald, Philipp Hayoz, Anuschka Herbst, Florian Hoppe, Sabine Hoppe, Carlotta Immler, Michael Immler, Teresa Immler, Veronika Immler, Stela Katic, Annette Kretschmer, Rainald Laurer, Felice Lembeck, Christof Lenner, Florian Marano, Marcus Michalski, Alma Naidu, Angela Neis, Mario Pitz, Anna Preyss, Christiane Reiss, Annalisa Scarpa-Diewald, Ulrich Scharmer, Anja Schümann, Jonathan Springer, Benjamin Stadler, Florian Stierstorfer, Anja Straubhaar, Helge Sturmfels, Jenny Ulbricht, Peter Veit, Benedict Walesch, Sabine Wenkums, Marcus Westhoff